生命對你意味著什麼！

自卑與超越

What life should mean to you

阿爾弗雷德·阿德勒 著　　愛羅 譯

U0084553

在我看來，
阿德勒一年比一年更顯得正確。
隨著事實的積累，
這事實對他關於人的看法，給了越來越有力的支持！

——人本主義心理學之父　馬斯洛

編輯手札

人生沒麼困難，是你讓人生變得複雜了；
其實，人生非常單純。

——阿德勒

自從《被討厭的勇氣》大賣、特賣、狂賣之後，該書的原創靈魂人物，也是人本主義心理學先驅，個體心理學、現代自我心理學之父——阿德勒——的作品，又在業界掀起一陣狂奔的勁頭，浩浩蕩蕩、席捲書市……阿德勒簡直打遍天下無敵手——

人的一生就是爲了要擺脫自卑與超越自我而奮鬥。

《自卑與超越》是阿德勒的名著，書中通過大量實例，從教育、家庭、社會、倫理、婚姻等領域闡明人生的方向與人生的意義，是認識自卑、超越自我、理解生活、融入社會的傳世之作！

阿爾弗雷德·阿德勒（Alfred Adler，一八七〇年2月7日—一九三七年5月28日），奧地利的醫生、心理分析、精神病學專家。他曾一起弗洛伊德探討神經症問題，但也是精神分析學派內部第一個不贊成弗洛伊德的心理學體系的心理學家。

阿德勒認爲，人格是在戰勝自卑和追求優越過程中形成發展的。人是天生自卑的，因爲其生下來是弱小、無力的，完全依賴成人，由此產生自卑。但是，正是因爲自卑才促使人們努力去克服自卑，追求成功，而成爲人格發展的動力。反之，若是被自卑所壓制，則會產生自卑情緒，導致神經症人格、抑鬱、悲觀、消沉。

人類還有追求優越與完美的傾向。每個人都有相同的追求優越的最終目標。追求優越也是雙重的，適度追求，促進個人發展，對社會有益。過分追求，走極端，則產生優越情緒，自我中心、自負、忽視別人和社會習俗、缺乏社會興趣。個體如何追求優越，取決於自己獨特的環境，不同的生活方式。由此會發展出不同的行爲特徵和習慣，即所謂的「生活風格」。

生活風格的發展和自卑感有密切關係。如果一個兒童有某種生理缺陷或主觀上的自卑感，那他的生活風格將傾向於補償或過度補償那種缺陷或自卑感。例如，身體瘦弱的兒童可能會有強烈的願望去增強體質，因而鍛練身體、跑步、舉重，這些願望和行爲便成爲他生活風格的一部分。生活風格決定了我們對生活的庇度，形成了我們的行爲模式。

人的一生很短暫，生命很脆弱，
我們還需要不斷地克服困難，完善自己，
絕不能放棄努力尋求生命的意義！

——阿德勒

在阿德勒的理論中還有一個重要觀點，即創造性自我（creative self）。他認爲，人類不是環境或遺傳影響的又簡單又消極的接受者，相反，人可以有目的的生活，每個人都有機會選擇生活方式。例如，某些有生理自卑的人經過補償發展成對社會有益的人，而有的人形成自卑情緒，一事無成，差別在於選擇，用阿德勒的話說——

「正是他對生活的態度，決定了他與外部世界的關係。」

阿德勒認爲人是社會性的動物、人格是社會決定的，人的行爲動力來源於自卑感的驅使與鞭策。教育者必須確保——受教育對象對越感的追求能爲他們帶來精神的健康與幸福。

總之，我們必須爲完善的、優越的目標而超越自卑、人性的永恆追求在不斷地發展、不斷地超越，人類「自卑」的創造性、自我提升爲全面發展與個性的教育，提供了一個可塑和可利用的機遇與挑戰！

目　錄
Contents

第一章　**生命的意義**／013
生命中的三大主題／015
社會情感／018
兒童的成長過程／022
童年的記憶和夢境／029
團結合作的重要性／032

第二章　**心靈與身體**／035
心靈與身體誰支配誰／035
心靈感受的影響／044
心理特徵和生理種類／052

第三章　**自卑感和優越感**／057
自卑情結／057

追求優越感／065

第四章 童年的記憶／077
完整人格的鑰匙／077
早期記憶和生活方式／080
解讀最初的記憶／082

第五章 夢／099
傳統的夢境解讀／099
弗洛伊德學派對夢的看法／101
個體心理學對夢的剖析／104
司空見慣的夢有哪些／113
案例分析／115

第六章 家庭的影響／125

母親扮演的角色／125
父親扮演的角色／133
家庭的重視和忽視／142
家庭的成員地位一致／145
出生順序與人格特徵／147

第七章　**學校的影響**／159
教育的變革／159
教師要做好什麼／161
孩子在課堂裡的合作和競爭／166
測驗兒童的發展／168
天分和培養／171
認知性格的不同分類／174
教學觀察／178

顧問委員會的職責／181

第八章 **青春期**／185
青春期的概念／185
心理特徵／185
生理特徵／187
成年衝突／187
青春期的問題／189
青春期的性意識／195
對青春期的到來充滿期待／199

第九章 **犯罪和犯罪的預防**／201
犯罪心理／201
犯罪的類型／213

合作的重要性／222
合作最初發揮的影響／227
如何解決犯罪問題／232

第十章　**工作**／243
平衡生活的三大任務／243
早期職業訓練／249
兒童興趣的確定／250
哪些因素會影響職業選擇／254
有哪些解決方案／255

第十一章　**個體和社會**／257
人類要團結起來／257
社會興趣的缺失和關係建立的失敗／260

社會興趣和社會平等／267

第十二章 **愛情和婚姻**／269

愛、合作和社會興趣有多重要／269
彼此平等的夥伴關係／272
結婚之前需要做什麼／274
婚姻的承諾和責任／279
戀愛／284
如何擁有美滿婚姻／285
婚姻和男女平等／292

・《自卑與超越》關鍵詞彙表／293
・阿德勒生平介紹／295
・阿德勒治療理論／304
・阿德勒人生哲理名言／309

第一章　生命的意義

人類的生活到處都充滿了「意義」。我們必須通過人類的角度來體驗事物，否則就無法感受到抽象事物。就算是最原初的體驗也無法超越人類的觀點。例如「木頭」是指「與人相關的木頭」，「石頭」的意思則是「作爲生活要素的石頭」。所有想要嘗試剝離「意義」來探討環境的人都必定會失敗：他把自己與外界隔絕，他的行爲對於自己和他人來說都沒有任何作用——總而言之，所有行爲都沒有任何意義。所有人都無法眞正迴避「意義」。我們不得不通過自己歸因❶的意義來感受現實——並非原本的而是經過解讀的事物。由此可以推導出這樣的結論：並不存在完整的意義，不可能徹底完成解讀，甚至有可能永遠無法給出恰當和完整的解釋。亦即，意義的國度中充滿了各種謬誤。

如果詢問一個人：「生命的意義何在？」他也許回答不出。大多數人根本不會爲這種問題而

---

❶ 歸因（Attribution）：一種認知過程，指對自己或他人的行爲原因進行推論，亦即觀察者對行爲過程的因果關係進行解釋和推論。

苦惱，更別說尋找答案了。實際上，這個問題出現的時間和人類一樣久遠，我們這一代年輕人——還有更年長的人——偶爾會追問：「生命到底是為了什麼？生命的意義是什麼？」但大多數情況下，人們只有在遇到挫折時才會思考這些問題。如果生活萬事如意，沒有遇到什麼艱難險阻，那麼就不會提出這樣的問題。與其聽一個人的言論，不如看他的行為，人們必然會通過行為提出自己的問題，並做出回答。如果我們不聽他人的言語，而集中注意力觀察他們的行為，就會發現其實每個人都已經擁有屬於自己的獨特的「生命意義」——他所有的觀點、態度、動作、表情、習慣、理想、性格都和這一意義密切相關。每個人的表現背後都好像有著某種確定無疑的對生命的理解。不用說，人的每一個行為背後都有著對自己和世界的理解，有著「我即如此，世界即如此」的判斷，有著對自身和生命意義的闡釋。

有多少人，就有多少種生命的意義。但就像我們已經說過的那樣，每種意義從某個層面來說都存在謬誤。沒有人可以掌握生命的絕對意義，正因為這樣，任何一種解讀都不能被認為是絕對錯誤的。一切意義都在正誤兩者之間衍變。但我們應該去蕪存菁，從眾多解讀中來區分出有幫助的和沒有幫助的，挑出錯比較少的和錯得離譜的，從而發現較好的解讀中都包含哪些共同要素，而乏善可陳的解讀又缺乏哪些東西。並且以此為依據探尋關於「真實」的普遍標準，找到一個普世意義，從而解開人類現實的祕密。我們必須記住這一點，所謂的「真實」指的是與人類有關的

「眞」，是可以爲人類所用、可以探尋的「眞」。再也沒有什麼「眞」比這更眞實了。換句話說，就算存在另外一種「眞實」，也和我們沒有關係。我們既然沒有辦法去瞭解它，它也就沒有任何意義了。

生命中的三大主題

每個人一生下來就受制於三大約束，這是無法忽視的三個人生枷鎖。它們組成了現實，是人生所有問題和疑惑的根源。我們常常遇見它們，必須回答和解決這些問題。通過回答這些問題，我們做出了自己對人生意義的解讀。

第一個約束——是我們都生活在這個不堪負重的星球表面，沒有其他地方可去。我們不得不竭盡全力努力與地球資源共處，並且受到它的制約。我們必須使身體變得強壯，使頭腦變得更發達，從而保證人類生命在地球上的延續。這一挑戰沒有人能避免。不管我們做什麼，所有行爲都是對人類生活狀況的答覆：它們體現了我們內心認爲什麼是必須的、合適的、可能的和有價值的東西。每個答案的基礎都是這一事實：我們是生活在地球上的人類的一員。

由於人類的身體很脆弱，而且生存環境中充滿了危險，所以對答案進行修訂，用長遠的眼光思考可持續性對於人類來說是非常重要的，只有這樣才能使個人獲得更好的生活，並為整個人類謀求福祉。我們必須找到一種解答方法，就像做數學題一樣。不能靠運氣，也不能靠猜測，只能竭盡全力、持之以恆地工作。想要找到一個完美的答案、從而一勞永逸地，創造一個萬能的眞理是很困難的，與之相反，我們只能使盡渾身解數去尋找一個接近完美的答案。而且必須持續努力，力求不斷進步。當然，所有答案都基於這樣一個事實，即我們生活在地球上，這是一切利弊的根源。

第二個約束——是我們都是屬於人類這個族群。每個人都生活在人群中，和其他人密切相關。一個人力量單薄，單一個體根本不可能在沒有他人協助的情況下獨立完成自己的目標。要是他們過著與世隔絕的生活，想要自己處理所有問題，那麼等待他們的只有死亡。他們不但無法維持自己的生活，也無法為人類的繁衍貢獻力量。所以，人們或多或少都會與他人產生聯繫，從而使自己的缺點、不足和侷限得到補充。不論是對於個人幸福還是整體人類的福祉，最重要的都是夥伴關係。與此相同，每一個關於生活問題的答案都受到這一約束的制約，都基於以下事實：每個人都生活在與他人的關係之中，如果隔斷聯繫，就會走向滅亡。如果想要生存下去，我們的情感就必須符合這樣一個最偉大的命題和目標——亦即，在地球上，我們個人的生活乃至人類的延續全都依賴於與他人共同生存。

第三個約束——是人類分為男女兩性。個人生活和集體生活都不能忽視這一事實。關於愛情和婚姻的問題就受到第三個約束的制約，任何男人或女人都不能忽略這點而過一輩子。人們對待這個問題的態度以及相關行爲就是他們對此做出的回答。人們對這個問題的解答方式各異。而一個人唯一相信的解答方法就通過他的行爲體現出來。

實際上，這三個約束提出了三個問題：第一，我們的地球家園有著很多侷限，怎樣才能找到能夠維繫生存的方式或職業呢？第二，怎樣確定自己在人群中的位置，以便更好地和他人合作，從而享受合作帶來的益處？第三，我們面對兩性關係和在此基礎上的人類繁衍問題時，應該如何自我調適？

個體心理學認爲人類社會的所有問題都可以概括爲三個主題：職業、社會和性。人們對這三大問題的反應就體現了其自身對生命意義的解讀。舉例來說，如果有一個人在愛情上屢受挫折，工作差強人意，朋友很少、甚至拒絕和人交往。那麼通過他自身受到的限制可以推測出，他必然認爲生活充滿艱辛，危機很多而機遇很少，總是遭遇失敗和挫折。他的生命空間非常狹窄，好像在宣告說：「生活的意義就在於把自己圍起來，保護自己不受到傷害，能夠保全自身。」

反之，如果有這樣一個人，愛情美滿，事業有成，交友廣泛，生活一帆風順。那麼對他來說，生活就是創造的過程，他一定認爲生活中充滿了機遇，所有難關都能順利渡過。生活中遇到各種問題時，他則充滿這樣的勇氣：「生活的意義在於關注他人，融入集體，爲人類的福祉貢獻自己的力量。」

社會情感

在這裡，我們可以認識到，無論是錯誤的「生命意義」還是眞實的「生命意義」，都具有一些共性。那些所謂的失敗者——神經官能症患者、精神失常的人、犯罪的人、酗酒的人、問題兒童、自殺的人、賣淫的人、性變態者——他們之所以「失敗」——是因爲他們對同伴缺乏認同感和社會興趣。在工作、友誼和性方面遇到問題時，他們不相信可以通過與人合作解決問題。對於他們來說，生命的意義是個人化的，他們認爲一個人的成就對其他人來說沒什麼益處。對他們來說，成功只是對虛幻的個人優越感的滿足，因此除了對他們自己，這種成功是毫無意義的。

例如，謀殺犯承認，當他們手拿武器的時候會感到自己擁有權力，但實際上只有他們自己這麼認爲。對於其他人來說，這種只因爲擁有了一件武器就相當於擁有了某種至高無上的價值的觀點是無稽之談。總而言之，個人化的意義實際上沒有任何意義。眞正有價值的意義是溝通交流中發生作用的意義：這好比如果一個代表某事物的名詞只爲一個人所知，那麼它就沒有意義。我們的目標和行動也是這樣，對他人的意義才是其眞正的意義。每個人都在努力追求意義，如果不明白個人的意義完全在於對他人生命的貢獻，那麼他就會犯下錯誤。

有一個關於某小宗教教派女教主的故事：有一天，女教主把信徒召集起來，宣告下個星期三就是世界末日。她的信徒們十分驚恐，馬上把所有的東西都賣掉，拋卻所有世俗的羈絆，等待著預言中的末日到來。但星期三那天一切都十分平靜，和平常沒什麼兩樣。到了星期四，信徒們氣憤地前去質問她。「你給我們惹了多少麻煩，」他們道，「我們放棄了擁有的一切，對每個見到的人都說星期三就是世界末日，就算被嘲笑，我們還是堅定地說，是一位可靠的權威人士發佈的消息。但結果星期三就這樣平靜地過去了，世界根本沒有毀滅。」女教主答道：「但我的星期三並不是你們的星期三啊！」她就這樣用一個完全個人化的概念使自己免受責難。因爲個人化的概念永遠沒辦法證明。

而一切眞實的「生命意義」都有一個共同點，即它們都具有普遍意義——能被他人接受，被人共享。針對生命中的各種問題提出的有效的解決方案，可以作爲給他人提供參考的樣板範例，因爲它可以用來解決普遍性的問題。就算是最傑出的天才也無法超脫出「卓有建樹」的評價——只有一個人的生命對於他人具有十分重要的意義時，他才能被冠以「天才」的名號。這類生命向人們傳達出這樣的意義：「生命的意義在於貢獻。」我們所談論的並不是動機，重要的並不是宣言，而是結果。那些能夠把人生問題處理得很好的人，其行爲都傳達出這樣的訊息，那就是他們對生命的意義已經有了透徹的、自然的理解，他們知道關注他人以及與人合作才是最根本的。他們做的所有事都符合以關心同伴爲出發點，解決困難時也會儘可能使用不損害他人利益的方法。

也許很多人認爲這個觀點很新奇。他們會懷疑，生命的意義是否眞的在於貢獻、關注他人以及合作呢？可能還會問：「那麼個體呢？一個人要是只考慮別人，只體現在他人的福祉中，不會損害他自己的個性嗎？至少在某些情況下會爲了謀求個人發展而把自己的問題放在首位吧？一個人難道不應該先保護個人利益或發展自己的個性嗎？」

我認爲，這種觀點是大錯特錯的，它提出的問題在根本上就是錯誤的。一個人如果按照他所理解的生命意義生活，想做出些貢獻，他所有的動機都符合目標，那麼肯定能在這一過程中得到成長，只有這樣他的最終目標才有可能實現。他們會按照個人目標來塑造自己，培養社會情感，在實踐過程中不斷地成長。當目標確立之後，就開始了自我訓練。在這以後，也只有在這以後，人們才會開始塑造自己，不斷地提升能力，解決生命中的各種難題。就拿愛情和婚姻來說。如果我們關心自己所愛的人，希望讓伴侶過上舒適而富足的生活，那麼自然就會表現出自己最好的一面。反過來，如果我們認爲應該使自我人格在純粹的環境下得到發展，否定所有利他動機，那麼就會變成高傲自大、令人厭煩的人。

還有另一個證據，可以證明生命的眞正意義在於貢獻與合作這一觀點。看看四周，我們如今得到的一切都是祖先賜予的。好好看一看，他們留下的都是對人類有益的事物，農田、公路、房屋，盡在眼前。我們通過傳統、哲學、科學、藝術以及處理各種問題的生活技能，承襲了祖先們一代一代積累下來的人生經驗。所有這些，都是由那些造福於人類的人留存下來的。

其他人都去哪兒了？那些拒絕合作，認爲生命的意義在於他處，只想著「我從生命中獲得什麼」的人，他們都怎麼樣了？他們最終的結局就是消失得無影無蹤。不但作爲個體的他們已經死去，對於整體生命來說他們也毫無價值。地球自身都好像在對他們說：「我不需要你們，你們根本不配活著。你們所認爲的目標、奮鬥、思想和靈魂，以及所看重的價值，都沒有任何意義。沒有任何人歡迎你們。滾開吧！滅亡吧，消失吧！」

但凡認爲生命意義不在於合作的人，只能得到唯一的評判：「沒有任何人需要你，你沒有任何價值。走開！」我們如今的文化還有許多有待完善的地方，一旦發現不盡如人意的地方，就必須進行改進，這種改進從長遠角度來看也對人類大有裨益。

總有一些人能夠理解這一觀點，他們明白生命的意義就在於關注人類整體，他們願意爲提升社會利益和促進友愛而努力。我們能發現，一切宗教都旨在對人類進行救贖。人類社會中所有的偉大行爲都是爲了提升社會利益，宗教就是其中最偉大的行爲之一。只不過它經常被誤讀，而且很難找到比現在更好、更切實的解決辦法。個體心理學從科學角度也得到了相同觀點，而且還試圖用科學方法來完成目標。這當然是一個進步。也許與政治、宗教等其他運動相比，科學更能有效提升人們對群體和人類福祉的關注程度。我們解決問題的角度雖然不一樣，但具有同一個目標，那就是——促進人與人之間的相互關注。

我們對生命意義的理解既可以成爲人生的守護神，也可能變成纏繞一生的夢魘。因此，瞭解這些意義的形成和來源就非常重要了——它們與其他意義有什麼不同？如果我們的理解已經偏離了正確方向，要怎樣對它進行校正呢？

這就是心理學的任務，它與生理學、生物學的區別就在於此，它讓我們能夠理解各種不同的「意義」，知道它們是怎樣對人類的行爲乃至命運所產生的影響。

兒童的成長過程

個體生命在誕生之初就已經開始對「生命意義」進行探尋了。哪怕是小嬰兒，也會努力對自己的能力與在生活環境中的地位進行判斷。兒童在五歲之前就已經形成了一套固定而完整的行爲模式，並且能用自己的方式來處理各種問題和任務，這就是他們的「生活方式」。他們已經形成了自己最深刻、最穩定的概念，明白自己能對世界及自身有怎樣的期待。這之後，世界就被他們放入了一個固定的統覺❷框架裡。所有經驗都需要通過解讀才能被接受，這種解讀則通常建立在形成於兒童時期的對生命意義的原初理解之上。

就算這個意義根本是錯的，就算面對困難和任務時總是出問題，無法擺脫痛苦和不幸，但人們還是很難放棄它。想要糾正我們對生命意義的理解偏差，就必須對造成這種偏差的認知環境進行重新審視，返回去尋找錯誤的源頭，從而對統覺框架進行修正。有的人可能在錯誤導向所引發的嚴重後果的壓迫之下，自己主動修改了對生命意義的理解，對自己的行爲方式進行了成功的調解，但這種情況少之又少。如果缺少一定的社會壓力，意識不到原有的行爲和態度實際上會導致災難，人們是肯定無法自己做出這一行爲的。一般情況下，藉助經過專業訓練的心理學家的幫助，是人們對生活方式進行調整的最有效的方法。因爲心理學家可以瞭解這些意義，幫助人們發現最原始的錯誤，並且給出一個更合適的生命意義。

讓我們來通過簡單的描繪看一看童年情境在不同方式下的詮釋。不同的個體，可能會對童年

---

❷ 統覺（Apperception）：也就是「自我意識」，指知覺內容和傾向中包含人們已有的經驗、知識、興趣、態度，所以不侷限於對事物個別屬性的感知。

的不快經歷產生完全不同的理解，並由此導致大相逕庭的對生命意義的理解。例如，如果某段不愉快的經歷影響到了之後的人生，人們一定會耿耿於懷。有的人會想：「爲了給下一代提供更好的成長環境，我一定要努力改變這種不幸的狀態。」而另一個人則可能認爲：「老天太不公平！別人總是很幸運。既然老天這樣對我，那我爲什麼要善待這個世界呢？」正因爲如此，才會有父母這樣抱怨自己的孩子：「小時候我吃了那麼多苦，受了那麼多罪，都挺了過來，爲什麼他們不能承認這些呢？」也許第三個人還有其他感受，認爲因爲自己有「不幸的童年」，所以不管做什麼都應該得到原諒。在每種情況下，人們都通過自己的行爲體現出他對生命意義的理解，如果無法從根本上改變自己的觀念，他的行爲方式就永遠無法改變。

個體心理學與決定論的區別就在於：經驗自身不能決定成敗。經歷本身帶來的衝擊並不能傷害我們——亦即給我們造成所謂的「創傷」——從中我們只能得到與自身目標相符的東西。對人生起決定作用的並非經驗，而是我們自己對經驗的理解和闡釋。一個人如果把未來人生的基礎建立在某個特殊經歷之上，那麼他就已經有些偏離正軌了。生命的意義不是由環境決定的，而是我們賦予環境意義，從而決定自己的人生。

• 生理上的不足

可是，童年期的一些處境經常會使人對生命產生錯誤的理解，大多數失敗者都有過類似的童年經歷。例如，童年時期受到身體殘疾和疾病困擾的人通常屬於此類。他們由於飽受苦難，所以很難體會到生命的眞正意義在於貢獻社會。除非有個關係親密的人能夠幫他們把關注點從自己的問題轉移到他人身上，不然的話他們往往只會關注自己。當今社會中，他人憐憫、嘲笑或厭惡排斥的目光可能會讓他們感到更加自卑。如果一個孩子在這種環境中長大，就很可能變得性格孤僻、內向，並不期待成爲對社會有用的人，甚至會覺得整個社會都在歧視他。

我覺得，我是首次描繪出了這些孩子所面臨的困境的人，他們有可能身體機能有殘缺，或者腺體分泌失調。在這一領域，科學已經取得了長足進步，但在此方向上繼續前進的話，卻很難有什麼新的進展。我從最開始就努力尋找解決這些問題的方法，而不只是把失敗歸咎於基因或生理問題。任何生理障礙都不會迫使一個人過扭曲的生活。同樣的生理機能（腺體）從來不會在兩個孩子身上產生完全相同的影響。實際上，那些努力克服困難的孩子往往逐步獲得了非凡的才能。

通過這些可以發現，個體心理學並非鼓吹優生學理論。很多卓越的人物雖然具有某種天生的生理缺陷，但卻爲文明做出了巨大貢獻——其中有很多人備受病痛折磨，甚至未能得享天年。不論是生理上還是物質上的困難，他們都努力與之抗爭，這樣一來便產生了進步和發明。他們通過抗爭變得更加強大，走得更高更遠。從生理上我們無法找到思想變好或變壞的原因。但迄今爲止，多數患有殘疾或內分泌失調的孩子都未能受到正確的培養。沒人瞭解他們的苦難，很多人都落入了自我中心的泥潭。幼年時期就遭受生理困境的孩子之所以往往擁有失敗的人生，原因就在這裡。

•過度寵愛

第二個容易使兒童對生命意義產生誤解的情況是過度寵愛。被寵大的孩子會認爲自己的意願就是不可變更的金科玉律，必須得到滿足。他們不需要付出任何代價就能讓人都圍著他們轉，慢慢地就會覺得一切都是應該的。這樣一來，當他人不再把注意力集中在他們身上，不再把他們的感受放在第一位時，他們就會感到巨大的失落。他們甚至會覺得整個世界都背叛了他們。從之前的成長經歷中他們只學會了索取，而沒有學會付出，更沒有學會其他解決問題的方式。他們習慣了被無微不至地照顧，不知道自己也能親自動手做事，甚至失去了作爲一個人的獨立性。在溺愛中長大的孩子以自己爲中心，根本不能理解合作有什麼用。遇到困難的時候，他們只會向他人求助。這些被寵大的孩子內心堅定地認爲，只要重新獲得衆星拱月的位置，就能讓衆人明白他們是獨特的，而且必須滿足他們的所有願望。只有這樣，他們的處境才會變好。

當這些被寵壞的孩子長大之後，他們可能會成爲社會中最危險的群體。他們中的一部分可能會用善良來包裝自己；另一部分則表現得很「乖巧」，但實際上只是爲了找機會左右他人；但當他們被要求像一般人一樣在日常工作中和別人合作時，他們就會甩手不幹。還有人會公然表示抗拒——當他們失去了習以爲常的關注和縱容的時候，就會認爲整個社會背叛了自己，所有人都在和自己作對，於是開始對他人進行報復。這時如果社會否定了他的生活方式（實際上這很可能發生），他們就更加證實自己受到了不公正的待遇。這也就是爲什麼懲罰對他們來說沒有意義，所有懲罰只不過讓他們更加確認「世人皆與我爲敵」的想法。不管這些曾經被寵壞的孩子長大後是消極罷工，還是公然反抗，不管他們是「恃弱凌強」，還是武力「報復」，都來源於同樣錯誤的世界觀。有些人在不同情況下使用的手段不同，但都擁有一樣的目標。他們內心認爲生命的意義在於成爲「第一」，成爲最重要的人，可以隨意索取和要求。只要他們堅持如此理解生命的意義，那麼他們做的所有事都不會正確的。

•對兒童的忽視

第三個容易形成錯誤人生觀的情況是對兒童的忽視。這樣的兒童無法瞭解愛與合作的意義。

他們對生命意義的理解缺少這種積極的概念。所以當他們在生活中遇到難題時，就會誇大困難的程度，而且認為自己缺少獲得他人幫助和善意的能力。他們眼中的世界是冷漠無情的，而且將來也會是這樣。更為重要的是，他們並不明白，只要努力對他人表示善意就能得到他人的喜愛和尊重。所以他們只能生活在對他人的懷疑中，甚至連自己也無法相信。

慷慨和無私的付出帶來的影響沒有任何東西能夠取代。為人父母最重要的職責就是讓孩子在最初的生命中感受到信任「他人」的重要性。此後，父母還要繼續加強這種信任感，讓它充盈在孩子周圍的環境中。如果第一個職責他們就沒有盡到，未能獲得孩子的關注、喜愛與合作，那麼孩子在長大之後就很難形成對社會的興趣，也很難建立起與他人的夥伴關係。關注他人的能力是天生的，但必須經過後天的培養和練習才能順暢發展。

如果對被忽視、仇視或不受歡迎的兒童的極端案例進行研究，可能會發現他們遠離人群，溝通困難，完全不懂「合作」為何物，對於可能對他們提供幫助的東西視而不見。但就我們的經驗而言，擁有此種生活方式的個體往往難逃毀滅的命運。如果一個孩子能夠成功度過嬰兒時期，就說明他得到了一定程度的愛和照料。所以說，並沒有一個兒童是完全被忽視的。實際上，我們所探討的是與一般人相比得到的關愛較少，或者只是在某一方面被忽視的孩子。簡單來講，被忽視的兒童指的是從未擁有一個真正值得信賴的「他人」的兒童。令人哀嘆的是，我們的社會中很多孤兒和棄兒的人生都是失敗的，大體上，我們必須將這些孩子算作被忽視的兒童。

以上三種情況——生理不足、過度寵愛和忽視——都可能使當事者產生錯誤的生命理解。在這些情況下長大的兒童，往往需要依靠外界幫助才能修正自己面對問題時的行爲方式。他們只有通過幫助才能尋找到更好的生命意義。如果我們能稍加留意——更準確地講，我們眞正關注他們而且接受過相關訓練——就能通過他們的一言一行判斷出他們對生命意義的闡釋。

童年的記憶和夢境

這項關於夢和聯想的研究被證明可能有一定意義：不管在夢境中還是在現實生活中，個性人格都是固定不變的，但在夢中受到的社會壓力較小，不需要過多的防備與隱藏，所以個性能夠更好地釋放。但想要瞭解人們對自己以及個人生活賦予的意義，最好的方法是研究他們的記憶。

每一份記憶，就算是他們自己認爲最不值掛齒的小事都十分重要。一些事只要存在於記憶裡，就說明是値得記住的，因爲它們與這個人理想的生活有關。這些記憶在對他竊竊私語，「你應該期待這些」或者「你一定要避免那些」，甚至會斷定「這就是人生」。在這裡我們必須再次強調，經驗在記憶中的地位要比它實際上的地位重要得多，眞正重要的是它們的作用——對生命的意義進行證明。每份記憶都是被我們修飾過的。

早期的童年記憶對於瞭解個體對生命的理解起源於何時，以及揭示一個人形成對自己的生命理解的環境是非常有用的。最初記憶之所以擁有獨特的地位，有兩個原因。其一、它包含了個人對自我以及環境最初的基本判斷。這是第一份對他們的表現進行的評估，第一個基本完整的自我認知，也是第一次被提出要求。其二、這是人個體自覺的起點，從這個時候開始他的人生傳記才翻開了第一頁。所以，在其中往往能看到較弱的自我感知與對強大、安全的追求之間形成的反差。從心理學的目標層面來講，這一記憶到底是人們能夠想起的最早的記憶、還是真正最早的記憶，甚至這記憶到底真實與否，並不重要。記憶的重要性僅在於它所代表的意義，在於它所體現的對生命的理解，還有其對現在和未來的影響。

我們來看幾個與最初記憶有關的例子，看它們是如何體現出「生命意義」的。「咖啡壺從桌子上掉下來把我燙傷了。」生活就是這樣！如果一位女士的人生是這樣開始的，那麼她會常常感到無助，容易誇大生活中可能遇到的危險和困難，這是很容易理解的。她很可能還會在內心埋怨他人未能好好照顧自己。畢竟曾經有人粗心地將小孩扔在一旁，使她遭遇這樣的危險。還有一個與此類似的對世界的最初記憶：「我記得三歲的時候從幼兒車中摔出來了。」這段最初記憶後來演變成了不斷重複的惡夢：「世界末日即將來臨，我半夜醒來，看到火光充滿天空。星星都掉了下來，有一顆星星向地球飛速撞來。就在快要撞上的那一刻，我驚醒了。」這位病人還在上學，當回答「害怕什麼」這一問題時，他答道：「我害怕無法擁有成功的人生。」很明顯，最初記憶和不斷重複的惡夢讓他失去了信心，讓他對失敗和災難的恐懼不斷加深。

一個12歲的男孩被帶來就診，他的問題是遺尿（尿床），還經常和媽媽產生矛盾。他的最初記憶是：「媽媽以爲我丢了，跑到外面大聲呼喚我的名字，她很害怕。但我其實一直躲在家裡的碗櫥裡。」通過這段記憶我們可以看出這樣的含義：「生命的意義就在於通過製造麻煩來博取關注。只有通過欺騙才能得到安全的保護。別人不關注我，但我可以戲耍別人。」遺尿能夠使男孩一直處於被關注和被擔心的地位，他母親的焦慮和緊張則使他對世界的認知得到了進一步確定。

在上述案例中，這個男孩對生命最早的印象是「外面充滿了危險」，而且從中得出這樣的結論，那就是只有當別人因爲他的行爲而緊張時，他才會獲得安全。只有這樣，他才能安慰自己，在他需要的時候身邊的人就會提供保護。

接下來，是一位35歲女士的最初記憶：「我獨自站在黑暗的樓梯上，某個只比我大一點的表哥打開門來追我，把我嚇壞了。」通過這段記憶來判斷，她可能不習慣和別的孩子一起玩，尤其和異性相處有一定障礙。實際上，她確實是獨生女，而且到了35歲還是單身。

下面這個例子表現的則是發展較好的社會情感：「我記得媽媽讓我幫忙推妹妹的嬰兒車。」

不過就算在這個例子中，也能看出一些不太積極的因素，例如，只擅長與較弱的人打交道，或者依賴母親。家庭裡出現新生兒時，最好的選擇往往就是引導大孩子們一起照顧，這能使大孩子們學會關心家庭中的新成員，並讓他們有機會分擔責任、爲他人提供幫助。如果大孩子們願意提供幫助，那他們就不會認爲新生兒奪走了他們原有的關愛與重視，不會產生（被拋棄的）怨氣。

想和他人共處並不等於眞正對他人的關注。有一個女孩最初的記憶是這樣的：「我跟姐姐在和兩個女孩一起玩。」我們通過這段記憶可以看到一個孩子正學著與他人打交道。但她提到自己最害怕的事情時，我們才對她有了更深的瞭解。她說：「我最怕被拋下。」從中我們可以看出她缺乏獨立性。

當我們找到並理解了一個人對生命的闡釋，我們就掌握了揭示他全部人格的鑰匙。常言道「本性難移」，這樣認爲的人只是未曾找到過正確的鑰匙。就像我們前面所說，如果不能發現最初的錯誤在哪裡，那麼所有論證或治療都不會有任何效果。只有引導人們用更強調合作、充滿勇氣的方式來對待生命，才能做出改進。

團結合作的重要性

只有一種方法可以避免引發神經性疾病，那就是合作。所以，培養和鼓勵孩子與他人合作，讓孩子通過與同齡人日常交往和玩耍建立起自己的行爲方法是非常重要的。任何有礙合作的行爲都會引發嚴重的後果。例如，被寵壞的孩子關心的只有自己，那麼他到學校之後同樣會對他人缺乏關心。只有他認爲學習會博得老師歡心時，才會有興趣學習。他只想聽自己認爲有趣的課。當他快成年時，其社會情感的缺乏會導致更嚴重的後果。一旦他對人生的意義產生了誤讀，對責任感和獨立性的培養就停止了。

與此同時，他對人生中面臨的困難和考驗就失去了招架之力。

我們不能因爲一個成年人兒時的錯誤而責備他。當他體會到錯誤帶來的後果時，我們只能盡量幫他改正。就像我們無法期望一個沒學過地理的孩子在地理考試上獲得高分一樣，我們也不能期望從沒有練習過合作的孩子在面對需要合作的事情時從容應對。

但想解決人生中遇到的一切問題，都必須學會合作；只有在人類社會的結構之下，通過能夠增加人類福祉的方式才能做好每件事。只有一個人懂得人生的意義在於奉獻，才能在遭遇困難時充滿勇氣，才更有可能獲得成功。

如果老師、父母和心理學家們能夠清楚在探索生命意義時可能會犯哪些錯誤，如果他們能保證不再重蹈覆轍，那麼就能相信，那些缺乏社會情感的孩子能夠對自身能力和人生境遇有更好的認識。當他們面對挫折時，會努力抗爭，不會總是試圖尋找捷徑、逃避困難或者推卸責任；他們不會奢求特殊的關照或同情；不會覺得丟人或進行報復，也不會問：「生命有什麼用？對我有什麼好處呢？」反而他們會說：「我們必須對自己的人生負責。人生屬於我們自己，我們可以自己把握。自己的人生由自己做主。如果需要推陳出新，我們會勇往直前。」如果人人都擁有這樣的人生態度，都獨立自主又懂得合作，那麼人類文明進步的腳步就永遠不會停歇了。

第二章　心靈與身體

心靈與身體誰支配誰

關於心靈和身體到底是誰支配誰的問題，人們一直爭執不下。很多哲學家都加入這場爭論，各執一詞，他們或是唯心主義者或是唯物主義者。雖然哲學家們提供了成百上千的論據，但仍然未能解決這個難題。個體心理學有可能幫助人們解決這個問題，因爲個體心理學關注的是心靈和身體之間的相互作用。需要治療的病人既有身體也有心靈，沒有正確的治療理論，就沒辦法對他們進行醫治。所以，理論必須從經驗中得來，必須經得起實踐的檢驗。我們要研究精神和身體相互作用產生的結果，而且要努力找到正確的研究角度。

這個問題在個體心理學的介入之下變得沒有那麼對立了，這並非一個單純的「非此即彼」的問題。心靈和身體都是人生的表現形式，都是人生這個整體的一部分。需要在人生這個整體中去認識兩者之間的相互關係。生命在於運動，但運動指的並不僅僅是體育鍛鍊，因爲運動是由某種東西所支配的。植物紮根在土裡，固定不變，無法運動。所以，如果我們發現植物也有一種能夠被我們理解的心靈，就會大吃一驚。就算植物能夠預測結果，這種能力對它來說又有什麼用呢？植物心裡知道：「一個人走來了，再過一分鐘就會把我踩爛。」這有什麼意義呢？這棵植物還是無法避免預見到的結果。

但有著雙腿的人能夠對事物進行預測，並且判定事物的運動方向。說明人具有精神或靈魂。

你當然有知覺，
否則你就不會有行動。
——《哈姆雷特》第三幕第四場

心靈的核心要素就是預見結果和判斷運動方向的能力。這一點可以幫我們瞭解心靈對身體的支配作用，也就是設定運動的目標。漫無目的的運動是無意義的，必須有一個明確的目標。因爲運動目標是由心靈決定的，所以心靈是運動的驅動者。但反過來身體也對心靈產生作用，因爲運動必須由身體進行。只有在身體允許或者在身體能力範圍之內時，心靈才能驅動身體。比如說，如果心靈要求身體登陸月球，那麼如果沒有發明出能夠超越身體極限的技術的話，就不可能實現（到月球去了）。

與其他動物相比，人類的活動範圍要大得多，不僅擁有更多的運動方式——從人手的複雜動作中就能看出這點——而且能夠通過運動對環境產生更大的影響。所以，可以推斷，人類大腦的預測能力會越來越強，人類行爲的目的性也會越來越明顯，人類在整個環境中所處的位置也會更上一層樓。

除了向某具體目標前進的某具體動作之外，還可以在人們的心中發現一種單一的、包含所有動作的運動。我們所做的一切都是爲了獲得安全感，也就是克服人生中一切困難並且最終成功地脫困的感覺。爲了實現這一光明的目標，一切運動和表現都必須相互配合、和諧統一。如果我們理想中的最終目標即將達成，心靈會受到激勵而振作。

身體也與此相同，也要努力協調一致。在胚胎剛開始形成的時候，身體的發育就以理想目標爲方向。比如說，如果皮膚出現破損，全身機體都會調動起來幫助它癒合。但幫助它癒合的不僅僅是身體，也有心靈。科學已經證實了運動鍛鍊和注意衛生的作用。所有這一切都在心靈的支配下幫助皮膚復原。

生命從誕生之初、一直到終結的那一刻，心靈和身體就保持著相互合作的關係，促進人的生長發育。心靈和身體相輔相成，是整體中不可分割的兩個部分。心靈就像發動機一樣，使身體中所有潛在的能量得到激發，能夠保護身體安全不受傷害。通過身體的動作、表情和徵兆，可以看出頭腦中的想法。一個人的任意一個動作都表現出一定的意義。人通過動眼睛、舌頭和面部肌肉，做出有意義的表情，這種意義來自他的心靈。接下來，我們來看看心理學或是精神科學研究了什麼問題。心理學的研究目標是發現個體所有表情的意義和目的，並且與其他個體進行比較。

想要達到最終目的，心靈通常先要具體化這一目的，計算出通過哪條路，用哪種方法能夠順利抵達目的地。在這一過程中，當然有可能出錯，但如果沒有確立好的目標和方向，就不可能進行運動。我們動一動手，頭腦中肯定有這一運動的目的。頭腦選定的方向有可能招致災禍，但頭腦之所以會做出這樣的選擇，是因爲它誤以爲這樣選最有益。一切心理方面的錯誤都是對方向的錯誤選擇。人類共同的目標是追求安全，只不過有的人在追求它時出錯了，一開始的方向就選錯了，所以步入了歧途。

要是通過一些表情或徵兆，仍判斷不出什麼隱藏含義的話，最好的辦法就是將之看作單純的動作。拿偷竊行爲來說。偷竊是把他人的財物據爲己有。來研究一下這個動作的目的吧：偷竊的目的是讓自己變得富有，從而感到安全。所以，這一行爲的源頭是貧窮或匱乏。接下來就要探究這個人所在的環境以及在何種情況之下他會有這樣的感覺。最後，要判斷在環境改變並且消除了匱乏感之後，他是否會改邪歸正。對於他所追求的最終目的沒有必要進行批評，但需要指出他爲了這一目的而誤入歧途。

第一章中已經講到，人在生命最初的四、五年中，統一的思維以及心靈與身體的聯繫就已經形成了。這一期間，他獲得了來自遺傳的素質和來自外在環境的印象，並且使這些與他更高層次的追求相適應。一個人的人格在六歲之前就形成了。他所認定的人生意義，人生目標，做事的態度和情感傾向都已經成型。日後的生活中，這些有可能產生改變，但只有當他拋棄了兒時形成的錯誤的思維定式之後，改變才會發生。既然他之前的觀念和行爲與他對生活的理解是一致的，那麼當他的錯誤認知得到糾正之後，他所產生的新想法和新行爲，也肯定會與他對生活的新理解相一致。

個人通過自己的感官與環境相接觸，並從中獲得印象。所以，通過一個人運用身體的方式，可以瞭解到他想從外在環境中獲得什麼印象，想用自己的經驗達到什麼目標。通過他觀察和聆聽外界事物的方式，以及他所關注的事物，就會對他有更多的瞭解。這也是爲什麼姿勢十分重要。通過姿勢可以看出一個人是如何鍛鍊自己的感知，如何運用感知來獲取印象。每個姿勢都具有一定的意義。

這時，即可加上我們對於心理學的定義了。人的感官受到刺激，在心理上會產生各種反應，而對這些反應進行解讀的學科便是心理學。同時，我們也能對使人與人的思維之所以產生巨大差異的原因進行探討。如果身體對環境適應不良，達不到某種環境提出的要求，那麼就會造成很大的精神負擔。因此，天生有身體缺陷的兒童的大腦發育與普通人相比較慢。他們通過大腦支配、移動和控制身體達到指定位置要比一般人更難。他們必須花費更多的精力才能取得和普通人一樣的結果。所以，他們在很大的精神壓力之下，就容易變得自我中心主義以及利己主義。

如果一個孩子的注意力全部集中在自己身體的缺陷和不靈便的動作之上，那他就沒有其他精力關注身邊的事物。他認爲自己沒有精力關注他人，也沒有所需的活動的自由，這樣一來，他成年後的社會情感就會較低，與他人合作的能力也較差。

身體缺陷確實會帶來許多阻礙，但這些並不是不可改變的宿命。如果一個人擁有積極的精神態度，面對困難時可以努力克服，那麼他就也可能和其他正常人一樣成功。實際上，身體有缺陷的兒童所取得的成就常常比那些天資聰穎的孩子還要大。舉例來說，一個患有弱視的男孩可能有著很大的精神負擔，他看東西時要比視力正常的同齡人更加費力，所以他對可視世界的關注就更多，要努力地對色彩和形狀進行區分。這樣一來，他與很容易看清東西的孩子相比對可視世界具有更加敏感的鑑賞力。所以，只要能從精神上克服缺陷，有障礙的感官反而會成爲優勢。

根據我們的瞭解，有很多畫家和詩人都有視力障礙。但是他們通過有益的精神鍛鍊，克服了這些障礙，結果他們能夠比視力正常的人更懂得運用自己的眼睛。從左撇子的孩子身上，也可以發現這樣的補償現象。他們在家中或剛剛進入學校時，較為不靈活的右手被迫得到訓練。他們雖然沒辦法用右手來寫字、畫畫或做手工，但大腦要是能夠克服困難，不夠靈活的右手也可以變得靈巧。事實也證明了這一點。在很多實例中，左撇子的孩子在寫字、畫畫和做手工方面比一般孩子擁有更高的天賦。他們內心想把事情做好，並且找到了正確的方法，通過一定的訓練和實踐，最終將劣勢轉化爲了優勢。

身體有缺陷的孩子只有甘願融入集體，關注他人，才能逐漸彌補自己的缺陷。如果他只想儘快擺脫自己所遇到的困難，那麼他還會繼續落在他人後面。只有當他內心有一個奮鬥目標，而且達成這一目標要比當下的困難更加重要時，他才會獲得超凡的勇氣。

這個問題在於一個人的興趣和關注點。如果他在爲了身體之外的目標努力拚搏，他自然就會爲了達成這一目標而訓練自己。困難對他來說只是成功路上的小障礙而已。反之，如果他只是關注自己的缺陷，或者唯一的奮鬥目標就是克服這些缺陷的話，就不可能取得眞正的進步。如果總想著不靈活的右手，希望這隻手靈活一些少些笨拙，甚至盡量不用這隻手，那麼笨拙的右手永遠都不會變得靈活。只有經過訓練和實踐笨拙的手才有可能變得靈活，而且希望笨拙的手變靈活的願望一定要比它當下帶來的負面情感更加強烈。一個孩子如果想要竭盡全力克服困難，就必須設定一個自我之外的目標——關注現實、關心他人、學會合作。

我對具有遺傳性腎管缺陷的家庭的研究中，發現了一個好例子可以用來闡釋遺傳特徵及其可能產生的作用。很多此類家庭中的孩子都有遺尿症，其區別於上一章的例子，是眞正的生理缺陷，例如腎病、膀胱疾病或脊柱分裂。通過腰椎附近皮膚上的胎記和痣能看出腰部也存在問題。但遺尿症不能全歸罪於身體缺陷。患病的孩子並非完全受制於自己的器官，他也能夠通過一定方法使用器官。比如，有的孩子夜晚會尿床，但白天卻不會尿褲子。有時候，環境的改變或父母態度的轉變會使孩子不再遺尿。只要孩子不再利用自己的缺陷做不恰當的事，遺尿是能夠克服的。

但大部分患遺尿症的孩子都受過外部刺激，他們並不想克服這個問題，而是想繼續這樣做。母親如果有豐富的經驗就能對孩子進行一定的訓練，要是缺乏經驗的話，就很難改掉這種壞習慣了。患有腎病或膀胱疾病的孩子在家中，往往一提起撒尿，就會感到緊張。作爲母親，不要孩子一尿床就以錯誤的方式，來糾正孩子尿床的習慣。要是孩子發現這件事這麼重要，就有可能產生逆反心理。這有可能會讓孩子拒絕接受相關訓練。

一位著名的德國社會學家發現，罪犯中有相當大比例的人，父母從事與打擊犯罪有關的職業。例如，法官、警察或獄警。我自己的經驗可以證明，教師的孩子往往學習比較費勁。我還發現，很多醫生的孩子有精神問題，牧師的孩子變壞的也不少。同理，父母對於撒尿這件事過於重視，就讓孩子有機會表現，也就是通過尿床來表達自己的意志。

尿床這個例子，也可以用來說明怎樣通過夢引起一定的情緒來與我們想做的事相適應。尿床的孩子常常夢到起床上廁所。這樣一來他們就有了藉口，能夠合理地在床上撒尿。尿床這一行爲可以達到很多目的：引起他人的關注，讓他人聽從自己，讓他人時時刻刻把注意力集中在自己身上。某些情況下，尿床也是對父母的一種對抗和宣戰。從任何角度看來，尿床確實很有創意：孩子不用嘴來表達，而用他的膀胱。他只是把身體缺陷當作一種表達觀點的方法。

用這種方法進行表達的孩子往往受到各種各樣的壓力。一般情況下，他們都曾經被溺愛，後來不再是他人關注的焦點。可能是因爲弟弟妹妹的出生，使他們覺得母親不再關心自己。所以爲了達到維護與母親的親密關係的目的，就用出了這樣的手段。實際上他們想說：「和你們想的不同，我還沒長大，我也需要得到照顧。」

有其他生理缺陷或者不同環境中的孩子，則會用其他方法達到此類目的。他們可能通過聲音獲取他人的關注。比如，在夜晚大哭大鬧。有的孩子則夢遊，做惡夢，掉下床來，或者一直吵著要喝水。這些表現都有著共同的心理背景。具體會通過哪種症狀表現出來，由孩子的身體素質和他所處的環境共同決定。

這些例子，清楚地說明了心靈對身體產生的影響，而且很有可能心靈所引起的病症不止一種，甚至會對整個身體的生長發育產生影響。現在我們還缺乏直接的證據來證明這一假設，而且也無法確定究竟怎樣的證據才算成立。例如，一個膽小的男孩子在整個發育過程中都不夠勇敢。他不在乎自己身體的發育，也就是說，他認識不到發育情況與自己有什麼關係。所以，他並不會去鍛鍊自己的肌肉。外面有很多人在鍛鍊身體，他理應被觸動，但卻視而不見。而那些喜歡體育鍛鍊的孩子的身體會比這個膽小的、提不起興致的孩子好得多。

通過這些事例，可以得出這樣的結論：心靈影響著整個身體的形態和生長發育，而身體反過來可以反映出心靈方面的問題和缺陷。常常能夠發現由心靈或情感問題引發身體病痛的情況，這是因爲這個人還沒有找到克服身體障礙的方法。拿內分泌腺來說，在人出生後的最初四、五年中，其本身是可以受到影響的。雖然有缺陷的腺體無法強制行爲，但周圍環境、孩子願意接收的印象以及他頭腦中的思想卻一刻不停地對它產生影響。

心靈感受的影響

我們把人類在生活環境中做出的改變叫作「文化」。人類文化是心靈驅動身體發生運動的結果。心靈激勵我們工作，支配並幫助我們的身體獲得發展。我們最後會瞭解到，人類的所有表現都有其目的。但也不能高估精神的重要性。必須有健康的身體才能克服困難。所以可以說，心靈對環境的影響如下——它保護身體避免遭受疾病、死亡、外傷、意外事故和功能衰竭等帶來的痛苦。這也就是我們要讓感知快樂和痛苦的能力、幻想能力和判斷能力得到大幅提升的原因。

感覺可以幫助身體針對某種具體情況做好應對的準備。幻想和判斷都是對未來的預測，而且幻想和判斷還能刺激感知，激發身體的反應。這樣一來，個體的人生意義和人生目標就確立起了其感知模式——情緒。雖然情緒對身體有很大的支配權，但並不依賴於身體，它是由個體的人生目標和與之相應的生活方式決定的。

顯而易見，一個人的行爲並非僅僅由他的生活方式決定。態度必須得到更多的幫助才能產生行動。情緒必須進一步對動機進行強化，才能導致最終的行動。個體心理學對此有新的觀點：我們的情緒不會和生活態度產生矛盾，情緒會根據目標不斷調整。這一觀點使我們超出了生理學和生物學的範疇，化學理論或化學實驗也無法對感受的根源進行研究。個體心理學研究的基礎是生理過程，但心理上的目標則更重要。比如說，對我們來說焦慮作用於交感神經和副交感神經所產生的影響並不重要，重要的是焦慮的目的。

根據這一點可以推斷，焦慮並不是性壓抑或難產後遺症導致的結果。這種看法是很荒謬的。我們知道，在母親的陪伴、幫助和關愛下長大的孩子會發現，自己不管出於什麼原因表現出焦慮，都可以很好地控制母親。

與此相同，關於憤怒的生理性描述也是不足夠的，我們通過經驗得知，通過憤怒可以控制某人或某種局面。我們已經知道身體和精神特徵都是通過遺傳得來的，同時也必須注意到遺傳在達成預定目標的過程中所起的作用。這可能是心理學唯一正確的研究方法。

每個個體的感受都是按照自己目標的需要，向著某個特定方向發展，並且最終會達到適合的程度。不管是焦慮還是勇氣，不管是開心愉快還是苦痛悲傷，都要與人生態度相符：它們的強弱和表現也都符合我們的預測。如果一個人利用悲傷獲得了優越感，那麼他不可能爲此感到滿意和快樂。只有在悲傷中才能令他們感到快樂！我們還發現，情緒可以根據需要隨時出現或消失。廣場恐懼症患者在家中的時候，或者支配他人的時候，並不會感到焦慮。所有患有精神病的人都會對生活中無法支配的事物避之不及。

一個人的情感和生活方式同樣是固定不變的。比如，懦弱的人永遠都懦弱，就算他會在比他弱小的人面前耀武揚威，或者在受到他人庇護時有恃無恐。他們可能在門上裝了三道鎖，又拴了幾條狗，安上報警器，仍說自己像獅子一樣勇敢。他的焦慮感雖然無從證實，但他這樣小心翼翼地保護自己，足以說明他性格中的懦弱。

在性與愛方面也看得到相關的證據。如果一個人的頭腦中產生了性的對象，就會產生性的感覺。人們通過把注意力集中在性對象上，儘力排除其他與之相矛盾的偏好和興趣，只有這樣，才能喚醒與之相符的感覺和功能。如果缺少這些感覺和功能的話，可能表現爲陽痿、早洩、性冷淡和性功能異常，那麼他自然就不會放棄那些不當的偏好和興趣了。錯誤的優越感、目標和生活方式是導致這些異常的根本原因。這類患者通常都索取較多，付出較少，缺乏勇氣、樂觀的態度和社會情感。

我的一位病人是家中的老二，深深的罪惡感困擾著他。他的父親和哥哥都非常強調誠實。在他七歲的時候，他騙老師說作業是自己完成的，但實際上是哥哥幫他做的。這個男孩把罪惡感在心中藏了三年，最後終於對老師坦白了。不過老師對此只是一笑而過。接著他又哭著對父親進行了第二次坦白。這次的結果比較成功，父親對他的誠實大加讚賞，還安慰他，說自己爲他感到驕傲。雖然得到了父親的原諒，但他還是深感沮喪。由此，我們可以得出以下結論：這個男孩之所以爲了這樣的小錯誤如此嚴厲地自責，實際上是爲了證明自己非常誠實和嚴謹。家中對道德的嚴格要求使他希望自己能夠在誠實方面表現優異。而他又因哥哥在學業和社會上取得的成功而感到自卑，所以希望用其他方法來獲得優越感。

日後的生活中，他還進行過各種方式的自責。他開始手淫，而且在學習期間仍然繼續欺騙。每當要考試的時候，他就會有更重的罪惡感。慢慢地，他遇到的此類問題越來越多。由於異常嚴格的道德感，他背負著遠大於哥哥的心理負擔。所以只要他無法達到哥哥所取得的成績，他就不斷用自責來爲自己開脫。大學畢業之後，他本來想從事技術工作，但他無法擺脫深深的罪惡感，所以每天都在向上帝祈求寬恕，根本沒有精力去找工作。

後來，他的精神狀況越來越差，最後被迫住進了精神病院，那裡的人們都覺得他沒救了。但不久之後，他的病情有所好轉，在對醫院承諾如果再犯病就住院之後，他出院了。他轉換專業，學起了藝術史。又要考試的時候，他在假日跑到教堂，在衆人面前哭著懺悔道：「我是個罪孽深重的人！」於是，他再次用自己敏感的道德心引起了人們的注意。

後來，在醫院又住了一段時間之後，他回家了。有一天，他赤身裸體地走下樓吃飯。他的身材很好，可以憑藉這一點與他的哥哥或其他人一較高下。

這位病人用負罪感來顯示自己比他人更誠實，他通過這種方法來獲得優越感。而他的所有掙扎都體現出生活中的無力。對考試和工作的逃避表現出他的懦弱和無能。他的一切精神病症都是對可能的失敗的逃避。不論是在教堂中大聲懺悔，還是裸身大搖大擺地走進餐廳，兩者都是在用拙劣的方法來獲得優越感。他的行爲是由他的生活方式來決定的，而他所產生的情緒則與其目標保持一致。

還有另一個例子，能夠更好地說明心靈對身體產生的影響，這種現象更爲大家所熟知，所引起的不是永久的而是短暫的生理狀態。這種現象就是，每種情緒都有與之相應的身體活動。個體會通過某種能夠看出來的方法表達自己的情緒：可能是通過姿勢和態度，可能是通過表情，可能是通過四肢的動作。器官自身也會產生此類變化。例如，如果一個人的臉突然漲得通紅，或者變得慘白，就說明血液循環受到了刺激。氣憤、悲傷和焦慮以及其他所有情緒都能通過「肢體語言」得到表達，而每個人的肢體語言都具有自己的特點。

有的人害怕的時候會瑟瑟發抖，有的人會毛髮倒豎，有的人則會心跳加速。還有的人會出虛汗、窒息、聲音沙啞，或者嚇得連連退縮。或者影響到人體的內在平衡，導致缺乏食慾或嘔吐。對一些人來說，情緒會影響到他的膀胱；而對另一些人來說，則可能是性器官受到影響。很多孩子在考試的時候會感到類似於性刺激的感覺，而衆所周知，很多罪犯在犯罪之後都會去妓院或者找自己的情人。在科學領域中，一些心理學家認爲性和焦慮密切相關，而另一些則認爲兩者沒有任何關係。雙方觀點都是根據個人經驗做出的主觀判斷。所以一部分人能發現兩者的關係，一部分人則發現不了。

不同類型的個體會產生不同的反應。研究可能會證明這些反應與遺傳有一定關係。如果把家庭看成一個整體，那麼身體的反應能夠幫我們發現其弱點和癖好。在相同的情況之下，家庭成員表現出的身體反應可能十分相似。然而其中最有意思的是，觀察心靈是怎樣通過情緒來激發身體反應的。

通過情緒和身體表達可以看出，心靈在對好壞進行判斷之後是怎樣行動和反應的。例如，個體在生氣時希望趕緊解決面臨的困難。他們認爲最好的辦法就是對另一個人進行攻擊或指責。然後，憤怒就會影響到身體器官，使它們緊張或活動起來。一些人發怒時會感到胃痛，或者漲得臉通紅。他們的身體循環突然受到了強烈的刺激，可能引發頭疼。偏頭疼或者習慣性頭疼的人身上，往往有著被壓抑的憤怒或羞恥感。而有一些人憤怒時會感到三叉神經痛，或者引發癲癇。

情緒究竟是通過什麼樣的方式影響身體的，我們還無從得知，而且可能永遠無法知道。心理緊張既會影響自主神經，也會影響到非自主神經。自主神經系統會對緊張產生自動的反應。人們可能會使勁拍桌子、緊緊咬自己的嘴唇或者瘋狂地撕紙。人如果感到緊張，就會下意識地做出一些動作。他們可能通過啃鉛筆或咬指甲來緩解緊張情緒。這些行爲說明他們感受到了某種威脅。同理，當他們周圍全是陌生人的時候，就會臉紅、發抖，嚴重的還會抽搐——這都是因爲焦慮和緊張。緊張的感覺通過非自主神經系統傳導到全身。因此，每一種情緒都會造成全身性的緊張。但有時候緊張表現得並不明顯，上文中列舉的只是較爲明顯的由精神緊張引發的身體反應。

我們如果繼續深入研究就會發現，身體各個部分都有相對應的情緒表達，這種身體表達是在心靈和身體作用之下產生的。如果說心靈和身體是一個值得關注的整體中的兩個組成部分，那麼就必須重視心靈與身體之間的相互影響。

從上述論據可以推導出以下結論：一個人的生活方式和相對應的情緒傾向，都會持續地影響身體發展。如果可以確定兒童的性格和生活方式很早就會形成，那麼經驗充分的話，就可以對他們將來的身體表達方式加以判斷。勇敢的人的心理態度可以通過他們的體格表現出來。他們的身體比一般人更健壯，舉止更大方。姿態可能對身體發育有較大影響，能夠使肌肉更加發達。他們的表情都和別人不同，最終一切外在身體特徵都會被影響，連頭骨形狀都有可能改變。

現在不得不承認心靈對大腦存在影響。許多病理學病例都證明，那些由於左腦受損而喪失讀寫能力的病人，只要加強大腦其他部分的鍛鍊，就能重新學會讀寫。一般來說，中風或部分大腦受到不可逆損傷的患者會發生這種情況。大腦的其他部分作爲後補，重新把身體器官的功能記錄在冊。這個例子可以很好地證明個體心理學在教育上的功用。如果心靈可以對大腦產生如此大的作用，如果說大腦只是心靈最重要的工具而已，那麼就可以想辦法改進和發展這種工具。人們可以不再受到個體天生大腦功能的限制：而是通過各種辦法來對大腦進行訓練，使它更好地爲我們的生活服務。

但如果心靈一開始就制定了錯誤的人生目標——比如說，缺少合作能力——那麼它就不能對大腦產生有利的影響，無法促進其發展。因此，可以發現很多不會和他人合作的兒童成年之後，其智力和理解能力也無法得到徹底發展。如果說通過一個成年人的行爲和言談能夠看出他生命最初四、五年中形成的生活方式的影響，如果可以從中看出他所構建的世界觀和人生意義產生的結果，那麼我們就能從中對他們無法合作的原因進行分析，從而幫他們回到正確的軌道。在個體心理學中，我們已經奠定了構建這門學科的基礎。

心理特徵和生理種類

很多作者已經指出，心靈表達和身體語言之間有著固定的關係。但似乎還沒人對兩者之間的因果關係和連接方式進行研究。例如，克雷奇默（Kretschmer）曾探討過怎樣通過研究個體的身體特徵來探尋相對應的心理和情感特徵。他把人劃分爲不同類型。比如，有一種類型的人長著圓臉、短鼻子、身材較胖，就像莎士比亞書中的尤里烏斯・凱撒說的那樣：

我希望我的左右都是那些身體胖胖的，
腦袋溜光的，夜裡睡得好的人。
——《尤里烏斯・凱撒》第一幕第二場

克雷奇默爾把體型和特定的心理特徵相關聯，但並沒有說明這種關聯的原因。當下社會中，這類體型的人並沒有表現出身體上有什麼問題：他們的身體和我們的文化適應得很好。他們的心理也同樣健康，而且十分相信自己的力量。就算需要打一架，他們也並不會緊張，覺得自己肯定沒問題。無論如何，他們不會把別人看作對手，不會痛苦地生活在充滿敵意的環境中。

有心理學派稱這些人為「外向者」，但沒有做出解釋。而人們亦是因為他們不會因身體感到焦慮才稱之為「外向者」。

在克雷奇默爾的分類中，還有一種與之相反的類型，即神經質型。這些人身材瘦瘦高高，像個孩子一樣，長著長鼻子和雞蛋形的腦袋。克雷奇默爾認為神經質型的人為人冷漠，喜歡自省。要是他們受到心理壓力，就很容易患上精神分裂症。他們就是凱撒所說的這種人：

那個卡西烏斯有一張消瘦憔悴的臉，

他用思慮太多，這種人是危險的。

——《尤里烏斯・凱撒》第一幕第二場

此類人可能會受到身體缺陷的困擾，較爲悲觀和內向，容易以自我爲中心。他們可能更需要他人的幫助，如果他們沒有得到足夠的關注，就會痛苦不堪，疑慮重重。不管怎麼樣，還有很多人是混合類型的，克雷奇默爾也承認這一點，就算是矮胖的樂觀型人也會擁有某些神經質型人的心理特徵。如果他們受到成長環境的影響，變得越來越怯懦、悲觀，是很容易理解的。我們可以通過系統性的打擊使任何孩子變成神經質型人。

我們可以通過積累的經驗，通過一個人的各種表現判斷出他的合作能力怎麼樣。在必不可少的合作的要求之下，雖然並不是科學，但我們可以通過直覺下意識地尋找各種信號和暗示，讓我們能夠在混亂不堪的生活中找到方向。

與此相同，每次歷史出現大的變革前夕，我們都會發現人的心靈已經感受到了這種改變，並在努力進行相應的調整。這種努力出於本能，所以經常出錯。對於那些身體特徵比較明顯。例如，長相醜陋或身體畸形的人，人們會感到反感，想要避開。人們下意識地認爲這些人缺乏合作能力。雖然這種結論很荒謬，但人們可能是根據經驗做出的判斷。目前還沒有好辦法能幫助這些身體異常的人提高合作能力。所以，他們的缺陷在人們的迷信中被放大了，這些人也成了無辜的犧牲品。

下面我們來總結一下。兒童在生命最初的四、五年中，已經確立了自己的精神追求，建立了心靈和身體之間的固有聯繫。並且形成了固定的生活方式和相應的情緒、身體特性。在此時形成的生活方式中已經包含著一定的合作能力，人們就是依靠這種合作能力學會評價和理解他人的。比如說，一切失敗都與缺少合作能力有關。在這裡，我們可以給心理學另外下一個定義：對合作能力缺乏的理解。既然心靈是統一的，而且它的一切表達都源於固定的生活態度，那麼一個人的情緒、情感和思想肯定與他的生活方式相符。如果情感導致了某種困難，並且影響到個人幸福，那麼就不能僅僅通過改變情感來解決。它們只是一個人生活方式的具體表現，想要解決這些問題必須改變生活方式。

在這裡，個體心理學爲教育和治療提出了一個啓示——

如果想要改變一個人的個性，不能只關注某些具體問題，而是必須挖掘出他的生活方式形成時到底出了什麼錯，挖掘出他們的心靈如何解讀個人經歷、生命意義，以及他們面對環境和身體的影響時如何應對。

心理學的眞正任務即是如此。用針刺孩子看他們能跳多高，或者撓癢癢看他們笑得多厲害，並不是眞正的心理學家應該做的事。現代心理學領域中，很多人都在做這類研究，它們可能確實能揭示某些個體的心理狀態，但也不過是提供一些固定的個體生活方式的例證而已。

心理學最合適的研究課題和對象是人的生活方式，以其他內容爲研究重點的心理學者都過於偏向生理學或生物學。還有那些研究刺激和反應，探究創傷和震驚經歷造成的影響，和研究遺傳能力及其發展的學者也是如此。而個體心理學注重的是精神本身，亦即完整的心靈。我們的研究對象是個體對世界和自身賦予的意義，亦即他們的生活目標、努力方向以及在生活中處理問題的方式。目前，通過對合作能力的考察是理解個體的最好方法。

第三章 自卑感和優越感

自卑情結

如今人們對個體心理學最重要的發現之一——「自卑情結」——已經相當熟悉。很多心理學派和分支學科都認可這一概念，並將之用於實踐。但我不能肯定他們的理解和使用是否完全正確。舉例來說，只告訴病人他有自卑情結，沒有任何意義。這樣只不過更強調了他們的自卑感，但卻沒有幫他們找到解決的辦法。我們必須看出他們在生活方式中表露出的無力感，在他們感到沮喪的時候提供鼓勵和支持。

所有精神病患者都有自卑情結。他們與普通人的區別在於，他們在某些情況下會感到自己無法過有意義的生活，會限制自己的努力和行爲。給他們的問題取一個名字沒有任何用處。「你受到了自卑情結的困擾」，這種話根本無法讓人變得勇敢。就好比我們如果對頭痛的人說：「我知道你得了什麼病，是頭痛！」根本沒有任何幫助。

如果問神經官能症患者是否覺得自卑，很多人都會給出否定的答案。有些人還會說：「正相反，我認爲自己比別人都要好。」我們不需要提問，觀察他們的行爲就可以了，那些自欺欺人的、自我安慰的小手段在行爲中無處藏身，他們正是靠著這些小手段尋求優越感的。

舉例來說，如果一個人傲慢自大，就可以推測他內心的想法：「別人會看不起我。我要向他們表現出來我有多重要。」如果一個人說話的時候手勢很誇張，也可以推測他的感受：「如果不加以強調，我說的話就很沒有分量。」

可以做以下推測，所有凌駕他人之上的行爲都是爲了隱藏背後的自卑感。就像一個人要是總介意自己太矮，走路時就會踮起腳尖，讓自己顯得更高大。有時候，兩個孩子在互相比身高時就會這樣做。擔心顯得矮的那個孩子就會努力綳直身體，好讓自己顯得比實際上更高。要是問這個孩子：「你是不是認爲自己很矮？」他估計不會承認。

所以，具有較強自卑感的人一般不會是個溫順、平靜、自制而和善的人。自卑感會通過各種各樣的方式表現出來，我可以用三個孩子第一次去動物園的例子來說明。他們在獅子籠前面的時候，第一個孩子躲到媽媽裙子後面說：「我想回家。」第二個孩子呆站著，臉色慘白，瑟瑟發抖，但說：「我才不害怕。」第三個孩子惡狠狠地盯著獅子，跟媽媽說：「我可以向它吐口水嗎？」其實，三個孩子都覺得害怕，不過每個人都用符合自己生活方式的方法表達了出來。

現實中每個人都或多或少有一些自卑情結，因爲每個人都會覺得周圍的環境多少有些不令人滿意。唯一一種直接、現實和令人滿意的方法能消除這種感覺，那就是鼓足勇氣，改變現狀。任何人都不能長期處於自卑感之下，他們在壓力之下不得不做出行動。但如果一個人缺乏信心，覺得如果老老實實地沒辦法改變自己的處境，但又急於擺脫自卑感帶來的壓力，那他們就會做出行動，雖然沒有任何作用。他們仍然希望「超越困難」，但卻不打算克服障礙，而是想讓自己憑空獲得優越感。但由於導致自卑感的情況並沒有得到改善，他們的自卑感反而會越來越強。既然問題根源沒有得到解決，那麼之後所有行爲都會讓他們陷入更深的自欺欺人中，所有問題就會越積越多，壓力也越來越大。

我們看到這些行爲之後如果不嘗試著加以理解，就會以爲這些行爲沒有什麼目的。因爲他們並不會讓人們覺得是在有計劃地改善自己的處境。但如果我們發現他們和別人一樣希望獲得充實感，但又不爲改善處境而努力，就能理解他們的行爲了。如果他們覺得自己軟弱，不會通過鍛鍊來使自己強壯，而是會創造一些情境來使自己感覺強壯。他們的「自我欺騙」只能在某些環境下起作用，如果他們在工作上遭受了挫折，就有可能在家中作威作福來強調自己的重要性。但不管再怎麼自我欺騙，他們心中的自卑感也無法得到消除。生活一成不變，自卑感也仍然存在。個人的心理面具之下，總是有暗流湧動。這樣的情況就是眞正的「自卑情結」了。

接下來，需要給自卑情結下一個明確定義了。自卑情結的表現就是，個體面對問題無力應對，而且認爲自己永遠沒辦法解決。通過這個定義可以看出，憤怒、哭泣和推諉責任的辯解，都可能是自卑情結的表現。因爲自卑感會導致壓力，所以常常會引發一些「補償行爲」，不過這些行爲的目的並非解決問題，而是獲取優越感。這些爭取優越感的行爲正體現了生活中無意義的方面。而眞正的問題卻被忽視了，沒有得到解決。個體把自己的活動範圍限制得很窄，對他來說「不要失敗」比「爭取成功」更重要。其表現就是憂鬱、頑固、怯懦、逃避困難。

在廣場恐懼症的病例中，這種態度表現得比較明顯。此類病症表現的是這樣的頑固觀念：「我不能走太遠，必須在熟悉的環境裡。生活中充滿了危險，一定要避開。」如果一個人固執地堅持這種態度，就會把自己侷限在一個房間中，甚至困在一張床上無法動彈。

對於困難最徹底的逃避就是自殺。人們在面對生命中的困難時認爲自己無法做出任何改變，於是放棄了。如果能夠瞭解到自殺通常是一種譴責或復仇，就能夠理解這種行爲中也包含著對優越感的追求。自殺的人通常認爲是別人造成了自己的死亡，就好像在說：「我是世界上最敏感、最脆弱的人，你怎麼能對我這樣殘忍。」

一定程度上來講，所有患有神經官能症的人都會限制自己的活動範圍和與世界之間的聯繫。

他們想要和現實拉開距離，從而迴避生活中的各種問題，讓自己感覺周圍的一切都盡在掌握。他們通過這樣的方式，把自己關在小小的空間之內，與外界隔絕起來。根據他們個人的修養不同，他們有可能會盛氣凌人，也有可能抱怨不停：他們會選擇與自己的目標最相符的方式。如果他們不滿意某種方法，就會試試其他方法。不論方法如何，他們的目標始終如一——不用費精力去改善處境就能取得優越感。

舉例來說，如果一個傷心的兒童發覺他可以通過眼淚來達到目的，那他很可能變得很愛哭。這樣的孩子成年之後就會變得憂鬱。眼淚和抱怨——我把它們叫作「水性力量」——是破壞合作、控制他人的利器。愛哭的兒童和受到羞怯、窘迫、負罪感困擾的人一樣，都有明顯的自卑情結。這些人非常願意承認自己的弱點，承認自己沒辦法照顧自己。他們希望隱藏的是自己想要支配他人，想要壓制其他人的慾望。與這種情況相反的是，愛吹牛的兒童表現出的好像是優越情結，但如果忽略他們說的話，而仔細觀察他們的行為，就會發現他們想隱藏起的自卑感。

所謂的俄狄浦斯情結❶，實際上只是神經官能症中關於「狹小空間」的特殊病例。如果一個

---

❶俄狄浦斯情結（Oedipus complex）：來自古希臘傳說中弒父戀母的故事，用來指有戀母情結的人，通常會為了爭奪母親而跟父親作對，又由於道德倫理的約束，而具有自我毀滅的傾向。

人沒有足夠的勇氣在大環境中面對愛的問題，那麼就無法擺脫神經官能症的困擾。既然他們將自己限制在家庭這個小範圍內，那麼他們的性慾對象也在這個範圍裡就是很自然的了。出於內心的不安全感，他們的目光只限制在最親近的幾個人身上。他們擔心自己沒辦法像控制身邊的小圈子一樣控制外界的人。患有俄狄浦斯情結的人通常是被寵壞的兒童，他們在父母的溺愛之下誤以爲自己的願望就是金科玉律，但未曾認識到，走出家庭之後也可以憑藉自己的努力使別人喜歡自己。就算長大之後，他們也還是不能脫離父母。他們在愛情中需要的並非平等的關係，而是想要奴役對方；而沒有比父母更心甘情願被他奴役的人了。任何兒童都可以被誘發出俄狄浦斯情結。只需要讓母親無限溺愛他，讓他失去對他人的興趣，同時讓父親用冷酷無情的態度對待他。

一切神經官能症的症狀都表現出受限的行爲。口吃患者的語言表現出他的猶豫不決。對社會僅剩的一點點興趣讓他與他人進行交往，但缺乏自信以及對失敗的擔憂又與這種興趣產生矛盾，所以他們說話的時候就會表現得猶猶豫豫。學校中比較「笨」的孩子，30多歲還沒有工作的人，逃避婚姻問題的人，不停重複同一個動作的強迫症患者，由於失眠無法處理白天工作的人——這些人都具有自卑情結，他們也正因爲這一點無法解決生活中的問題。在性方面有手淫、早洩、陽痿和性別倒錯等問題的人都具有錯誤的生活方式，他們面對異性時會感到緊張不安。從中可以發現相應的對優越感的追求——如果問：「這種力不從心的侷促感的原因何在？」唯一的回答是：

「原因在於他們給自己制定了不切實際的目標。」

前文已經提到，自卑感本身並沒有什麼問題。人類正是因爲它的存在才有動力不斷進步。比如說，人類只有認識到自己的無知，認識到不能停下進步的腳步，才能推動科學的發展；它是人類努力改變命運的結果，是加深對宇宙的瞭解以便能夠更好地應對的結果。實際上，我認爲所有人類文明都是在自卑感的影響之下發展而成的。

請試想，如果有外星人來地球參觀，肯定會發出這樣的感嘆：「看看人類吧，創造了各種組織和制度，努力保障自己的安全，蓋起屋頂遮風避雨，縫製衣服防曬保暖，鋪起道路方便行走——很明顯，人類認爲自己是地球上最弱小的生物。」從某種層面來講，人類確實是地球上最弱小的生物。我們的力量比獅子和大猩猩小得多，還有很多動物都有優於人類的生存天賦，可以應對生活中的各種困難。一些動物會聚集起來彌補個體的不足，但與自然界其他生物相比，人類所需要的合作要更加複雜、更加根本。

人類的幼兒尤其弱小，出生很多年後都離不開保護和照顧。既然所有人在生命最初的時間裡都非常弱小，既然人類如若不進行合作就只能依賴大自然的恩賜生活，那麼我們就能理解，缺乏合作能力的孩子爲什麼會感到悲觀和自卑了。同理，我們也不難明白，那些合作能力最強的人，爲什麼還是會碰到各種各樣的生活難題。沒有任何一個人會覺得自己已經實現了最終的優越目標，已經把周圍環境完全掌握在自己手中。生命如此短暫，人類的身體如此脆弱，人生的三大問題又總是得不到完美解決。我們可以拿出臨時的解決辦法，但永遠不會完全滿意於已取得的成績。不管怎麼樣，人們仍然會繼續努力，只有具備合作能力的人才能信心滿滿地爲改善人類的共同處境而不懈努力。

我認爲，不會有人因爲永遠不可能實現終極目標而心煩意亂。可以假想一下，如果某一個人，或者人類整體達到了沒有任何困難的狀態，顯而易見的是，這樣的生活就像一潭死水，所有一切都能夠通過計算預測出結果。明天不會發生任何新鮮事，未來也不值得期待。對未來的不確定很大程度上是我們生活興趣的來源。假如我們對每件事都瞭如指掌，無所不知，那麼就不會再有爭論，也不會發現任何新的事物。如果科學達到了極限，我們所處的世界就會什麼都不是，只是一個循環往復的故事而已。藝術和宗教這些曾給我們帶來崇高理想的事物將一文不值。生活中永遠充滿各種挑戰，這是人類的幸福。人類將永遠奮鬥下去，總是會發現或製造出各種各樣的問題，創造合作和貢獻的新機會。

而患有神經官能症的人的發展最初就受到了阻礙。他們只能在表面上淺顯地解決生活中遇到的各種問題，而他們個人的難題則被過分強調。而一般人則能夠找到更有意義的方法來解決問題，可以繼續進步，發現新的問題，找出新的解決方法。在這種過程中，他們逐漸掌握了對社會有益的能力。他們不會脫離隊伍，或者妨礙隊友前進的腳步，也無須獲得特別的關照。反之，他們總是充滿激情，遇到問題之後能夠獨立解決，將個人需要與社會情感統一起來。

追求優越感

每一個人的優越目標都是獨特的，只屬於他自己。它是從人對生命意義的闡釋中產生的。此處的意義並不僅僅是一個詞而已。它根植於個人的生活方式中，就像貫穿個人生命始終的背景音樂一樣。它不會輕易向我們顯露其目標。實際上，它更喜歡隱晦地表達，讓我們根據顯露的各種線索去進行推測。想要理解一個人的生活方式就像理解一首詩一樣。詩人用字詞來寫詩，而詩中的含義則不僅僅是這些字詞。必須在字裡行間尋找，只有通過研讀和直覺才能領悟其中最重要的意義。而個體的人生觀這件最豐富、最複雜的作品，更是這樣。心理學家們必須學會通過一個人的言行來研究，必須掌握這門挖掘隱藏含義的藝術。

還有其他方法嗎？我們在生命之初的四、五年裡就確定了自己對生命意義的解讀，這並不是數學計算，而是在一片黑暗中慢慢摸索，通過自己經歷的但還不能完全理解的感受，憑藉那些細微的暗示和拼湊出的解釋得出來的。與之相仿，我們對自己優越目標的確定也是靠摸索和猜測實現的，這種目標並不是圖表中的一個固定的點，而是人生的動力，是一種不停變動的趨向。對於自己的優越目標，沒有人能夠給出完整的表述。他們也許可以說明白自己的職業目標，但這只不過是他們整體目標中的某一部分罷了。就算可以清楚地把這一目標表述出來，但達到目標的方法卻有千千萬萬。比如說一個人想當醫生，而當醫生卻可以代表很多情況。他可能不僅想要成爲某醫學領域的專家，還會在職業生活中表現出他對自己和他人的興趣。可以看出他會在何種程度上培養自己的能力從而爲同伴提供幫助，又爲這種幫助做出怎樣的限制。他把醫生這一職業選爲自己的目標，並且用這一點來對某種自卑感進行補償。想要知道他到底是爲了何種具體感受進行補償，就必須從他在職業領域和其他方面的表現來推斷。

例如，很多當醫生的人在很小的時候就接觸到了死亡這一現實。他們得到的印象是，死亡是威脅安全的一種外在因素。可能是父母或兄弟姐妹中有人過世，使他在日後的學習發展中致力於尋找與死亡抗衡的方法，從而提升安全感。還有些人的目標是做一名教師，而教師有很多不同的種類。要是一位教師的社會情感較弱，那他就可能把通過做教師提高自己在小圈子裡的社會地位當作優越目標。他可能只有在面對比自己更弱小、更缺少經驗的人時才會有安全感。社會情感較強的教師則會對學生一視同仁，他們眞的想以自己的力量提升整個人類的福祉。只需要看一看，不同教師之間在能力和興趣方面存在多大的差異，而通過他們的言行就能清楚地發現他們每個人的目標。如果一個人有著清晰的個人目標，他的潛力就會被調整到適合這一目標的程度；而整體目標——也就是我們所謂的原型——不管在什麼情況下都會試圖衝破這些侷限，找尋一種表現個人確立的生命意義和追求優越感的終極理想的方法。

所以，對於任何個體來說都應該透過表面看本質。個體可能會改變其目標的定義和表現方法，可能會改變具體目標的表現方式——簡單來說，就是換工作。所以我們必須從中找到暗含的一致性，通過個性找到整體性。這種整體性是與個體的所有表達相一致的。把不規則三角形顛倒放在不同的地方，那麼它看上去就像是很多個不同的三角形。但只要認眞觀察就會發現，其實是同一個三角形。原型也是這樣。每一個單獨的行爲只能表達出原型含義的一個側面而已，但可以通過對這些表達進行綜合分析來判斷它的內涵。

我們不能這樣告訴一個人說：「只要你這樣做或那樣做，就能完全滿足你對優越感的追求了……」人對於優越感的追求是可以變動的，實際上，一個人越健康、越正常，他的奮鬥空間就越開闊，而不會限制在某個固定方向上。只有患神經官能症的人才會緊緊守住自己確立的目標說：「我只要這個，其他的都不行。」

我們要注意避免對一切追求優越感的行爲進行輕率的評價，但所有目標中都有同一個因素——想成爲神。有些兒童會很明顯地表現出這一點，他們說：「我想當上帝。」很多哲學家也有類似的想法。而有的教師則想把學生培養成類似神的人。傳統的宗教戒律裡也有類似的主題：信徒們必須以神的標準來進行修練。比較溫和的神化思想是「超人」概念，它體現在——我不應該多做評論——尼采（Nietzsche）身上，他精神失常後，在給斯特林堡寫信時曾署名「被釘在十字架上的人」（The Crucified）。

精神失常者往往會大肆宣揚自己想達到類似於神的優越感目標，他們堅持認爲「我是拿破崙」或「我是中國帝王」。他們想成爲全世界的焦點，被所有人注視，進入電波傳遍全世界，每個人都在談論自己。他們希望能夠預測未來，擁有超能力。

希望「像神一樣」的目標的另一種更溫和、更合理的表現方式是，想無所不知、掌握一切智慧，或者獲得長生，不管是在人間永存，還是通過化身不斷地重返人世，還是在另一個世界中永生，這些願望都是因爲想要「像神一樣」。神在宗教教義中代表著永恆，能夠超越時間而永存。我並不想判斷這種觀念是否正確——它們都是對生命的理解，是一種「意義」，我們多少都會接受這種意義——成爲神或神一樣的聖人。就算是無神論者，也有戰勝神甚至超越神的願望。這可以被看作一種非常強烈的優越目標。

一個人一旦確立了自己的優越目標，他的行爲就會符合這一目標，生活方式就不會產生偏差。毫無疑問，個體的習慣和行爲都會精準地指向這一目標。任何問題兒童、神經官能症患者、酗酒者、罪犯或性變態者，他們的生活方式都通過與之相符的行爲表現出來，而且以此來獲得他們所設立的優越目標。這些行爲本身無須指責，想要獲得他們的目標，就理應表現出這些行爲。

有一個還在上學的男孩子，是班上最懶的學生。老師於是問他：「你的作業爲什麼寫得這麼差？」他說：「如果我是全班最懶惰的學生，你就會在我身上花很多工夫。那些從來不搗亂，總是乖乖完成作業的孩子，從來都得不到你的關注。」可以看出，這個男孩就是想讓老師關注他，從而控制老師，爲了達到這個目的他找到了一個最好的方法。只想著怎麼使他不再懶惰沒有什麼用，因爲他要用懶惰來實現自己的目標。從這個意義上來說，他做得很好，如果不再這麼做，他才眞的傻呢。

另一個看起來有些笨笨的男孩，在家裡的時候很聽話，但不管是在家還是學校，都有些遲鈍。他有一個比自己大兩歲的哥哥，哥哥的生活方式和他完全不一樣。哥哥聰明靈巧，但經常大大咧咧地惹出麻煩。有一天，有人無意聽到弟弟對哥哥說：「與其像你那麼冒冒失失，我寧願像現在這樣笨。」要是明白了他是想通過愚笨達到自己的目標——避免惹麻煩，他的愚笨反而可以被視爲聰明了。因爲他的笨，人們不會對他有太多要求，就算他惹了麻煩，也不會太嚴厲地責備他。如果理解了他的目標，那麼他要是不表現得笨，才是眞的笨。

到目前爲止，我們還是總針對表象來解決問題。不管在醫學還是教育領域，對於這種做法個體心理學都持反對態度。如果孩子的數學很差，或者在學校表現得不好，要是只針對這些問題來想辦法，不會有任何作用。他們有可能是爲了讓老師不舒服，甚至想要乾脆被開除從而徹底不用上學了。如果我們只用單一的方法來對付他們，他們就永遠能想出另一種方法來實現目標。

成年的神經官能症患者也是如此。拿受偏頭痛困擾的人來說，頭疼可能是他們有利的工具，需要的時候可以隨時發作。他們可以藉口頭痛來躲避生活中的麻煩。比如當他們被迫和陌生人接觸或不得不做決定時，就會立刻頭痛。此外，頭痛還能幫他們支配自己的同事、夥伴或家人。他們怎麼可能放棄這麼有用的工具呢？雖然他們遭受了疼痛，但對於他們來說，這種投資穩賺不賠——它能帶來他們想要的東西。我們可以通過一個嚇人的解釋來把他的頭痛治好，就像用電擊或假手術治癒戰士的戰爭疲勞症（shell-shocked）一樣。藥物治療可能也有一定療效，讓患者無法再使用他專門選擇的症狀。但如果他們的目標沒有變，一種症狀治癒之後，他們還會找到另一種別的症狀來替代。頭痛「治癒」後，可能就會失眠，或者出現其他新症狀。只要目標沒有改變，他們就不會放棄「努力」。

一些患有神經官能症的人可以很快「拋棄」某種症狀，然後又迅速「患上」新症狀。他們好像神經官能症的收藏家一樣，不斷收集各種各樣的症狀。他們要是讀一讀心理治療方面的書，肯定會頗受啓發——原來還有那麼多症狀他們沒有試過。所以，我們應該努力尋找這些花樣百出的症狀背後隱藏的目的，尋找此目的與病人整體優越性目標之間的一致性。

如果我在上課的時候爬上一架梯子，坐在黑板上方。所有人看到我都會想：「阿德勒博士肯定是瘋了。」他們不懂梯子的用處，不知道我爲什麼要爬到那麼不舒服的地方坐著。但他們要是明白，「如果不待在高過所有人的地方，他就會覺得自卑，因此他要坐在黑板上方，只有在高處俯視大家他才會得到安全感」，就不會覺得我瘋了。我爲了達到我的目標選擇了一個最好的方法。這樣一來，梯子就是很合適的工具，我爬上梯子的做法也就是有計劃的合適的行爲了。

我的瘋狂只表現在一個地方，即對優越目標的理解。我要是可以明白之前設定的目標是錯誤的，就有可能改變自己的行爲。如果目標沒有改變，只是把我的梯子拿走了，那我可能還會搬來椅子；如果人們又拿走了椅子，那我可能就會跳起來，或者爬到高處，靠自身力量讓自己到達更高的地方。所有患有神經官能症的人都有類似的情形：他們對行爲方法的選擇都是正常的，無須指責。唯一應該改變的，是他們確立的優越目標。如果目標改變了，他們的心理習慣和態度也會做出相應的變化。那些舊的習慣和態度失去了功用，很快就會被新的目標和習慣態度所取代。

我們來看一下這個例子。一位30歲的女士由於焦慮、無法與人交往來向我尋求幫助。這位女士不能憑自己的能力生活，所以成了家裡的負擔。她也陸續做過秘書之類的工作，但很不幸，所有老闆都想騷擾她，導致她不得不辭職。實際上，曾經有一份工作的老闆對她沒有多大興趣，也沒有做過什麼出格行為，但她卻覺得自己受到了侮辱，最後還是辭職了。她已經接受了多年的精神治療——我覺得已經有整整八年了——但都沒有什麼效果，她的社交能力還是沒有得到改善，她也還是無法養活自己。

這個病人到我這裡之後，我對她童年時期的生活方式進行了研究。如果不瞭解童年生活，就不能理解一個人的成長過程。這位女士是家裡的老么，長得很漂亮，被極度寵愛。當時她的家境很好，父母會滿足她的一切需求。我聽到這裡時說：「哦！你小時候就像公主一樣生活。」「很奇怪哦，」她說，「當時所有人都叫我公主……」我問她最早的記憶是什麼。她答道：「我四歲的時候，有一次走到房子外面看到一群小孩在玩遊戲。他們跳著喊道『巫婆來了』。我很害怕。回家之後，我問同住的老奶奶，世界上是否眞的有巫婆。她說：『沒錯，有巫婆、小偷、強盜，他們都會跟著你。』」

從中我們可以看出，她害怕一個人被拋下。她的全部生活方式都體現出這種恐懼。她認為自己很弱小，不能脫離家庭，而親人會無條件地關愛她、支持她。還有另一個早期記憶：「我有一個男性鋼琴教師，有一天，他突然要親我。我立刻停止彈琴，告訴了我的媽媽。後來我再也不想彈琴了。」從中我們能看出，她在自己和男人之間設置了一道屏障，隨著她的性成熟，她要保護自己遠離愛的目標。她認為戀愛就代表著軟弱。

我必須指出，很多人在剛開始戀愛時都會感到軟弱，某種意義上來說他們沒錯。我們如果陷入愛情，就肯定會更溫柔，我們對他人的關注也會使自己更易受傷。只有那些把永遠不表現出軟弱、不表露內心當作優越目標的人，才會逃避相互依賴的愛情。這樣的人無法面對愛情，也無法爲之準備。當他們感到有可能陷入愛情的時候，通常會把事情搞砸了。他們會對那個讓他們感到愛情危險的對象進行嘲笑或戲弄。他們想要通過這種方式擺脫軟弱的感覺。

這位女士的情況也是這樣，只要是與愛情和婚姻有關的事就會讓她感到軟弱。所以，如果工作中的男性表現出對她的興趣，她就會反應很強烈。她不知道除了逃跑之外還有什麼其他辦法。當她還在學習應對這些問題的時候，她的父母去世了，而她的「公主時代」也和他們一起消失了。她還試圖找其他親戚來照顧她，但並沒有達到她的願望。不久之後，親戚們就對她厭倦了，不再給她想要的關注。她生氣地指責他們，說自己一個人孤零零地非常危險。憑藉這些行爲，她才得以勉強避免獨立生活的悲慘處境。

我可以確定，如果她的親人徹底拒絕再照顧她，她就會發瘋。迫使家人關注她，是她達成優越目標的唯一方法，只有這樣她才能不爲生活中的各種難題煩心。她不肯拋棄這樣的幻想：「我不屬於這個世界。我是另一個世界裡的公主。這個可悲的世界根本不知道我有多重要。」如果繼續發展的話，她就會眞的發瘋。但只要能強迫親人朋友來照顧自己，就不用發展到這一步。

另一個病例，可以清晰地表現出自卑情結和優越情結的區別。一位十六歲的少女被人送到我這裡。她六、七歲時就開始偷東西，十二歲時開始夜不歸宿，整晚和男孩子們鬼混。她的父母在她兩歲的時候終於結束了長期的痛苦掙扎，離了婚，她被判給母親，和外婆一起生活。正所謂隔代親，外婆對她十分溺愛和縱容。而她正是在父母關係矛盾最大的時候出生的，她母親並不想生下這個孩子，所以一點也不喜歡她，母女關係並不融洽。

這個女孩來我這兒時，我友好地和她對話。她跟我說：「我其實並不喜歡偷東西或和男孩鬼混，但我必須這麼做，好讓母親知道她別想控制我。」

我問：「你用這種行為作為報復？」她回答：「應該是。」她想證明自己比母親更強大，但這種目標恰恰說明她認為自己很弱小。她知道母親不喜歡她，並因此產生了自卑情結。惹麻煩是她自己想到的保持優越感的唯一方法。有偷竊或其他不良行為的兒童，他們的這種行為大多是為了報復。

一個十五歲的女孩失蹤了八天。人們找到她之後，把她帶上了青少年法庭，她在法庭上講了一個被綁架的故事，說有個男人綁架了她，把她關在房子裡。但沒人相信這個故事。醫生和她單獨交談，希望她說出真相。而她卻因為醫生不相信她而火冒三丈，扇了醫生一巴掌。我和她見面之後，問她想成為什麼樣的人，還告訴她我只關心她的幸福，只想幫助她。我詢問她的夢的時候，她笑了，告訴我這個故事：「我在酒吧裡，出去的時候看見了我母親。不久，我父親也來了，我讓媽媽趕緊把我藏起來，不讓他看到。」

她很怕父親，而且和他作對。父親經常懲罰她，正是因爲怕被罰，所以她不得不撒謊。當遇到撒謊的案例時，就應該看一看是否存在嚴厲的父母。如果眞相不會導致危險的話，就完全沒必要撒謊了。另外，我們還能發現，這個女孩和母親之間有一種合作關係。之後，她對我承認說，實際上她是在別人的唆使之下去了一個酒吧，在酒吧裡待了八天。她因爲害怕父親所以不敢說眞話，但同時她的行爲又表現出想要戰勝父親的願望。她覺得受到了父親的壓制，只有對他造成傷害才能得到優越感。

我們應該怎樣幫助那些在尋求優越感的途中誤入歧途的人呢？如果我們明白所有人都會追求優越感的話，就不會太難。如果站在他們的角度思考，就能理解他們的行爲。他們的錯誤只在於在無意義的目標上白費了精力。人們正是因爲追求優越感才能不斷前進，才能對文明做出一點點的貢獻。整個人類活動都是按照對優越感的追求這個方向前進的——從下到上，從負到正，從失敗到成功。但只有願意爲他人謀福祉，爲衆人的利益而努力奮鬥的人，才能眞正應對並且掌握生活中的各種問題。

只要我們能夠使用正確的方法，就會發現人們其實很容易被說服。從根本上來說，人類對於價值和成功的判斷都是以合作爲基礎的。這是全人類的共識，得到全世界的認同。所有對於行爲、理想、目標、活動和性格特徵的要求，都是爲了實現合作這一目的。任何人都不可能徹底缺少社會情感。這是個公開的祕密，患有神經官能症的人和罪犯也知道──他們努力爲自己的生活方式進行辯解，或者把責任推到別人身上。從中我們可以瞭解到，他們只是缺乏讓生活進入正軌的勇氣。自卑情結對他們說：「你不可能合作成功。」他們迴避生活中眞正的問題，而忙著和虛幻的影子鬥爭，從而確認自己的力量，進行自我安慰。

人類的勞動分工使各種各樣的目標都有實現的空間。就像我們看到的那樣，可能每種目標都多少存在一定的錯誤，都有一些值得指摘之處。但人與人之間的合作正是以你之長，補我之短。某一個孩子可以從擅長數學中得到優越感，另一個孩子則可以通過藝術，第三個孩子又以健壯的體格感到自豪。消化不良的兒童也許以爲自己的問題在於缺乏營養。如果他們相信研究食物可以改善自己的處境，那他們就有可能對這方面產生興趣，最終可能成爲一名廚師或營養學家。

通過這些具體的目標可以發現，在對某種缺憾進行補償時，有的人放棄了一些可能，有的人針對自己的侷限進行訓練。爲什麼哲學家必須要離群索居才能思考和寫作呢？通過這一點就能理解了。如果一個人的優越目標中有著較高的社會興趣，那麼雖然所有目標都會多少有些錯誤，但其目標並不會錯得太離譜。

第四章　童年的記憶

完整人格的鑰匙

個體完整人格的關鍵就在於爲獲得優越地位而努力。由此，人們精神發展的各個方面都能體現出這種努力。瞭解了這一點，就能通過它理解人們的生活方式。有兩點需要牢記。第一，從任何地方都可以開始。每種表現都會通向同一個地方，指向同一個動機和主題，這些是圍繞其人格的建立而產生的。第二，我們可以蒐集到很多素材，片段的言語、思想、感覺或姿勢動作都可以幫助我們去理解。如果因爲妄下斷言而犯錯，那麼就可以通過其他表達層面得到檢驗和矯正。某個表達的含義無法適用於整體的話，我們就不能得出最終的結論——而每種表達所體現的都是同一個問題，督促我們找到答案。

就像考古學家一樣，蒐集各種陶片、工具、殘破的牆壁、歷史遺跡和零散的紙頁，通過這些碎片判斷出已經毀滅的城市的情況。而我們面對的並不是已經消失的事物，而是人身上互相聯繫的各個方面，是鮮活的個人性格和他們對生命的理解，我們所面對的是千變萬化的表達方式。

想要瞭解一個人並不簡單。對一切心理學者來說，個體心理學不但最難學，而且也最難應用。我們必須耐心地聽完整個故事；在找到能自圓其說的那把鑰匙之前，必須懷疑一切；還要耐心蒐羅各種點滴細節中隱含的意義——一個人是怎麼走進房間的，怎麼致意和握手的，他是如何笑、如何走路的，等等。

有一些方面可能會使我們迷惑，但其他方面又會讓我們變得清晰，或者給我們提供證據。治療本身就是對於合作的練習和考察，只有發自內心地關心他人，才有可能成功。我們必須有同理心，通過對方的角度去觀察、去聆聽。病人也要努力幫助我們理解他們。我們在處理他們的困難時，還必須同時照顧他們的態度。而且，哪怕我們自己覺得已經足夠瞭解對方，但如果他們並不瞭解自己的話，就無法證明我們是否正確。如果一個眞相無法適用於所有情況，那麼它就不完整，說明我們的理解不夠全面。

其他心理學派可能正是因爲沒有理解這一點，才提出了「消極轉移和積極轉移」（negative and positive transferences）的概念——個體心理學中絕不會有這種概念。也許可以通過縱容那些被寵壞的病人來獲得他們的喜愛，但這樣一來，他們的控制慾就無法顯露出來。如果輕視或者怠慢他們，則容易使他們敵視我們。病人可能會停止治療，就算不停止的話，可能也僅僅是爲了給自己辯護，從而讓醫生感到愧疚。不管是縱容還是輕視，都不能眞正地幫助病人，我們必須向對方表達眞正的關懷。一種發自內心的、客觀的關懷。我們必須和他們共同找到他們的問題所在，不管是與他們自身幸福有關，還是關乎他人利益。只要時刻銘記這一目標，就不用擔心出現「轉移」現象，不會自認爲是高高在上的權威，也不會使對方產生依賴，或喪失責任感。

在心靈的所有表達中，個體記憶最能夠揭示眞相。記憶是每個人時刻帶在身邊的記錄儀，其中包含著自己的侷限以及各種事件的意義。沒有任何記憶是「偶然的」。一個人會接收到無數的印象，但他只會選取自認爲與個人問題有關的那些放入記憶中，無所謂這些印象多麼模糊。這些記憶可以體現他的人生故事，通過不斷重複這個故事，他可以從中得到溫暖和舒適的感受。這個故事還能幫他把精力集中在自己的目標上，或者用從以往經驗中獲得的意義作爲工具，讓他們在迎接未來的時候可以採用更可靠、更經受得起考驗的方法。通過日常行爲還能看出，記憶可以幫助人們穩定情緒。一個人如果受到挫折，感到沮喪，他就會回憶起之前曾受到的挫折。如果他感到興高采烈，充滿勇氣，就會想起那些令他高興的往事，這些回憶會使他更加樂觀。同理，如果他遇到了困難，就會喚醒那些能幫自己調整態度的回憶，從而更好地應對現在的情況。

記憶這種起作用的方式和夢相似。很多人在需要做決定時，都會夢到自己曾經成功考過的一次考試。他們把決定看作一場考試，想要重新找到曾經成功時的心態。這一點同樣適用於個人生活方式中的各種情緒變化，以及情緒的構成和平衡。一個憂鬱的人如果經常回憶過去的美好和成功經驗，就會不再那麼憂鬱。反之，他們實際上總是告訴自己，「我這輩子都很倒楣」，所記住的：也都是那些可以證明「我很倒楣」的事了。

早期記憶和生活方式

個體的記憶不會和他的生活方式相矛盾。要是一個人的優越目標使他感到「別人都在羞辱我」，那他就會選取那些讓他感到羞辱的記憶保留下來。一個人的生活方式改變之後，他的記憶也會發生相應的改變。他記憶裡的故事會完全不同，抑或他會對記住的往事，也會有完全不同的解讀。

早期記憶的意義更為特殊。首先，它們通過最原始、最簡單的狀態表達出個人的生活方式。這些早期記憶可以透露出：一個人在兒童期被溺愛還是被漠視？他受過哪種程度的合作訓練？他喜歡與之合作的人是什麼樣的？他會怎樣應對碰到的難題？對於那些曾患有視力障礙，努力讓自己看得更清楚的孩子，他們的早期記憶中應該有很多關於視力的印象。他們的回憶通常是：「我四下張望……」還有可能是對色彩和形狀的描述。而那些被身體問題困擾的孩子大多希望能夠走、跑或者跳，所以他們的記憶會表現出這種渴望。

一個人的童年回憶肯定和他的主要興趣有著緊密的聯繫，而只要瞭解了他的主要興趣，就能對他們的目標和生活方式有所瞭解。這也是爲什麼早期記憶對於制定職業發展方向至關重要。此外，早期記憶還能體現出孩子與父母和其他家庭成員之間的關係。記憶清晰與否其實並沒有多重要，最重要的是這些記憶表露了個人的判斷：「我還小的時候就是這樣的人了」或者「我在兒童時期，看待世界的方式就是這樣」。

最能帶給我們啓發的，第一，是一個孩子通過怎樣的方式展開他的故事；第二，他記得的最早回憶是什麼。最早的記憶體現了一個人最基本的生命觀，這是第一個讓他滿意的關於個人態度的表達。我們可以通過這一記憶探尋他們個人發展的起點。如果想瞭解某個人的個性，那麼就一定要詢問他最早的記憶。

有的時候，對方不回答，或者說他們不知道哪個是最早的記憶，不過他們的態度本身已經吐露出了足夠多的信息。從中我們可以判斷，他們沒有做好合作的準備，不想討論自己的基本人生觀。但一般來說，人們往往很喜歡談論自己的最初記憶。他們認爲這無關緊要，並不懂得其中的內涵。極少有人眞正懂得自己的最初記憶，所以大多數人都客觀、自然地表露出自己的人生目標、和周圍人的關係，以及他們對環境的觀點。此外，最初記憶簡潔、質樸的特點，使它很適合應用於群體研究。可以請全班學生把自己的最初記憶寫下來，如果能夠對這些記憶進行解釋，就能製作出針對每一個學生的有益資料。

解讀最初的記憶

讓我們通過幾個有關最初記憶的例子來說明一下。我們對一個人的瞭解僅限於他自己講述的記憶，此外甚至不知道他是小孩還是大人。要是想解讀這些早期記憶的內涵還需要其他關於個性表達的驗證。不過，通過分析這些具體記憶，可以使我們的技巧和推理能力得到鍛鍊，從而窺一斑而見全豹。

這樣一來，我們就可以判斷哪些是眞實的，並對記憶進行比較。我們可以在實踐中看到人們對待合作的態度，他們是勇敢的、還是怯懦的，想要被照顧、還是獨立自主，甚至他們喜歡付出、還是索取。

一、「因爲我妹妹……」注意最初記憶中出現的人是誰很重要。如果出現了某個姐妹，那麼基本可以斷定，他認爲這個姐妹對自己影響很大。這個姐妹非常出色，帶給同齡人很大壓力。一般兩人之間會存在某種競爭關係，就像在賽跑一樣，這肯定爲成長帶來了一些煩惱。如果過於關注競爭，兒童就很難產生對他人的興趣；而在與他人友好合作時，就很容易做到這一點。不過也不能馬上下結論，因爲兩個孩子畢竟有可能是朋友。

「因爲妹妹和我是家中最小的孩子，如果她的年齡不夠大，我就不能去上學。」這就提供了兩個孩子相互競爭的有力證據：「妹妹是我的累贅！她比我小，我卻必須得等著她。她害我錯過了很多機會！」如果這段記憶的眞正含義就是這樣的話，可以推斷出這個女孩或男孩會覺得：「我最害怕的是生活中受到他人的阻礙，使我不能自由發展。」這段記憶應該來自一個女孩。因爲男孩子很少會因爲妹妹太小而不能入學。

「所以，我們同一天入學。」從女孩的角度來看，這種教育方式並不算好。因爲年齡較大，她可能會覺得自己必須給別人讓位。我們發現，這個女孩在所有情況下都喜歡用這一點來說明問題。她認爲妹妹搶走了大家對自己的關注和喜愛。這種忽視讓她歸罪於某個人，可能就是她母親。她很可能與父親關係更好，並且努力想贏得父親的喜愛。

「我清楚地記得，第一天上學的時候，媽媽跟別人抱怨她很寂寞。她說：『那天下午，我跑出去很多次等我的女兒們。我覺得她們好像永遠都不回來了。』」這段關於母親的記憶，會讓人感到母親不夠明智。女孩對母親的印象正是如此。「她覺得她們好像永遠都不回來了。」——這個母親當然很慈愛，女孩們也感到了這一點，但她還很焦慮緊張。如果可以和這個女孩聊一聊，她可能會講一些母親是如何偏愛妹妹的故事。我們不會對這種偏愛感到驚訝，最小的孩子最得寵是很常見的。通過這段記憶，可以得出以下結論：姊妹中的姐姐覺得，在和妹妹的競爭中自己受到了阻礙。她日後的生活中很可能會妒忌和害怕競爭。要是她反感比自己年輕的女人也很正常。有些人在一生中都認爲自己太老了，很多喜歡妒忌的女性會在更年輕的女性面前感到自卑。

二、「我最早的記憶是我三歲時參加祖父的葬禮。」這是一個女孩的記憶。她對死亡有著很深的印象。這說明什麼？死亡對她來說是人生中最大的隱患和危險。她通過這些童年經歷總結出了一則真理：「祖父會死去。」還有可能說明，她在祖父那裡最受寵愛。祖父們總是很寵愛自己的孫輩。他們不需要承擔像父母那麼多的責任，總是希望兒孫環繞著自己，從而體現出自己仍然可以得到敬愛。在我們的文化環境中，老年人很難感受到自己的價值，有時候他們會通過一些簡單的伎倆來獲得安慰，例如，挑刺找碴、發牢騷或發脾氣。在這個例子中，可以推測這個女孩還是嬰兒的時候就備受祖父寵愛，正是這種寵愛讓女孩對祖父印象深刻。祖父的死對女孩造成了很大打擊。一個夥伴並且對她百依百順的人離開了。

「我記得很清楚，他躺在棺材裡，如此安靜、如此蒼白。」我認爲讓三歲的孩子親眼見到死者並不是一件好事，尤其是他們還沒有做好準備的時候。很多孩子對我說過，看到某位死者留給他們很深的印象，終生難忘——這個女孩也無法忘記。這些孩子會努力與死亡的威脅對抗。通常他們想要成爲醫生，認爲與其他人相比，醫生能夠更好地克服死亡。要是詢問醫生他們的最早記憶是什麼，會有很多是關於死亡的。「躺在棺材裡，如此安靜、如此蒼白」——這是關於畫面的記憶。說明這個女孩可能是視覺型的，善於對世界進行觀察。

「之後來到墓地，棺材被放到墓穴中，我記得有一條繩子從那個粗糙的盒子底下抽出。」她又描述了她看到的畫面，這可以證實之前的推測，她是個視覺型的人。「這次經歷讓我感到恐懼，只要提到已經到達另一世界的親戚朋友或認識的人，我就感到害怕。」

我們又一次看到了死亡對她產生了多大的影響。如果我能和她談一談，我會問：「你長大之後想做什麼工作？」她很可能回答：「想做醫生。」她要是不回答或者逃避回答，我就會提出建議：「醫生或者護士怎麼樣？」她提到「另一世界」時，可以看出她對於死亡恐懼的一種補償。如果把她的記憶看成一個整體，我們可以做出以下推測：她的祖父很寵愛她，她是一個視覺型的人，在她的內心世界中死亡有著很重要的地位。而她對生活的理解是：「每個人都會死。」這是顯而易見的，但並非每個人都會這樣重視它。還有很多其他事值得我們關注。

三、「我三歲的時候，我父親……」她的父親一開始就出現了。我們可以推測，這個女孩對父親比對母親有更大的興趣。通常來講，人們在成長的第二階段才會表現出對父親的興趣。最開始孩子總是更關注母親，因爲孩子在一兩歲的時候和母親最爲親近。要是一個孩子對父親更感興趣，就說明這位母親一是失敗的。孩子之所以會對自己的處境感到不滿，往往是由於家中多了一個更小的孩子。如果這段回憶中有弟弟或妹妹的出現，就能證明這一點。

「父親給我們買了兩匹小馬。」果然家裡還有別的孩子，我們很有興趣繼續聽下去。「他拉著韁繩把馬拉到了房子裡。我姐姐比我大三歲……」看來得修正之前的判斷了。之前我們以爲這個女孩是姐姐，但實際上她是妹妹。可能母親更喜歡姐姐，所以女孩會提到父親和作爲禮物的兩匹小馬。

「姐姐拿起一條韁繩，驕傲地牽著小馬向街上走去。」姐姐在這裡展現出一種勝利的姿態。「我牽著小馬緊跟在她的馬後面，她走得太快了，我很難跟上……」——這是由於姐姐先行出發！——「我被拽倒了，摔了個大馬趴。」滿心期待，最終卻落得恥辱的下場。姐姐勝利了，占了上風。我們可以確定，這個女孩眞正想表達的是：「要是我放鬆警惕，姐姐永遠都會占據上風。我就會一敗塗地。想要獲得安全感的話，只有拿第一這一種辦法。」除此之外，從中我們還能看出，姐姐肯定已經得到了母親的喜愛，所以妹妹才會轉向父親。

「雖然後來我騎馬騎得比姐姐好很多，但還是沒有讓當時的失望感減少。」至此，我們的一切推斷都被印證了。可以從中看到兩姐妹的競爭。妹妹覺得：「我總是落在後面，不行，我必須迎頭趕上。」我們之前講過這種情況通常發生在第二個孩子或者最小的孩子身上。這些孩子通常有一個領先的哥哥或姐姐，而他們總是在努力追趕前者。這個女孩的記憶使這種態度得到了加強。記憶好像在對她竊竊私語：「要是有人比我更好，我就會遭遇危險，所以我必須永遠保持領先。」

四、「我最早的記憶是姐姐帶我去參加各種聚會和社交，我出生的時候她已經18歲了。」在這個女孩的記憶中，她已經成爲一名社會成員了——我們可能會從這段記憶中發現高於他人的社會合作度。姐姐比她大18歲，那她就會覺得姐姐像媽媽一樣，是家裡最寵愛她的人——而且姐姐看上去採用了很聰明的方法使這個孩子的興趣向外擴張。

「我出生以前，家裡有四個男孩，只有姐姐一個女孩，因此她很喜歡帶著我四處炫耀。」這種情況並沒有通常想得那麼好。如果一個孩子總被「炫耀」，那他的興趣就可能在於被大家喜愛，而非爲他人付出。「所以我很小的時候她就帶著我到處走。我對這些聚會的唯一印象就是，我總是被迫要開口說話，比如『告訴這位女士你叫什麼名字』之類的。」這種教育方式很有問題，從中我們可以推測，這個女孩很可能有口吃問題，或者有表達障礙。一個孩子如果口吃，很有可能是因爲他的表達過於受關注。他可能沒辦法與人輕鬆自然地交流，相反，他會被教導得過於關注自我，只想著如何贏得他人的讚賞。

「我還記得，如果不說什麼話，回家之後就會被責備。因此我變得不喜歡出門，不喜歡見人。」看來我們的推測又被推翻了。現在我們能從她的最初記憶中找到眞實的含義：「我被帶著和他人交往，但我卻並不喜歡這種感覺。因爲這些經歷，從那時候開始我就很厭煩這些社交和合作。」因此，我們可以推測，很可能到現在她也不喜歡和人交往。還可以推測出，她在面對他人時會感到拘謹不安，雖然她內心認爲自己應該光彩奪目，但對她來說這太難了。她在成長過程中，失去了輕鬆、平等地與人交流的能力。

五、「我清楚地記得，很小的時候家裡發生了一件重要的事。在我四歲左右，曾祖母來看我們。」我們已經知道，祖母通常很寵自己的孫輩，但不清楚曾祖母會如何對待孩子。「她在我們這裡時，我們拍了一張四世同堂的全家福。」看來這個女孩很注重家族譜系。她對曾祖母的到來和拍全家福這件事記憶如此深刻，那麼也許可以推斷，她很依戀自己的家庭。要是沒錯的話，應該可以發現她的合作能力僅限於家族圈子裡。

「我還記得很清楚，那時我們坐車去了另一個鎮，在照相館裡，我換了一件白色的繡花衣服。」這個女孩可能也是視覺型的人。「拍全家福之前，我和弟弟先一起拍了一張照片。」從中又可以發現她對家庭的關注。弟弟是家庭的一部分，之後我們可能還會看到更多兩人之間的關係。「他們讓弟弟坐在我旁邊椅子的扶手上，讓他抱著一個紅色的球。」到這裡我們發現了女孩的主要努力目標。她對自己說，弟弟比自己更受寵。從中可以推斷，弟弟的出生讓她感到不快，因爲她不再是家中最小的孩子，原本屬於自己的寵愛也被弟弟搶走了。「他們讓我和弟弟笑。」她想說的是：「他們要我笑，可我沒什麼可以笑一笑的。弟弟有一個寶座和漂亮的紅球，而我有什麼呢？」

「然後，就拍全家福了。所有人都努力表現得很漂亮，唯獨我不肯笑。」她通過這種方法對家庭提出挑戰，因爲他們對她不夠好。她保留在回憶中的這段最初記憶告訴我們：看看我的家庭是怎麼對我的吧！

「他們讓弟弟笑，弟弟笑得又漂亮又可愛，從那時起，我就開始討厭照相了。」

諸如此類的回憶，可以使我們對大部分人的生活態度有所瞭解。我們通過獲得的印象對一系列完整的行爲做出判斷，從中得到結論並將之看作確定的事實，然後據此採取行動。很明顯，這次拍攝經歷對這個女孩來說並不愉快，所以她到現在還不喜歡拍照。一個人如果討厭什麼東西，往往會爲自己的感受進行辯護，會從個人經歷中找出一些解釋。我們可以從這段最初記憶中得到兩點信息，可用來探討其主人的個性。第一，她是一個視覺型的人；第二，更爲重要的是她對家庭非常依賴。她最初記憶中的活動都限於家庭圈子之內。她在社會生活中可能會感到不適應。

六、「這件事就算不是最早的記憶，也是最早期記憶之一，是在我大概三歲半的時候發生的。我和堂兄被一個爲我父母工作的女孩帶到酒窖裡，讓我們嘗了點蘋果酒。我們很喜歡。」發現有蘋果酒的地窖是一場有趣的探險。如果要根據這一點做出判斷，我們可以給出兩種可能。有可能這個女孩喜歡新奇的事物，對生活滿懷熱情。也有可能她認爲很多擁有更強意志力的人會誘騙我們，使我們走入歧途。我們想要在這兩種可能中做出選擇的話，還需要更多回憶的幫助。「一段時間之後，我們想再嘗一些，乾脆自己動手了。」這個姑娘很勇敢，渴望獨立。「可我的腿突然一軟，把蘋果酒打翻了，酒窖都被弄濕了。」從中我們可以發現一個禁酒主義者出現的可能。

「我不清楚這個經歷和我不喜歡蘋果酒和其他酒類是否有關。」我們再一次發現，一個微不足道的意外事件成爲某種生活態度形成的原因。單看這件事的話，其實並沒有嚴重到會產生如此深遠影響的程度。但這個女孩卻把它當作自己不喜歡喝酒的充分原因。這也許可以說明這個女孩善於從教訓中獲取經驗。她可能很獨立，如果犯了錯誤就會自我糾正。這種品質可能是她人生中的一個特點。通過整段描述可以推測出，她想說的是：「我會犯錯誤，但如果錯誤被我發現了，就會及時糾正。」如果眞是如此，那她就應該具有良好的性格，積極進取，勇敢主動，希望自己能不斷完善並改善自身處境，當然也會擁有美好的、有意義的生活。

上述所有例子都是爲了讓我們鍛鍊自己的推理能力，從而更好地掌握這門技藝。實際上，在確定自己所做的推測是否正確之前，必須對個體其他性格特徵做更多考察。

下面我們來研究一些病例，通過這些病例，我們能夠發現個人性格在所有表達方式中是一以貫之、始終如一的。

一個35歲的男性焦慮症病人來找我看病。他只要一走出家門，就會焦慮不安。他總是不得不離開家去工作，但他只要一踏進辦公室，就會開始抽泣，一整天都是這樣，直到晚上回家坐到母親旁邊才會停下來。當被詢問到最初記憶時，他說：「我記得，我在四歲時坐在家中的窗戶旁，頗有興趣地看著窗外的街道和忙碌的行人。」他想看他人的工作，而自己只想坐在窗邊觀察。他認爲自己沒辦法在工作中與人合作，如果想改善他的病症，唯一的辦法就是讓他擺脫這種想法。到現在，他仍然認爲必須依靠他人的幫助才能生活。我們必須使他轉變整個觀點。不管是對他進行責備，還是使用藥物或激素，都起不了什麼作用。幸而我們可以根據他的最初記憶來提出一些建議，找到他可能感興趣的工作。他很喜歡觀察，但他卻近視，由於這一缺陷，他把更多的精力花在了觀看事物上。成年之後，本來應該進行工作，但他仍然只想從旁觀察，不願從事工作。實際上，這兩者之間並不一定矛盾。焦慮症治好之後，這個男子開始了一份與自己的主要興趣相符的事業。他經營一家藝術品商店，他終於找到了適合自己的方式來加入社會和勞動分工。

一位32歲的男性癔病失語症病人來向我求醫。他只能發出喃喃的聲音，此外一個字都說不出來。他這樣已經兩年了。事情起源於他有一次踩到香蕉皮滑倒，頭撞到了出租車的車窗。隨後，他嘔吐了兩天，之後就患了偏頭痛。很顯然，他得了腦震盪。但他的喉部並沒有發生什麼器質性的病變，那麼腦震盪也不足以成爲他無法說話的原因。事故發生之後，他有八週時間無法說話。這件事到現在還在打官司，非常麻煩。他認爲責任完全在於出租車司機，並把對方告上法庭，要求賠償。如果他有某種殘疾症狀，那麼在法庭上自然會占據優勢。我的意思並不是說他在撒謊，但確實缺少能讓他重新張口說話的動力。較爲可能的是，在受到那次事故的衝擊後，他眞的有一段時間無法說話，只不過後來也沒有什麼原因能夠使他改變這種情況。

這個病人曾經到一位喉科專家那兒就醫，但什麼問題都沒發現。當被問到最初記憶時，他回答：「我仰臥在一個吊籃裡，我記得親眼看著鉤子脫落，吊籃掉了下來，我受了很重的傷。」任何人都不喜歡摔跤，但他卻特別強調這一點，並把注意力放在其中的危險上。可見這是他最關心的事。「我摔下來的時候，媽媽正好打開門進來了，她嚇壞了。」他通過摔跤獲得了母親的關注。實際上，這段經歷也是在表達對媽媽的譴責：「她沒有好好照顧我。」與此相同，出租車司機和出租車公司也犯了相同的錯誤。他們也沒能照顧好他。這是一個被寵壞了的孩子的生活方式——總想讓別人對自己負責。

他的另一段記憶也是一個相似的故事。「五歲的時候，我從20英尺高的地方摔到地上，有一塊很重的板子壓在頭上。長達五、六分鐘的時間裡，我都無法說話。」這個患者對於「失語」非常擅長。他非常熟練，經常把摔倒當作不說話的理由。我們並不認爲這個理由很恰當，但他卻這麼認爲。他對這種方式已經習以爲常，哪怕到了現在，只要摔倒了，他就會很自然地喪失語言能力。除非他認識到他的邏輯出了問題，明白摔倒和失語之間沒有什麼必然聯繫，尤其要瞭解，爲了一次意外事故而兩年不能說話實在是太不值得了，不然的話，他的病症就不可能治癒。

但我們從這段記憶中可以知道他爲什麼無法理解這些。「我媽媽跑過來，」他繼續說，「看起來嚇壞了。」兩個關於摔跤的記憶中，母親都被嚇壞了，他成功吸引了母親的注意力。他想要成爲衆人關注的中心，讓別人都圍著他轉。從中可以看出，他非常想爲自己的不幸爭取補償。其他被寵壞的孩子在遇到相似情況時也會做出類似的事，但不一定會使用失語作爲武器。這種方法是這位患者的專屬標誌，是他通過個人經驗確立的生活方式的一部分。

還有一位26歲的男性病人，抱怨自己總也找不到滿意的工作。他的父親八年前帶他進入經紀人行業，但他壓根不喜歡這個工作，最近終於辭職了。他也試過找別的工作，但都失敗了。此外，他還經常失眠，甚至偶爾會想要自殺。放棄經紀人的工作之後，他離開家到另外一個城市工作，但很快就收到信說母親生病了，所以被迫又回了家。

通過上述情況，我們可以猜測，他母親對他很溺愛，而父親卻想要操控他。接著很可能會發現，他的生活就是在與父親的權威對抗。在談到家裡的排行時，他說自己是最小的孩子，而且是唯一的男孩。他有兩個姐姐，大姐總是想控制他，二姐也一樣。而父親總是念叨他。這些都讓他感到整個家庭都在試圖操縱他，他唯一的夥伴只有母親。

這位病人14歲才入學。之後，他又被父親送到農業學校，以便讓他畢業後到父親打算購買的農場中幫忙。這個男孩的學習生涯很順利，但也確定了不願當農民的心意。經紀人的工作也是父親安排的。但令人吃驚的是，他居然一直做了八年。對此他自己是這樣解釋的——希望可以多爲母親做些事。

他小時候是個有些邋遢、害羞、害怕黑暗和孤獨的男孩。如果一個孩子有些邋遢，就說明他身後肯定有人隨時幫他收拾。如果一個孩子害怕黑暗和孤獨，就說明總有人時刻關注和照顧他。在這位年輕人的例子裡，這個人就是他母親。他不認爲與人交往很容易，但卻很擅長與陌生人打交道。他從沒有過愛情，也對談戀愛沒有任何興趣，更排斥婚姻。他看到了父母並不幸福的婚姻生活，正因爲如此才排斥婚姻。

在從事經紀人的工作時，他父親仍然在對他施壓。他自己更想從事廣告業，但他清楚家人肯定不會花錢讓他學這個專業。在所有關鍵點上，都能發現這位病人行動的目標是與父親作對。雖然在從事經紀人工作時他已經有一定經濟能力，但他根本沒有想過自己出錢去學廣告。他只是把它當作對父親提出的新要求。

他的最初記憶可以清晰地體現出被溺愛的孩子如何反抗專制的父親。他記得自己是怎樣在父親的飯店工作的。他喜歡洗盤子，把它們從一張桌子移到另一張桌子上。他的這一搗亂行爲讓他的父親很惱火，在客人的面前打了他一巴掌。他最初的記憶向自己證明，父親是敵人，他的整個人生就是對父親的抗爭。實際上他根本不想工作。只有使父親受到傷害他才會感到滿意。

關於自殺的想法也不難解釋。一切自殺行為都是一種譴責，他用自殺的想法來指責自己的父親：「這都是你的錯。」他之所以對工作不滿，也是一種對父親的挑戰。他要反抗父親的一切計劃——而他正好又被寵壞了，所以根本沒辦法獨立自主地工作。他其實並不想工作，而是更想玩，幸好他對於母親還保有一些合作精神。但失眠症狀怎麼用父子之間的對抗來解釋呢？

如果一整夜都沒睡，第二天肯定沒有足夠的精力好好工作。他父親想讓他去工作，但他卻感到厭倦，認為自己無力應付。他當然可以直接說「我不想被強迫著工作」，但他還要考慮母親和經濟狀況。如果輕易就停止工作，他的家人就會覺得他無藥可救了，從而不再支持他。所以，他就用失眠這個看上去沒有破綻的方法解決了問題。

最初他說自己從不做夢。但後來，他想起一個總是重複出現的夢境。他夢到有人向牆上扔球，球總是彈開。這個夢看起來並不重要。我們可以找到這個夢與他生活方式之間的關聯嗎？

我們問他：「那後來呢？」他回答：「每次球彈開的時候我就醒了。」至此，他的失眠症已經全部體現出來了。這個夢就是他把自己從夢中叫醒的鬧鐘。在他的想像中，每個人都在強迫他、推動他，讓他做他自己不想做的事。他夢到有人把球往牆上扔，這時他就會醒來。導致他第二天會疲憊不堪，而如果他過於疲憊就沒辦法工作了。父親非常重視他的工作，所以他就拐了一個彎，用這種辦法擊敗了父親。我們要是只關注他和父親之間的鬥爭，就會覺得能找到這樣的武器眞是聰明。但不管是對他自己還是對別人來說，他的生活方式並不盡如人意，我們必須幫他做出改變。

我把他的夢的含義向他解釋之後，他就不再做這個夢了，但他說夜裡還是經常驚醒。他已經瞭解到了這個夢的目的，所以便喪失了做這個夢的勇氣，但他還是努力讓自己能夠在白天感到疲憊。我們到底該怎麼幫他呢？唯一的希望就是化解他和父親之間的矛盾。如果他所有的行爲都是爲了讓父親生氣和失敗，那麼做什麼都沒有用。

最初按照我們的慣例，我必須表示認同他的態度。「看上去你的父親做得很不對，」我說，「他總是向你施加自己的權威，這種做法並不聰明。他可能有問題，需要就醫。但你能做什麼呢？你不可能試圖改變他。比如，如果下雨了你能怎麼辦？你可以撐傘，或者打車，但不管怎麼樣，你都不可能打敗或者制服雨水。現在你就好比在和雨鬥爭。你覺得可以顯示你的力量，可以戰勝對方。但其實，你受到的傷害才是最多的。」

我向他解釋了所有問題之中存在的一致性——工作的不穩定、自殺的想法、離家出走、失眠……還跟他說明，在所有這些行爲中，他其實都是通過懲罰自己來懲罰父親。除此之外，我還對他提議：「今天晚上睡覺的時候，你就想著你會不斷地讓自己醒來，好讓自己在第二天變得非常疲憊。想著你明天會由於過於疲勞而無法工作，最終讓你的父親氣憤不已。」我希望他能面對現實：他最在乎的是使父親生氣和受傷。如果不能制止這種鬥爭，什麼樣的治療都沒有意義。他是個被寵壞的孩子。我們可以看到這一點，現在他自己也看到這一點了。

這種情況與所謂的俄狄浦斯情結很像。這個年輕人把所有精力都用於實現「傷害父親」這個目標，同時又對母親十分依賴。但這與性沒有關係。他的母親很慣著他，而父親又冷漠無情。從小他就沒有得到正確的教育和培養，無法正確認識自己的位置。他的問題也和遺傳沒有關係。這些問題的源頭並不是殺死部落酋長的野人的本能，而是他本人的親身經歷。每個孩子都有可能出現這樣的態度。只要有一個像他母親一樣寵溺孩子的母親，和像他父親一樣嚴厲的父親。一個孩子如果一方面與他的父親作對，另一方面又不能獨立解決自己的問題，就很容易形成這樣的生活方式。

第五章　夢

基本上所有人都會做夢，但能理解自己夢境的人卻很少——這種情況多麼令人吃驚。畢竟做夢是一種很常見的精神活動。人們總是對夢興趣盎然，想探索它們的意義。很多人相信夢有著某種神祕的內涵，必須加以重視。這種觀點在人類最早期就出現了。但總體而言，人們對夢的過程、原因仍然一無所知。我所瞭解到的對夢的解讀，只有兩種具有邏輯性和科學性。那就是弗洛伊德（Freud）的精神分析學派和個體心理學學派。而在這兩者中，可能只有個體心理學者的研究方法才有普遍意義。

傳統的夢境解讀

很明顯，在這兩種學派出現之前所有對夢的解讀都缺乏科學性，但也應該給予它們一定的重視。它們最起碼能夠說明人們是怎樣觀察和看待夢境的。夢是心靈的創造性活動產生的成果，如果我們瞭解過去人們對夢的作用具有怎樣的看法，就可以大概知道他們到底想要什麼了。我們在研究的最初就已經發現，人們一向覺得夢與關於未來的啓示密切相關。人們通常認爲，在夢中，一些具有神力的靈魂、鬼神或祖先可以控制他們的心靈，有些人還會用夢來指導自己渡過難關。

古老的解夢書中對各種夢境都做出瞭解釋，還說明如何用這種方法來預測做夢者的未來。原始部落中的人在夢中尋找預兆和啓示。古希臘人和古埃及人到神廟中祈禱，希望能做一個可以改變未來的神聖之夢。人們把這些夢看作具有治療作用的聖藥，可以用來緩解身體或精神上的病痛。美洲印第安人辛苦地通過淨化、齋戒和汗屋（即桑拿浴）儀式來引夢，並按照對夢的解釋而行動。《舊約全書》（Old Testament）中把夢解釋爲關於未來某事的預言。就算在今天，還有人堅持稱他們夢到的事日後成眞了。他們相信自己睡著之後就擁有了預測未來的能力，所以夢境就這樣奇怪地成了預言。

從科學觀點來看，這些說法都很荒謬。在最開始研究夢時，我就清楚地認識到，夢與可以充分調動個人能力的清醒時刻相比，預測未來的能力其實要差得多。實際上，夢非但沒有比日常思考有更多的智慧或洞察力，反而是混亂而難懂的。不過，既然有這樣的傳統認知，就說明肯定有一定的理由，也許可以從中發現眞正有用的東西。只要把它放在當時的背景下來研究，就可以得到相應的線索。

我們知道，人們覺得能夠從夢中找到解決難題的方法。可以根據這一點推測，尋找關於未來的預測和解決當前困難的方法就是人們做夢的目的。這和夢能預示未來的觀點有著很大差異。還要考慮的是，做夢者想要怎樣的解決方案，以及從哪裡才能找到。很明顯，與全面考察實際情況並經過仔細思考後得出的解決方案相比，夢中出現的無疑會更糟。總而言之，做夢者只是想在睡夢中讓麻煩趕緊得到解決而已。

弗洛伊德學派對夢的看法

弗洛伊德學派認爲夢有一定意義，並且能夠運用科學方法解析其意義。但弗洛伊德學派對夢的解讀在很多方面已經離開了科學範疇。例如，它假設的前提條件是，心靈在白天和夜晚的活動有所區別。「意識」和「無意識」是對立的，夢的規則與白天的思維相矛盾。只要發現這樣的矛盾，我們就應該懷疑這是否是一種科學的態度。

古代哲人和原始人的思想中經常有這樣的傾向：概念相互對立，針鋒相對。這種二元對立的思維也清晰地體現在神經官能症患者身上。人們通常認爲左和右、男和女、冷和熱、輕和重、強與弱，都是相互對立的。但從科學角度來看，它們之間並非對立的關係，而是一種相對的變化。

它們是按照與想像中理想點的距離坐落於坐標尺上不同的位置的。好和壞，正常和不正常之間也不是徹底的對立關係。所以，將睡夢與清醒、夢中思維與白日思維相對立的研究理論從本質上來說就缺乏科學性。

原始弗洛伊德學派還有一個問題，那就是用單一的性來對夢進行研究。這也是把夢和人們的日常活動相割裂的做法。如果眞是這樣的話，夢就無法表現個體完整的性格，而只能表現出其中的一部分。弗洛伊德學派的學者自己也發現不能單純用性來研究夢，所以弗洛伊德提出，夢還能體現出對死亡的無意識渴望。我們能夠發現，這種觀點在某個層面上來說是對的。就像我們之前提到的，做夢的目的就是想爲眼前的困難找一個輕鬆的解決方法，夢說明做夢者不夠勇敢。但弗洛伊德學派的術語中有很多隱喻，對於我們研究人的完整個性是怎樣在夢中進行投射的毫無幫助。夢境和清醒時的生活再一次被徹底割裂。我們從弗洛伊德學派的理論中得到了很多既有趣又有價值的提示。舉例來說，有一個非常重要的提示是，夢本身並不重要，重要的是夢中隱藏的思想。個體心理學也得出了一個與之相似的結論。弗洛伊德精神分析法的問題出在它缺少心理學最重要的先決條件——瞭解性格中存在的一貫性，以及個體的思想、言行存在統一性。

這一「缺陷」貫穿在弗洛伊德學派對夢境解析的各種重要問題的解釋中。例如，精神分析對於「夢有什麼目的？人爲什麼會做夢」這個問題是這樣回答的：「夢是對個體未能滿足的慾望的滿足。」但這個觀點無法對所有情況進行解釋。如果人不再做夢，或者醒來的時候就把夢忘了，又或者對夢完全不理解，那麼這種滿足是怎麼實現的呢？要是這樣的話，我們如何從夢中感到快樂或被安慰呢？如果夢和白天的生活沒有任何關係，夢的滿足感也只在夢中起作用，那也許可以對夢之於做夢者的意義稍有瞭解。然而，在這種解釋下，個體性格的一貫性就消失了。夢對於清醒的人就沒有任何意義了。

從科學角度來看，人在做夢時和清醒時是同一個個體，所以夢的意義肯定與具有一貫性的個性保持一致。確實，在某種特殊情況下，某一類人希望在夢中獲得滿足的努力和他的整體性格有一定關聯。那就是被寵壞的孩子，他們總在問：「如何才能得到我想要的東西呢？生活能給我什麼？」此類人可能會通過夢獲取滿足感，他們的所有行爲都是這樣。

實際上，我們只要仔細觀察就會發現，弗洛伊德學派的理論只能用在被溺愛的孩子身上，他們覺得自己的天性是絕對眞理，而且認爲他人的存在沒有什麼公平可言。他們總是認爲：「我爲什麼要愛我的鄰居呢？他們愛我嗎？」

精神分析的基礎就是被溺愛的兒童，而且還完整且詳細地論述這一基礎。但追求滿足感只是無數種追求優越感的表現之一，我們無法將之當作性格的所有表達的根本動機。而且，我們要是眞能研究出夢的作用是什麼，那我們就能夠瞭解遺忘夢境和不理解夢境的意義到底是什麼。

個體心理學對夢的剖析

大約在25年前，我剛開始對夢的意義進行研究時，發現這個問題是最爲困難的。我知道夢中的情形與白天的生活並不是對立的，它與生活中的其他活動並不會產生矛盾。如果說我們白天在努力地朝著優越目標前進，那麼晚上我們肯定也是在做同一件事。不管是在夢裡、還是清醒的日常生活裡，都有著個人統一的潛在目標，所以他在夢裡所追求的肯定也是一樣的目標。所以，夢的來源肯定也是生活方式，而且與之相一致。

•生活方式的強化

下面的研究可以讓我們搞清楚夢的意義。我們晚上做夢，早上醒來時卻把什麼都忘了。就像水波一樣沒有留下任何痕跡。但事實果眞如此嗎？眞的什麼痕跡都沒有嗎？答案是，有。我們還留有夢帶來的感覺。沒有畫面，沒有理解，留下來的只有感覺。夢的目的肯定就存在於它所帶來的感覺中。而夢則是一種引發感覺的工具和方式。夢之所以產生，就是爲了引出這些感覺。

個體產生的感覺肯定和他的生活方式相一致。夢裡的思想和白天的思想並不存在絕對差異，兩者之間並非涇渭分明。簡單來說，兩者的差異就在於夢中的現實感要比清醒的時候更少，但並非完全脫離現實。我們如果白天遇到了一些問題，在夢裡也會受到同樣的困擾。夢與現實之間仍然有一定聯繫，能夠足以證明這一點的簡單證據就是：就算在做夢，我們也不會從床上滾下來。父母能夠在街頭的吵鬧聲中呼呼大睡，但卻會被孩子最輕微的動作喚醒。就算在睡夢中，我們仍然沒有切斷與周圍世界的聯繫。但無論如何，就算感官知覺還在工作，但確實有所減弱，所以我們和外界現實的聯繫會更加鬆散。做夢的時候我們只是一個人。我們所承受的社會壓力也會變小。我們在夢中的思想不需要對身邊情況過於誠實。

如果緊張感消除了，而且我們的問題已經有瞭解決方法，那就不會有什麼來幹擾我們的睡眠了。夢也是對平和睡眠的一種干擾。由此可以得出，只有當問題還沒有找到解決方法，當現實壓力延伸到睡眠中，不斷提醒我們當下的困難和待解決的問題時，我們才會做夢。

接下來，我們來考察一下在夢中心靈是如何應對問題的。在夢中我們需要應對的只是一部分情況，問題當然會較爲簡單，所以找出的解決方案一般不需要再進行調整。夢的目的是對做夢者的生活方式加以支持和鞏固，引發與之相應的感覺。不過，生活方式爲什麼需要支持呢？它受到威脅了嗎？答案是，它容易受到現實和常識的打壓。因此，夢的意義就是保護個人生活方式不受常規認知的壓迫。這是一個有趣的觀點。一個人如果遇到了某個不想用常識解決的問題，他就會用夢引發的感覺確認自己的態度。

表面上看來，這好像和我們的日常生活相互衝突，但實際上並不存在矛盾。我們在清醒時也能用同樣的方法喚醒這種感覺。一個人遇到問題後，由於不想自己以前的生活方式受到影響，因此不想用常識解決，那他就會想盡一切辦法爲自己的生活方式辯護，讓它看上去很好。舉例來說，如果一個人把能夠輕鬆地賺錢，不需要辛苦努力，不需要爲他人付出作爲自己的目標，那他去賭博的可能性就很大。他也知道賭博害得很多人傾家蕩產、生活悲慘，但仍然希望可以輕輕鬆鬆賺來大錢。他會做什麼？他會幻想自己靠運氣得到了萬貫家財，買了車，過著奢華的生活，成爲讓人嫉妒的富豪。通過想像這些場景，可以促使自己產生行動的感覺被激發了。最後的結果就是，這些人脫離了常識，沉迷於賭博。

更普遍的情況中也會發生類似的事。例如，我們工作的時候，如果有人來跟我們講述他看了一部很喜歡的戲劇，我們就會感到自己的心已經離開了工作，飛到劇院中去了。如果一個人在戀愛，他就會開始憧憬彼此的未來，如果他被迷住了，關於未來的想像就會十分美妙。人們在感到悲觀失望時，對未來的想像也會是灰暗的。不管怎麼樣，它們都會引發自己的感覺。如果對人們爲自己引發的感覺進行仔細地考察，就會以此推斷出他們是怎樣的人。

但是，如果夢留給我們的只有感覺，沒有其他任何東西的話，它對常識會產生怎樣的影響呢？夢和常識是不共戴天的敵人。我們會發現，那些不喜歡被感覺影響，而更願意通過科學方法處理問題的人很少做夢，甚至不做夢。而一些人則不想通過正常的、有效的、更符合常識的手段解決問題。常識是合作的組成部分，所以一個人如果缺乏合作能力就會排斥常識。這些人經常做夢。他們害怕自己的生活方式受到指責，所以總是準備好進行辯護；他們想要逃避現實生活的挑戰。由此我們可以判斷，夢是對個人生活方式和當下遇到的問題之間建立聯繫的嘗試，所以夢通常不會對個人生活方式進行調整。而生活方式就是夢境的編劇、導演和製作人。它們永遠能成功地引發個人所需的感覺。不管是否在做夢，我們解決問題的方法不會改變，只不過夢給我們的生活方式提供了支持和辯護。

如果眞是如此，對於夢的理解就有了全新的和重要的進展，那就是做夢是在自我欺騙。每個夢都是一次自我安慰和自我催眠。它的目的就是創造一種讓我們可以爲具體情形做好充分準備的心境。可以發現，人們在夢中體現的個性和日常生活中的沒什麼兩樣，但也要注意，個性正在心靈這個工廠中忙著爲人們白天使用的各種感覺做準備。如果確如我們所說，那麼夢的構成和意義都存在自我欺騙的現象。

我們得到了哪些結果？首先，我們發現了對夢中的場景、情節和時間的選擇原則。上文中我們已經提到了這種選擇。人們在回憶過去時，會對當時的場景和事件進行選擇與編輯。我們已經知道，這種選擇是有某種傾向的，人們總是從衆多記憶中選擇可以支持自己的優越目標的素材。一個人的記憶正是由他的目標決定的。與此相同，夢在構成過程中，選擇的也是那些可以加強我們生活方式，而且可以在面對特定問題時體現生活方式對我們的要求的材料。因此，對素材的選擇本身就暗示了個人生活方式和眼前面對的問題之間的關聯。我們必須用常識才能直面現實中的困難，但生活方式卻對此十分抗拒。

•象徵和隱喻

夢到底是由什麼構成的？很久之前，人們已經發現，夢的構成素材是象徵和隱喻，如今弗洛伊德又對此加以強調。就像一位心理學者說的：「在夢裡，每個人都是詩人。」夢爲什麼會用充滿詩意和隱喻的方法來表達呢？答案並不複雜。如果沒有象徵和隱喻，而是平鋪直敘的話，就不能背離常識。但是，象徵和隱喻卻有可能被濫用。它們可以通過不同的組合體現出不同的含義，可以同時表現兩件事，其中可能有一件是完全虛假的，可能會從中得出完全荒謬的結論。它們可以激發感覺。在日常生活中，我們也會使用它們。舉例來說，我們想要讓某個人改正他的行爲時，就會說：「別像小孩子那樣！」我們使用隱喻的時候總是會加入一些無關的、只能用情感來表達的東西。一個壯漢如果對瘦小個子的人發火，就可能說：「他就像一條蟲一樣，眞想一腳踩死他。」他用隱喻來表達自己的怒火。

隱喻很適合用來表達，但卻被我們用來自我欺騙。荷馬把希臘軍隊比喻爲勇猛的雄獅，從而呈現出一幅壯觀的戰爭畫面。如果他眞實地描述士兵們是如何可憐兮兮、風塵僕僕地在戰場上匍匐前進，有人會相信嗎？不，荷馬想讓我們把戰士們想像成凶猛的雄獅。我們知道他們並非眞是獅子，但如果一首詩都在描述戰士們如何精疲力竭、汗流浹背，細寫他們如何鼓舞氣勢、躲避危險，描述他們的盔甲是如何殘破和其他諸如此類的細節，讀者就很難被感動。「隱喻」可以創造出美妙、奇幻的場景。但我們必須堅信，如果隱喻和象徵被擁有錯誤生活方式的人利用，就可能會變得很危險。

當一個學生面臨考試的問題時，他很明白自己必須鼓足勇氣，用常識來應對。但是，如果他的生活方式中有逃避因素，那他就有可能夢到自己正在打仗。他把這個直接的問題轉換成了隱喻，因此覺得自己理應感到害怕。他也有可能夢到自己正站在深淵旁，要想不掉下去必須往回跑。他必須想辦法讓自己產生這種感覺，好作爲一種對現實的逃避方法。他通過把考試比作深淵，得以欺騙自己。與之類似，另一種夢中常用的方法也比較容易識別。這種方法是把問題簡化，對多餘的枝葉進行刪除，直到本來複雜的問題只剩下核心部分。之後再通過隱喻把這部分內容表達出來，把它當作原本的問題。

如果另一個學生，具有更多的勇氣和遠見，希望完成任務，通過考試。但她還是需要一定的支持，從而讓自己更安心——她的生活方式提出了這一要求。她可能在考試前一天晚上，夢到自己站在一座高山的山巔。這幅描繪她處境的圖畫非常簡練。她的生活環境只有一小部分得到了體現。對她來說考試很重要，但通過對細節的刪除，重點放在了她所希冀的成功上，激發出她相應的感覺來給自己加油鼓勁。

第二天早上起床時，她就會感到充滿了勇氣和愉快，整個人如獲新生。她成功地把自己要面對的困難的程度儘可能地減小了。但實際上，這也是一種自我欺騙，所能起到的作用只是自我安慰。她面對問題時並沒有採取常規方法，只不過樹立了一種自信的心態。

這種特意製造感覺的做法很正常。一個人準備跳過小溪的時候會在起跳前數三個數。但數數眞的重要嗎？數三個數和起跳有什麼關係嗎？沒有任何關係。實際上，他數數只是爲了做好心理準備，爲自己鼓起勁兒罷了。我們具有構建一種生活方式的所有必須的精神資源，而且可以不斷地進行維修和鞏固。而激發個人感覺的能力是其中最重要的資源之一。我們日日夜夜都在關注這件事，但可能在夢中它們表現得更加清晰明了。

爲了說明人類自我欺騙的方式，我用自己的夢進行說明——

戰爭期間，我在一家醫院當院長，這是一家專門治療戰爭疲勞症患者的醫院。我在對那些無法面對戰爭的士兵進行治療時，會給他們分派一些簡單的任務，儘可能地爲他們提供幫助。我用這種方法使他們的緊張情緒得以緩解，大部分都成功了。但有一天一位士兵前來就診，他是我所見過的身材最健壯的人，但他看上去很沮喪。我在給他治療時，一直在思考如何才能幫到他。我當然可以讓這些患病的士兵都回家去，但我的每份診斷建議都要受到一位上級的審核，所以我就不得不稍微收起我的慈悲心。這位士兵的問題很麻煩，但後來我還是直接告訴他：「你患了戰爭疲勞症，但你身體很健康，也很強壯。我會讓你做一些輕鬆的任務，你就不需要回前線了。」

這位士兵在知道自己無法馬上回家之後，非常痛苦，說道：「我是個窮學生，年老的父母都要靠我教書來養活。如果我不能回去教書了，他們就沒飯吃。如果我不工作養活他們，他們就都活不下去。」

我也想送他回家，在辦公室裡找一份工作。但又擔心如果我在診斷書上這樣寫的話，會惹上級生氣，最後反而害他要回到前線去。最後，我決定在保持誠實的基礎上儘可能幫他——我會寫明他只能做防衛性工作。當天晚上回到家，我就做了一個惡夢。我夢見自己變成了一個謀殺犯，在一個黑暗逼仄的小路上狂奔，一邊跑一邊回憶我到底殺了誰。我記不清自己殺了誰，只是感到：「我完蛋了，我殺了人。我的一切都毀了。」

起床時我第一個想到的就是：「我到底殺了誰？」隨後就想起來：「我如果不能幫那位年輕的士兵找一份辦公室裡的工作，他就有可能被送回前線送命，這樣一來我就變成殺人犯了。」這樣一來，我就引發了自我欺騙的感覺。我其實沒有殺任何人，就算我害怕的事眞的成了現實，我也沒有犯任何錯誤。但是，我的生活方式想要制止我冒險。我是以救人性命爲己任的醫生，不能把生命放置到危險之中。我告訴自己，如果試圖幫他謀求一份輕鬆的工作，很可能讓上級反而把他送回前線，這麼做有害無利。我內心明白，可以幫助他的唯一方法就是按照常識行事，不要受到個人生活方式的影響。所以，我仍然在診斷書上寫明他只適合做防衛性工作。

之後的事證明，按照常識行事永遠是最好的選擇。上級看了診斷書之後，把我的診斷畫掉。我心想：「糟糕，他要把士兵送回前線了。我就應該寫他適合辦公室工作的。」但我的領導寫下批示：「機關服務六個月。」原來，這名軍官接受了賄賂，本來就要給這位士兵安排一份閒差。那個士兵根本就沒教過書，告訴我的都是謊話。他編造那樣的故事只是爲了讓我幫他獲得一份清閒的差事。從此之後，我決定再也不管夢境了。

夢的目的是欺騙和愚弄自己，這一點也說明它們爲什麼很難被理解。如果每個人都能對自己的夢進行分析，那它們就無法再激發感覺和情緒了，也就不能再自我欺騙了。這樣一來，我們肯定就會選擇更符合常識的行爲方法，而不再受到夢的鼓動。也就是說，如果夢被人們理解了，就會失去了存在的意義。

夢是連接一個人眼前面臨的問題和他的生活方式的一架橋樑，但我們的生活方式本來並不需要進行加強堅固，而應該直接和現實相接。夢的形式多種多樣，每個夢的背後都隱藏著一處個人生活方式中的弱點，在面對某些情形時，人們覺得必須加固一下與之相應的弱點。所以，對每個人來說夢的解釋都是獨特的。根本無法用格式化的方法對象徵和隱喻來進行解讀。亦即，夢是由個體生活方式產生的，來自每個人對自己所處的特殊環境進行的解讀。我要簡單地論述一些具有代表性的典型的夢，但並不是爲了寫一份文字版的解夢指南，只是希望幫助人們更好地理解夢及其意義。

司空見慣的夢有哪些

很多人都在夢中飛翔。這些夢和其他夢一樣，重點都在於其引發的感覺。這些夢給人們帶來輕鬆愉快的心情，幫人們掃除抑鬱，充滿勇氣，變得積極。在這些夢所描繪的場景中，問題被解決了，很容易就得到了優越感。我們可以想像自己成了具有勇氣、遠見和遠大志向的人，就和那些即使在睡眠中也仍然滿懷壯志的人一樣。這些夢中都含有一個問題及其答案。問題是：「我要繼續前進還是停止？」而答案是：「前面會一帆風順，沒有任何障礙。」

大部分人都做過關於跌落的夢。這值得關注。這類夢表現出的是一種自我保護的傾向，與克服困難的努力相比，更多的是對失敗的恐懼。如果想一想我們總是警告孩子們讓他們學會自我保護，就很容易理解這一點。大人們總是告誡孩子們，「別爬到椅子上！」「不要碰剪刀！」「別離火那麼近！」他們周圍充滿這些還沒發生的危險。但這些告誡也有可能使人變得懦弱，而且對應付真正的危險並沒有任何幫助。

人們如果夢到自己無法活動或者沒趕上火車，一般具有這樣的含義：「如果不需要我們自己動手而問題就能解決，那最好不過了。我要多繞一會兒，晚到一會兒，就不需要面對這個問題了。一定得等到火車出發。」

還有很多人都做過考試的夢。有時候他們會對自己已經這麼大年紀還來參加考試感到驚訝，或者是必須參加一場很久以前已經通過的考試。對一些人來說，這個夢意味著：「對即將來臨的問題，你還沒有做好準備。」而對另一些人來說，這個夢的意思是：「你之前已經成功考過了，這次一定也能成功通過。」每個人都擁有不同的象徵符號。我們需要考察的是，夢帶給人的感覺以及它是怎樣與整個生活方式相適應的。

案例分析

有一次，一個32歲的神經官能症患者前來就醫。她是家中的第二個孩子，與大多數排行老二的孩子一樣充滿野心。這位女士總希望當第一，解決所有問題時都希望做到完美無缺。但她卻由於精神崩潰前來看病。她曾經與一位年長的已婚男子戀愛，對方做生意失敗了。她原本想和他結婚，但對方又無法離婚。後來她夢到自己住在鄉下，把公寓租給了一個男子，這個人搬進來之後很快就結婚了，但他沒錢付房租。他既不誠實，也不努力工作，無奈之下她讓他搬了出去。

這個夢和她當時狀態之間的關係非常明顯。她在思考是否要和一個事業失敗的男人結婚。她的戀人很窮，無法爲她提供支持。更讓人發愁的是，有一次他請她去吃晚飯卻沒帶錢。這個夢的目的就是引發她對結婚的抗拒感。作爲一位有志向的女子，她不想和貧窮的男人有什麼關係。所以她用暗喻來問自己：「要是有人租我的房子卻沒錢付房租，該怎麼辦呢？」答案就是：「必須請他離開。」

但這位已婚男子並不是租她房子的人，不能用同樣的方式來看待。無法供養家庭的丈夫和沒錢付房租的房客不同。想要解決這一問題，而且與自己的生活方式相符的話，她就讓自己覺得：「我一定不能嫁給他。」她通過做夢逃避了按常識解決問題的方法，而是對其中的一小部分進行了選擇處理。同時，她把愛情和婚姻這個問題由大化小，好像這個問題很簡單，用一個隱喻就能展示出來：「如果有人租了我的房子又付不起房租，就必須離開。」

個體心理學的治療方法是爲了使人們獲得勇氣直面生活中的現實問題，這樣的話，隨著治療的進展，夢肯定也會發生變化，逐漸表現出更加自信的態度。

一位患有憂鬱症的人在治療結束前做的最後一個夢是：「我坐在沙灘上，突然颳起了猛烈的暴風雪。幸好我急著回家找我丈夫，沒有受傷。之後，我就在報紙的廣告欄中幫他找合適的工作。」她自己就能對這個夢進行解釋。這個夢明顯地表現出她想和丈夫和睦共處的想法。最初，她十分怨恨丈夫，不停地抱怨他很軟弱、缺少上進心，因此沒辦法改善家庭生活狀況。這個夢的意義是：「與自己孤獨地置身險境相比，還不如和丈夫待在一起。」雖然病人自己得出的結論沒錯，但在與丈夫和解、維繫婚姻的想法背後，可以隱隱看到著急的親戚們給出的建議的影響。她過於強調獨自生活的危險，而並沒有做好和丈夫建立勇敢、獨立的合作關係的準備。

一個十歲的男孩被送到我這裡。老師說他對待同學態度很差。他在學校裡偷東西，然後把偷到的東西放到別的男孩書桌裡來誣陷他們。一個孩子只有在想要羞辱他人時才會這麼做，他覺得這麼做就能證明頑劣的不是自己而是別人。如果他使用這種方法，可以推測原因肯定來自他的家庭，他肯定想讓家裡的某個人感到愧疚。這個十歲男孩在馬路上向孕婦扔石頭，自然惹上了麻煩。他這個年齡可能已經明白懷孕是什麼意思了。我們猜他可能很反感懷孕這件事，弟弟或妹妹的誕生會讓他不高興。老師在報告中寫道，他被叫作「害群之馬」——總是給其他孩子搗亂，侮辱人，顛倒黑白，還會追打小女孩。這說明家裡可能有一個妹妹和他存在競爭關係。

後來我們知道，他是家裡的老大，有個四歲的妹妹。他母親說他很喜歡妹妹，對她很好。但我們並不相信——這樣的男孩不可能寵愛自己的妹妹。很快我們就發現，這個推斷沒錯。他母親還聲稱自己和丈夫關係很好。這種說法對孩子來說可不太好。如果他的各種問題不是由於父母造成的，那只能是因爲他天生就壞，可能是遺傳得到的某種惡劣天性。

在對病例進行研究時，經常會碰到這種理想的婚姻，但完美的父母竟然有一個那麼頑劣的孩子！老師、心理醫生、律師和法官都見證了這些不幸。實際上，這種「理想的」婚姻可能給孩子造成很不好的影響：母親全身心地愛著父親可能會讓他生氣。他想讓母親把全部注意力都給自己，不想讓母親喜歡其他任何人。如果說對孩子來說幸福的婚姻很糟，那不幸福的婚姻是否會更糟呢？無論答案是什麼，重點在於我們該怎麼辦。首先，要讓孩子擁有合作能力。不能讓孩子在父母兩方中有所偏愛。這個病例中的男孩子被寵壞了，他想讓母親繼續關注他，所以只要覺得母親給自己的關愛不夠，就會故意惹出各種麻煩。

還有另一個證據，可以證實我們的推測。母親從來不親自懲罰他，而是總讓他父親回家後做這件事。可能她認爲自己過於柔弱，只有男人才能下命令，才有足夠的力量去懲罰別人。她也可能想維持和兒子的親密關係，不想讓兒子討厭自己。不管到底爲何，她這都在引導男孩拒絕父親的關心，破壞他們之間的合作，由此引發了父子之間的矛盾。我們得知，孩子的父親很愛妻子和家庭，但卻因爲這個兒子下班後很怕回家。他對兒子非常嚴厲，經常打他。我們得知，男孩並不討厭自己的父親。但這肯定也是不可能的——這個男孩並不傻。他只是已經能夠熟練地把自己的感受隱藏起來而已。

他喜歡自己的妹妹，但卻根本沒辦法和她好好玩，反而經常對她拳打腳踢。他妹妹睡在父母房間的小床上，而他自己卻睡在餐廳沙發床上。如果我們能夠站在男孩的角度替他想一想，就會發現父母臥室的那張小床肯定會讓他生氣。我們努力通過男孩的角度來思考、觀察和感受。他想獲得母親的關注，但晚上妹妹卻離母親更近。他必須想盡一切辦法吸引母親的注意。這個男孩身體很健康，出生時沒有任何問題，經過七個月的母乳餵養。但他在第一次用奶瓶吃奶的時候吐了，他三歲之前這個問題一直沒有解決。可能他腸胃有些問題。現在他吃飯沒有問題，營養也跟得上，但他還是十分關心自己的腸胃。這被他當作自己的弱點。到這裡，我們對他向孕婦扔石頭的原因已經稍微瞭解一些了。他很挑食，如果他遇到不喜歡吃的東西，母親就會給他錢讓他買些自己喜歡的東西吃。但他卻到處溜躂，和鄰居說父母餓著他。他已經熟練掌握了這些手段。他就是用詆毀別人的方法來讓自己獲得優越感。

如今，我們可以解釋他在診所中提到的一個夢了。「我夢見我是西部牛仔，」他說，「我被送到墨西哥，必須獨自一人殺回美國。有一個墨西哥人來攔我，我用力踢了他的胃一腳。」牛仔在美國通常被看作英雄。對這個男孩來說，追打小女孩或踢別人的胃就是一種英雄行爲。我們已經發現，「胃」對這個男孩來說有很重要的意義，他認爲這是人身上最脆弱的部位。他自己腸胃有問題，父親患有神經性胃炎。胃在這個家庭中有著至關重要的地位。這個男孩就是想攻擊人身上最脆弱的地方。

他的夢和行爲體現出生活方式的一致性。他生活在想像之中，如果不想辦法叫醒他，他就會一直這樣過下去。他不但會和父親、妹妹和其他小孩尤其是女孩鬥爭，還會和想要制止他鬥爭的醫生進行鬥爭。他的夢會鼓勵他繼續堅持，做一位戰勝他人的英雄。如果他不能意識到實際上是在自我欺騙，任何治療都不會起作用。

我在診所裡向他解釋了他的夢：他認爲自己的周圍都是敵人，所有人都想懲罰他，想讓他留在墨西哥——他被敵人包圍了。他下一次來診所的時候，我們問他：「我們上次見面之後，發生什麼了？」

他回答：「我是個壞男孩。」

「你幹什麼了？」

「我追趕一個小女孩。」

這並不是認錯，而是在自我誇耀和挑釁。診所裡的人都想讓他變好，但他還是繼續做壞男孩。他想說的是：「別想得到什麼進展。我也會踢你們的胃。」我們還能怎樣幫他呢？他還是會做扮演英雄的夢。必須讓他不再從扮演的角色中獲得滿足感。

「你覺得英雄會去追打小女孩嗎？」我們問他，「這樣的英雄行爲是不是有些可憐呢？真的想當英雄的人，起碼應該追趕一個更強的大女孩，或者根本不會追趕女孩。」這是治療的一部分。一定要讓他的眼界變得更寬，不再沉迷於自己現在的生活方式。就像一句古老的德國諺語說的那樣，必須「向他的湯裡吐唾沫」。以後他就會討厭這碗湯了。治療的另一部分是幫他鼓起合作的勇氣，讓他可以通過一種對社會更有益處的方法獲得自己的重要性。人們之所以會選擇反社會的行爲方式，是因爲他們害怕在社會生活中失敗。

還有一個案例，一個24歲的女子，是一位秘書，獨居。她抱怨自己的老闆非常專制、粗魯，簡直讓人無法忍受。此外，她也不擅長交友和維繫友情。我們通過經驗得知，一個人如果無法維繫友情，很可能是因爲他總想控制他人。實際上，他們關心的只有自己，他們只想著炫耀自己的優越性。這位女子的老闆大概也是這樣的人。他們兩人都想控制別人。當兩個同樣的人相遇時，肯定會出問題。而這位女子是家中七個孩子中的老么，全家人都寵著她。她有個綽號叫「湯姆」，因爲她一直希望自己是男孩。這一點更加深了我們的懷疑，她的優越目標應該就是控制他人；她可能覺得成爲男性就是成了主宰，可以支配他人，而不是反過來。

她長得很漂亮，但一直認爲人們都是因爲她漂亮才喜歡她，所以很害怕變醜或受傷。這個姑娘深知，在我們的社會中，富有魅力的人更容易給他人留下印象，更容易影響他人。但她還是想成爲男性，用男性的方法來主宰一切。因此她的內心裡，其實並不太在乎自己的美貌。

她的最初記憶是關於受到男人驚嚇的故事，而且她自己承認直到現在還會害怕成爲盜賊或襲擊者的攻擊目標。這有點奇怪，一個有男性化傾向的女子竟然會害怕盜賊和襲擊者。但實際上這一點都不奇怪，她的目標正是出於她的軟弱。她希望自己生活在熟悉而且可控的環境中，避免其他所有情況。而盜賊和襲擊者正是不受控制的，所以她希望把他們都清除。她希望輕鬆簡單地變成一個男性化的人，這樣一來也算有一個差不多的保護傘，算不上失敗了。我把這種對女性角色的不滿叫作「男性欽羨」（masculine protest），它的存在說明存在一種緊張感：「我在爲作爲女性的種種劣勢而不斷抗爭。」

讓我們試著在她的夢中尋找相似的感覺。她經常夢見自己被單獨留下，而她實際上曾經備受寵愛。這些夢想說的是：「我必須得到照顧，把我一個人丟下很危險，有人會來攻擊我或控制我。」她還經常夢到自己把錢包弄丟了。「小心，」她實際上在說，「你有丟東西的風險。」她不想失去任何東西，尤其不想失去控制他人的能力。丟錢包只是生活中無關緊要的情節，她卻用它來作爲整個生活的代表。這是說明夢是怎樣通過「激發感覺」來鞏固人們的生活方式的另一個例證。她實際上並沒有丟過錢包，但卻做了這樣的夢，這種感覺就留在了她腦海裡。

更長一點的夢，可以讓我們對她的態度有更清晰的瞭解。「我夢到自己去了一個人很多的泳池。」她說，「我站在人們的頭頂上方，有人注意到我就開始尖叫。我很怕自己摔下來，情況很危險。」我如果是一位雕刻家的話，就會把她的塑像雕成這樣，站在別人頭頂，把人們踩在腳下。她的生活方式就是這樣，她想引發的感覺就是這樣。不管怎麼樣，她也認識到自己的位置很危險，但認爲別人也應該看到她的危險，並且照看好她，好讓她能夠繼續站在他們頭頂上。她認爲在水裡游泳也不安全。這就是她的生活故事的完整概括。「雖然我是個女孩，但要當一個男人」，她以此爲自己的精神目標。這位女子野心勃勃，就像大部分家中最小的孩子一樣，她只不過想要「看上去很優秀」，而並不想好好應對自己所處的環境，此外，她還無法擺脫對失敗的恐懼。我們想要幫她的話，就必須讓她找到一種與自己的女性角色和平共處的方法，讓她不再對異性有過高的評價或者恐懼，讓她感到周圍的人都很友好，學會平等地與他人共處。

還有一個女孩講述了這樣一個故事，在她13歲的時候弟弟因爲意外不幸夭折。她講了自己的最初記憶：「我弟弟還是個小寶寶，剛開始學走路的時候，他抓住椅子想站起來，但椅子倒下來壓到了他。」此外還發生了一次意外。從中我們可以發現，她非常害怕世界上的種種危險。她說：「我經常做非常奇怪的夢。我常夢到自己走在馬路上，前面有一個洞，但我沒看到，不小心掉進了洞裡。洞裡全是水，碰到水之後我就驚醒了，嚇得心撲通撲通直跳。」

我們認爲，這個夢並沒有她自己認爲的那麼奇怪。但是，如果她還用這夢來嚇唬自己，就會仍然認爲它是神祕的、無法解釋的。這個夢想告訴她：「小心點，世界上存在許多未知的危險。」不過這個夢還能告訴我們更多的訊息。如果你已經在下面就不可能再往下掉了。如果她認爲自己有掉落的危險，說明她認爲自己是位於衆人之上的。後面那個例子中，她想說的是：「我很出衆，但必須小心不能跌落。」

另外一個案例可以說明，相同的生活方式是否會在最初記憶和夢中起作用。一個女孩說：「我記得自己很喜歡看人們蓋房子。」從此我們可以推測出，她可能是個合作型的人。因爲一個小女孩雖然不可能自己參加蓋房子這項工作，但她對此感興趣說明她會喜歡和人們一起工作。「我個子很小，站在一扇很高的窗戶前面，我現在還記得那玻璃窗格的樣子，就像昨天才見過一樣。」她既然注意到了窗戶很高，說明她當時已經有了高大和矮小這一對概念。她想說的是：「窗戶很大，而我很小。」要是發現這個姑娘身材嬌小，一點都不值得驚訝。她眞正感興趣的是大小之間的對比。她說好像昨天才見過一樣應該只是在炫耀。

接下來，我們看一看她的夢。「我和好幾個人坐在車裡。」就像我們猜測的那樣，她喜歡和別人在一起，擅長合作。「車一直開到樹林前才停下。大家都走下車走進樹林。大部分人都比我高。」她再次注意到了身高的差異。「不過我努力趕上他們，和大家一塊坐上電梯。電梯下降到一個深約十英尺的礦井中。我們都認爲，如果出去肯定會瓦斯中毒。」她描述了一個危險情況。人類並不算勇敢，大部分人都會對某些確定的危險感到害怕。不過她的夢還沒有完。「後來，我們走出去，什麼危險都沒有發生。」這體現出了她的樂觀精神。如果一個人喜歡合作，那他往往也比較勇敢、樂觀。「我們待了一分鐘之後回到地面上，很快跑回車子上。」我很確定這個女孩始終喜歡和他人合作，不過她總擔憂一件事——要是自己能再長高一些就好了。

從中可以發現一種緊張，就好像看到她踮起腳尖來一樣。不過幸而她擅長社交，喜歡分享成就，這對消除緊張感很有幫助。

第六章　家庭的影響

母親扮演的角色

嬰兒從出生開始就和母親緊密地聯繫在一起了。這是他們一切行爲的目的。在嬰兒的生命中母親在很長時間內都扮演著最重要的角色，他們基本完全依賴於母親。人的合作能力在此時得到初次發展。母親是和孩子們最早發生聯繫的「他人」，是他們第一次關注到自身之外的「別人」。母親還是孩子與社會之間的第一座橋樑。如果一個嬰兒完全離開了母親，即便有他人替代了母親的位置，也難免枯萎。

母親和嬰兒之間的關係非常緊密，而且具有很大影響，在之後的人生中，很難判斷究竟哪些特徵是來自遺傳的。母親會對每種來自遺傳的特徵加以調試、訓練、教育和改造。她的方法——或者缺少方法——都會對孩子的潛能產生影響。這裡所說的母親的方法指的是與孩子合作，或教導孩子與自己合作的能力。這種能力不可能變成一套可以直接學習的現成規則。每一天都會出現新情況。孩子有各種各樣的需求需要得到母親的關注和理解。作爲母親只要發自內心地給予孩子關愛和照顧，想要贏得孩子的喜愛，竭盡全力保護孩子不受傷害，就能自然而然地掌握這些方法。

通過母親的言辭和行爲就能看出她的態度。她把孩子抱起來的時候，抱著孩子走動的時候，和孩子說話的時候，給孩子洗澡或餵食的時候，有無數機會可以和孩子建立起親密聯繫。一位母親要是不太擅長這些，或者根本不喜歡做這些事，她就會什麼都做不好，而孩子則必須忍耐。如果一位母親沒學會怎麼給嬰兒洗澡，那這個嬰兒就會覺得洗澡是一件不愉快的事。他不會依戀母親，反而會想辦法避開她。母親必須熟練掌握哄孩子睡覺的方法，她做出的任何動作，發出的任何聲音，都是有技巧的。不僅照顧孩子有技巧，就連如何讓孩子獨處也需要技巧。她必須對孩子周圍的環境進行完整、仔細的考察。例如，空氣、溫度、營養、睡眠時間、生理習慣和衛生狀況等。她隨時都可能讓孩子喜歡她或排斥她，喜歡和她合作或者抗拒合作。

做母親的方法中並沒有什麼特別的竅門。所有技巧都是通過興趣和練習培養來的。一個女孩在生命的早期就開始爲當母親做準備了。最開始，小女孩對待更小的孩子的態度就能說明這一點，她喜歡小孩子，對將來的任務自然而然地感興趣。我建議不要對男孩和女孩進行無差別的教育，畢竟他們將來要承擔的社會職責並不相同。如果希望女孩子將來成爲一個稱職的母親，就應該培養她的母性，讓她期待成爲一個母親，認爲扮演母親這個角色是充滿創造性的活動，而不會在眞正成爲母親那天內心充滿沮喪的感覺。

然而，很不幸，西方文明並不夠重視母親的地位。如果在這個社會中存在重男輕女的情況，男性的地位天生比女性高，那麼女孩們就不會對自己將要扮演的角色充滿期待。沒人會滿足於做其他人的從屬。這樣的女孩結婚生子時，就會通過種種方式進行抵抗。她們不想，或者還沒準備好養育孩子。她們既不期待這件事，也沒有把它當成一種充滿樂趣的創造性工作。

這可能是當今社會中最嚴峻的問題，但很少有人注意到。整個人類社會都建立在女性對待做母親這件事的態度之上。但是，基本上世界各地的女性在生活中的地位都很低，就連女性自身也被認爲低人一等。甚至有這種情況，男孩們在兒童時期就認爲家務活兒是僕人幹的，就算是幫忙也會有損他們的尊嚴。人們從不認爲操持家務、照顧家庭是女人的貢獻，而是覺得這本來就是她們的義務。

一位能夠把家務活和操持家務當作藝術來對待，並且充滿興趣，認爲可以通過這些工作爲他人做貢獻的女性，就可以很好地勝任其他任何工作。相反，如果人們認爲對於男人來說操持家務是有損尊嚴的，女性怎麼會不對這份工作產生抗拒呢？她們肯定會討厭這份工作，努力證明一個本來應該是理所當然、顯而易見的事實，即男女平等，有權獲得同等的回報，個人潛能也應該得到同樣的發展機會。但想要使潛能得到全面發展就必須得到社會情感的協助，社會情感可以爲女性指出正確的發展方向，保證個人發展的過程中不會受到外在的限制或約束。

如果女性角色被貶低，那就等於破壞了一切婚姻生活得以和諧融洽的基礎。如果覺得照看孩子是一份低賤的工作，那麼就沒有女人能夠全情投入，培養出良好的能力，給予孩子關懷、理解和同情，而孩子在生命的最初階段裡所需要的正是這些。如果一位女性並不滿意自己扮演的社會角色，那她的生活目標肯定會妨礙她和自己的孩子建立緊密聯繫。因此她肯定會認爲孩子是一個麻煩的、礙事的累贅。在一些失敗的生活案例中，經常會發現其根源就在於母親未能正確履行她的職責，沒有給孩子創造一個好的開端。如果母親很失敗，對自己天生的職責不感興趣或不滿，那孩子的人生就會陷入危機。

但並不能把失敗全部歸咎於母親，母親也不是什麼罪人。可能這位母親自己就沒有接受過良好的合作訓練。可能她的婚姻生活並不如意。她也許正在爲自己的處境感到擔憂焦慮，甚至絕望無助。想要經營一個良好的家庭生活會遇到很多困難。如果一個母親生病了，就算她非常期待和孩子合作，但回到家裡的時候就已經疲憊不堪了。如果家裡的經濟狀況很差，那孩子就可能缺衣少食，甚至沒有地方住。除此之外，孩子行爲的形成並非在於他們經歷了什麼，而是在於他們通過這些經歷得到了什麼結論。我們在研究問題兒童的背景時，經常發現他們有很難和母親相處的問題。但其他孩子身上也存在類似問題，只不過他們處理得更好。這裡我們最好來回顧一下個體心理學的基本觀點：性格發展沒有確定的原因，但孩子可以通過個人經驗來達到自己的目標，而且把它們轉化爲世界觀的成因。比如說，營養不良的孩子並不一定就會變成罪犯，關鍵在於他們通過自己的經歷獲得了什麼樣的結論。

不管怎麼樣，很明顯的是，一位女性如果不滿意於自己承擔的母親角色，那她和孩子都會遭受壓力和困難。不過，每個人都知道母性本能是很強大的。研究證明，母親保護孩子的慾望超過一切。就連動物——在老鼠和猿類中——母性本能也戰勝了性或飢餓的慾望。因此，如果需要在上述慾望中進行選擇，母性本能一定會獲勝。

這種努力的基礎並非來自性，而是「合作」這一目標。母親通常把孩子看作自己的一部分，她通過孩子與整個生活相連。她會認爲自己好像擁有了操縱生死的力量。每位母親都有一種感覺，她通過養育孩子眞正創造出了一件作品。甚至可以說，她覺得自己就像上帝造人那樣創造了一個生命——從無到有，一點一滴地逐漸形成。母性渴望是人類追求優越感的一個方面，體現出人試圖向神靠近的意願。這足以證明，優越目標是怎樣爲人類利益服務的，人類又是如何通過最深的社會情感對他人產生關注的。

誠然，所有母親都可能會把孩子是自己的一部分這種感覺放大，強迫孩子服務於她自己的優越目標。她可能會讓孩子完全依附於自己，從而掌控他們的生活，把他們拴在身邊。讓我們來看一個70歲農婦的例子。她兒子50歲的時候還和她一起生活。沒想到母子二人同時得了肺炎。最後母親被救活了，兒子卻不幸病死了。這位母親談到兒子的死時說：「我就知道沒法把兒子好好養大。」她認爲孩子的整個人生都應該由自己負責。她從來沒有放手讓兒子眞正融入社會。我們通過這個例子可以初步瞭解到，如果一個母親無法把她和孩子之間的聯繫向外延伸，使他們與周圍環境建立起平等的合作關係，那將是多麼大的錯誤。

母親這個角色和外界的關係很複雜，就算是她與自己親生孩子之間的關係，也不應該被過分強調。這不僅有益於孩子，也是爲了母親自己。過於強調某一問題而忽略其他問題導致的結果就是，這個非常重要的焦點問題也無法得到很好的解決。作爲母親，她不僅與兒女存在關聯，還與她丈夫以及周圍整個社會存在關聯。必須對這三種關係同樣重視，她需要冷靜地運用常識去處理好每一種關係。一位母親要是只關注與孩子之間的關係，就容易溺愛孩子。她就會很難使孩子發展出獨立性和合作能力。母親成功與孩子建立起關係後，接下來就要把這種關係向外擴展，指引孩子對父親及其他人感興趣。要是母親自己就不關心父親，那這個任務就難免會失敗。除此之外，她還要使孩子對周圍的生活環境感興趣：包括他的兄弟姐妹、親人朋友以及其他大衆。所以母親承擔著兩種任務：第一，她必須成爲孩子第一個最信賴的人；第二，她還要做好準備，把這種信賴和友善向外擴展到整個社會中去。

一位母親如果只在乎孩子對她自己的興趣，那麼孩子以後就會抗拒所有想讓他們關注其他人的做法。他們就會永遠依賴於母親，敵視所有他們認爲可能會轉移母親注意力的人。母親如果對丈夫或其他小孩表現出一點興趣，他們都會覺得侵害了自己的利益，他們的心中會形成一個觀念：「媽媽只屬於我一個人，不屬於任何其他人。」

現代心理學者大多對這種情況有所誤解。例如，弗洛伊德理論中的俄狄浦斯（戀母）情結，它假設兒子有想要娶母親的傾向，從而對父親產生恨意甚至殺意。我們要是眞的理解了孩子的成長過程，就不會產生這種錯誤的觀念。只有那些想要完全占有母親的注意力，擺脫所有其他人的孩子，才會直接表現出戀母情結。這種慾望與性無關，只不過想要完全掌控母親，讓她完全成爲從屬於自己的奴僕。只有被母親極度溺愛的孩子才會出現這種情況，他們從未把世界上的其他人看作自己的同類。一些患有孤獨症的男孩，只能與母親產生聯繫，不管是戀愛還是婚姻，他們都把母親當作重要的考慮標準。但這種態度說明，他們沒辦法與母親之外的任何人合作。其他任何女人都沒有母親那麼值得信賴，會對他們無條件順從。所以，戀母情結實際上是因爲錯誤的教養方式而產生的人造產物。沒有任何證據可以說明這種問題來自近親結婚的遺傳，或者是性慾。

那些被母親捆在身旁的孩子們如果到一個無法和母親保持密切聯繫的環境裡，通常會產生各種問題。例如，他們在學校或公園中和別的孩子一塊玩兒的時候，他們還是想要與母親親近。如果母親稍微走開一會兒，他們就會不開心。他們想讓母親永遠跟在自己身邊，讓她把全部心思都放在自己身上。他們可以通過很多手段來達到這一目的。他們可以成爲需要媽媽撫慰的嬌弱的寶寶，經常撒嬌。如果事情不合自己的心意，他們就會哭甚至生病，從而說明自己仍然需要得到照料。此外，他們還可能喜歡發脾氣，經常和母親吵架、鬧彆扭，但他們的目的一樣是爲獲得母親的關注。問題兒童中有形形色色被寵壞的孩子，他們使出渾身解數想要贏得媽媽的關注，而且抵抗外部環境提出的所有要求。

如果認爲只要把孩子從母親身邊帶走，送到護士身邊或者有關機構裡，就能糾正母親所犯的錯，就大錯特錯了。在任何情況下，如果想要找一個能夠替代母親的人，就必須保證這個人能夠承擔起母親的責任——她必須和眞正的母親一樣讓孩子對自己感興趣。相較而言，讓孩子的生母掌握這種能力要更加容易。在孤兒院長大的孩子通常對他人很冷漠，這是因爲他們自己和其他人之間從來沒有一個可以作爲橋樑的人。

有人研究過在孤兒院長大，生活不太如意的孩子。這些孩子由一位護士或嬤嬤專門負責照顧，他們也有可能被某個家庭收養，家庭中會有一位對待他們像對待自己的孩子一樣的母親來照顧他們。最終可能會有很大進展，最好的方式就是給他們找一個養母。爲這些孩子找到能夠替代父母的人是最好的撫養方法，可以讓他們享受正常的家庭生活。如果把孩子帶離父母身邊，那麼就必須給他們找到稱職的父母替代者。很多問題兒童都是孤兒、非婚生的孩子、意外出生的孩子或離異家庭的孩子，從中也體現出母親的情感與關注對一個孩子來說有多麼重要。

每個人都知道繼母是很難做的，失去親生母親的孩子總會和她們作對。但問題也並非無解，我遇到過很多做得很好的繼母。只不過大部分情況下，繼母都沒有眞正搞清楚狀況。可能出現這種情況，孩子失去母親後轉向父親尋求關愛，而且得到了父親的寵愛。父親再婚的時候，他會感覺父親的關愛被分走了，所以會對抗繼母。如果繼母覺得自己需要還擊，孩子就眞的受到了傷害。他們受到了來自繼母的挑釁，所以必須奮起反抗。所有與孩子進行的抗爭永遠都不會成功：他們既不會被打敗，也不會因爲被戰勝而與對手握手言和。在這種鬥爭中，最後的勝者通常是其中最弱小的一方。他們會拒絕所有要求他們做的事，用這種方法往往收穫甚微。如果每個人都能瞭解無法靠強力獲取愛和合作，那麼這個世界上就會減少很多緊張衝突和無意義的努力。

父親扮演的角色

在家庭生活中，父親扮演著與母親同樣重要的角色。最初，他和孩子們之間的關係沒有那麼緊密。等到之後他的影響力會越來越大，情況就會不同了。前面已經提到了一些母親無法成功引導孩子對父親及其他人產生興趣所造成的危害。孩子社會興趣的發展道路會遇到很多障礙。父母如果婚姻不幸福，孩子就會面臨很多危機。他們的母親或許會把父親排除在家庭生活之外，希望孩子完全屬於自己。更誇張的是，父母雙方可能都把孩子當作兩人進行抗爭的工具。他們都想把孩子緊緊捆在身旁，讓孩子更愛自己。

孩子們如果發現了父母之間的矛盾，就會聰明地利用這些矛盾來挑起兩人的鬥爭。這樣一來，父母雙方就會互相比拚誰更能控制孩子或更寵愛孩子。孩子在這種環境中長大是不可能獲得合作精神的。兒童最先瞭解到的合作就是父母之間的合作。此外，孩子還會從父母的婚姻中得到對婚姻和伴侶的最初印象。一個孩子如果在不幸的婚姻中長大，那麼他將來對待婚姻的態度就會很悲觀，除非他們的最初印象被改變了。這樣的孩子就算長大成人之後，也會覺得婚姻就意味著不幸。他們努力逃避異性，或者覺得自己絕對不可能贏得異性的芳心。如果父母的婚姻既沒有體現出社會合作，又不是社會生活的一部分，也未能爲社會生活做好準備，那麼這個孩子就會產生嚴重的障礙。婚姻應該是夫妻雙方親密無間的合作，兩個人一起謀取共同利益，爲孩子謀福利，同時造福於整個社會。其中任何一個方面遭遇失敗，那麼都不能滿足生活的需要。

婚姻是一種平等的合作，因此任何一方都不應該壓制另一方。關於這一點應該多加探討，而不應該滿足於人們習以為常的狀態。在一切家庭生活的行為中，權威是最不應該存在的，如果某一位家庭成員的重要性和價值被認為比其他人都大得多，那就太不幸了。如果家庭中有一位暴躁的父親，想要控制家中的所有人，那麼他的兒子就會對男人的概念產生誤解。他的女兒則更悲慘。當她長大之後，她會認為所有的男人都是暴君，而婚姻則意味著屈服和奴役。有些情況下，她長大以後還可能對同性感興趣，以此來保護自己，與男性對抗。

如果家中有一位專橫的、總是嘮叨的母親，那麼就會出現相反的情況。女孩子們會以她為榜樣，變得尖酸刻薄。而男孩子們則會時刻保護自己，害怕被批評、被控制。有的時候不僅母親非常嚴厲，姐妹和阿姨也會一起訓斥男孩。這樣一來，男孩們就會變得膽小怕事，失去了努力奮進或者加入社會生活的勇氣。他害怕所有女人都是這樣蠻不講理、挑剔刻薄的，所以不如徹底遠離所有異性。每個人都不喜歡被批評，但如果一個人把免受批評當作生活中的主要目標，那麼這就會影響到他和社會之間的所有聯繫。他對待所有事情和所有判斷時，都要考慮：「我征服了對方，還是被對方征服了？」他們認為所有人與人之間的關係都必須分出勝負，這樣的人是不可能建立夥伴關係的。

父親在家庭中的職責可以概括如下：他必須證明自己是一個好丈夫，是孩子的好朋友，也是一個良好的社會成員。他不但需要處理好工作、友誼和愛情這生活中的三大問題，還要在料理家事時同妻子平等合作。他應該牢記，女性在家庭生活中的地位是很重要的。他絕不該貶低母親的地位，而是應該雙方共同合作。尤其要強調的是，就算父親是家庭經濟的主要貢獻者，這些財產也是夫妻共同擁有的。他絕不能把自己看作賜予者，擺出家中的其他成員都要接受他的恩賜的模樣。和諧婚姻的眞相是，父親賺錢養家只不過是家庭分工不同罷了。很多父親認爲自己的經濟地位較高，所以理應作爲家庭的統治者。和諧的家庭中不應該有統治者的存在，任何會造成不平等的狀況都要避免。

每位父親都應該瞭解，現代文化已經過分強調男性的優勢地位，造成的後果是，當夫妻離婚時，妻子就會有所擔憂，害怕自己是從屬者而處於不利地位。他應該懂得，就算妻子是女性，可能沒辦法像他一樣爲家庭提供經濟支持，但並不代表妻子比他差。在眞正和諧平等的家庭生活中，不管妻子是否賺錢，都不存在誰賺錢、錢是誰的……這類糾紛。

父親會對孩子造成很大的影響，很多孩子一輩子都把父親看作自己的偶像或最大的敵人。懲罰，特別是體罰會傷害到孩子。所有不友善的教育方式都是錯誤的。然而，不幸的是，家庭中負責懲罰的那個人往往是父親。之所以說這是不幸的，原因有很多。首先，這種做法說明母親認爲女人沒辦法順利完成對孩子的培養，她們很軟弱，需要藉助更強大的力量的幫助。如果母親對孩子說「等你爸爸回來再說」，其實就是在告訴孩子，讓他們認爲男人才是生活中眞正具有權威和力量的人。其次，這種做法會破壞父子之間的關係，讓孩子對父親產生恐懼，而無法和他交朋友。可能有的女性怕失去孩子的喜愛而不願親自懲罰孩子，但也不應該把這個責任推給父親。就算母親沒有親自懲罰孩子，而是爲他召喚來懲罰者，孩子們也會同樣怨恨她的。孩子在惹了麻煩之後，很多女人會用「告訴你爸爸」來威脅他。想一想，這會讓孩子們如何看待男性在生活中的權威呢？

一個父親如果能夠把生活中的三大問題都處理好，那他就能成爲合格的家庭成員，成爲一個好丈夫和好父親。他肯定能夠輕鬆自信地和人交往，擅長交友。和其他人交朋友的時候，他就把家庭納入了更廣闊的社會生活中。他不會保守固執、死守教條。家庭可以受到家庭之外更大的世界的影響，他也可以引導孩子怎樣與他人合作、怎樣發展社會興趣。

但如果夫妻二人的交友圈毫無交集，那也會產生危機。他們最好在同一個社會群體中生活，避免因爲朋友不同而一拍兩散。我的意思並不是說他們必須時時刻刻待在一起，沒有任何私人空間，而是說夫妻之間不應該有所隱瞞。比如丈夫如果不想把妻子介紹給朋友認識，就說明出了問題。這個丈夫的生活重心並不在家庭中。讓孩子們在成長過程中瞭解到，家庭之外還有很多人都是值得信賴的，這至關重要。

如果一個父親與自己的父母和兄弟姐妹能夠和睦相處，那就說明他具有良好的合作能力。當然，他必須離開自己的家庭獨立生活，但這並不是說他不應該愛自己的親人，更不是說應該和他們決裂。有的時候，兩個人會在還沒有獨立時就走入婚姻，兩個人的關係就會延伸到彼此的家庭中。他們在談論「家」的時候，指的是自己父母的家。如果他們繼續把自己的父母視爲家庭生活的中心，就不可能眞正建立一個屬於自己的家。這個問題與其中每個人的合作能力都有關。

有的時候，男方的父母會產生妒忌心理。他們想瞭解兒子生活中發生的一切，從而給新生的小家庭造成了困擾。他妻子會認爲沒有得到應有的尊重，而且因爲受到公婆的指手畫腳而生氣。在男方父母不認同的婚姻中經常能看到這種情況。男方的父母可能有錯，可能沒錯。但是，如果他們不滿意兒子的婚姻，只能在結婚前提出反對，在結婚後就只能一心一意地促使兒子的婚姻幸福。如果家庭矛盾無法消除，丈夫應該認識到困難所在，但也無須過於擔憂。他應該把父母的反對看成他們犯的錯，然後努力證明自己——他們的兒子——是正確的。小夫妻無須屈服於父母的願望，不過，如果雙方能進行合作，妻子可以感到公婆是爲了她的幸福著想，而非爲了他們自己的利益，一切就會變得很簡單。

人們對家庭中的父親這一角色最重要的期待就是工作。他必須掌握職業技能，可以養活自己和家人。他的妻子可能可以提供一些支持，孩子長大後也能幫上些忙，但傳統西方文化認爲，父親需要承擔家庭經濟的主要責任。爲此，他一定要努力工作、銳意進取，必須精通自己那一行，瞭解自己有哪些優勢和劣勢，還要能和其他專業領域的人合作，爲他們負責任。

工作還意味著其他東西。他用自己的工作態度，給孩子們樹立了榜樣，教會他們應該怎樣對待工作。所以，他還必須在實踐中努力摸索，對於自己來說怎樣才能成功解決工作這一問題——也就是說，要找到一份既對人類有益，他又能做出一定貢獻的工作。重要的並不是他自己怎麼認爲，而是這份工作本身應該是眞正有益的。我們不需要聽他怎麼說。如果他喜歡自我誇耀、吹噓，雖然有些遺憾；但他做的工作要是切實對社會有所貢獻的話，那也無關緊要。

接下來，我們來探討一下如何解決關於愛的問題——這一點與婚姻和建立幸福有益的家庭生活有密切關係。丈夫最重要的任務就是關愛自己的妻子。很容易看出來一個人是不是關心別人。他如果愛自己的妻子，就會喜歡妻子喜歡的東西，而且把妻子的幸福當作目標來追求。能夠證明他關愛妻子的並非只有喜愛之情，還有很多東西能夠證明夫妻之間是否和睦。他同時還要是妻子的朋友，爲妻子的快樂而感到快樂。只有夫妻雙方都把彼此二人的共同幸福放在個人的幸福之上，這時才會產生眞正的合作。兩個人都必須關注對方超過關注自己。

在孩子面前，丈夫不應該過多地表現出對妻子的愛。確實，夫妻之愛和父母對孩子的愛本來就不應該放在一起比較。兩種感情是完全不同的，也不會干擾或削弱對方。但是，如果父母表現得過於親暱，會讓孩子覺得自己在家中的地位不保。他們可能會感到嫉妒，想激起父母的矛盾。

夫婦之間的性關係很重要。父母如何對子女解釋性的問題也很重要，不能一不小心說得太多，只需要讓孩子們瞭解他們想知道的，而且符合他們年齡的認知能力的內容，就可以了。我覺得現在有一種不太好的現象，即人們總把遠超出孩子理解能力的東西灌輸給他們。這樣一來，性好像變成了一件稀鬆平常、無關緊要的事。這種做法和以前對性避而不談或者欺騙相比，並沒有更好。最好的做法是瞭解孩子們眞正感興趣的東西，誠實地解釋給他們聽，而不應該把我們所認爲的常識強加給孩子們。我們必須維護他們的信任，讓彼此之間的合作得以繼續，我們應該把重點放在幫孩子找到解決問題的方法上。如果能做到這一點，就不會造成太大的錯誤。

人們不應該過分強調金錢，也不應該把它當作爭奪目標。沒有掙錢能力的女性有時比她們的丈夫更在意金錢的問題，如果她們被人說奢侈浪費，可能會很受傷。應該在家庭能夠承受的範圍內，用平等合作的方式解決經濟問題。妻子和孩子不應該給父親過大的壓力，要求他承擔超過其經濟範圍的開支。家庭成員應該在一開始就商量好花銷問題，就不會讓人覺得自己只能依賴別人或者遭到了不公正的對待。

作爲父親，不要以爲金錢就能給孩子的未來提供良好的保障。我曾讀過一本有趣的美國人寫的小冊子，書中描述了一個出身貧困的男人在發財之後是如何爲子孫後代提供經濟保障的。他向律師諮詢這個問題。律師問他想要爲幾代子孫提供經濟保障，這位富翁說十代。

「沒問題，你可以做到的。」律師說，「但你想過嗎，你的第十代後人中的每個人上面追溯起來都有五百多個先祖，而你只是其中的一個而已。其他五百個家庭都能說他是自己的子孫。你還覺得他是自己的子孫嗎？」

從中可以看出，不管我們爲後代做什麼，其實都是在爲整個社會做貢獻。我們無法擺脫和他人的聯繫。

家庭中不需要權威，但眞正的合作卻必不可少。父母之間必須竭誠合作，在教育孩子方面保持一致性。不管父親還是母親，都不應該偏愛某一個孩子，這是非常重要的。偏愛是非常危險的做法。孩子在兒童期之所以感到沮喪，基本上都是由於覺得其他人比自己更受寵。

有些情況下，這種感覺其實並沒有根據，但如果父母眞的能夠做到平等地對待每一個孩子，就不會讓他們有機會產生這種感覺了。在重男輕女的社會環境中，幾乎可以肯定女孩會有一定的自卑情結。孩子們都很敏感，就算是很優秀的孩子，如果覺得其他孩子比自己更受寵，也有可能在生活上誤入歧途。

有時，家中的某個孩子比其他兄弟姐妹長得更快，或是更可愛，父母通常很容易對這個孩子流露出較多的喜愛。但是，既然做了父母，就必須掌握一定的技巧和經驗不把這種偏愛流露出來。不然的話，較爲出色的那個孩子就會給其他孩子造成陰影，讓他們產生沮喪感，並因此對這個孩子產生嫉妒，從而懷疑自己的能力，甚至最終對合作能力的發展造成阻礙。父母不能只是說自己不偏心，而是一定要避免在任何一個孩子心中撒下猜疑的種子。

家庭的重視和忽視

孩子們往往可以很快熟練掌握爲自己贏取關注的方法。例如，被寵愛的孩子一般都會害怕自己一個人待在黑暗裡。但他們並不是眞的怕黑，而是通過表現出害怕來獲得母親的親近和關照。有一個被嬌慣的孩子經常在晚上放聲大哭。有一天晚上，母親聽到哭聲趕到孩子旁邊問道：「你害怕什麼呢？」孩子答道：「實在太黑了。」不過，母親現在已經知道他這麼做的目的何在了。她說：「我進來之後，就不那麼黑了嗎？」黑暗本身並沒有什麼意義，孩子怕黑只是說明他不想離開媽媽。他把一切的情感、精力和精神都用來創造一種情境，這種情境出現時，母親就必須來看他，回到他身旁。他用哭喊、不睡覺或者其他惹麻煩的方法，把母親拽回自己身邊。

教育學者和心理學者一直關注「害怕」這種感覺。個體心理學不再侷限於探尋是什麼引發了害怕，而是更注重探究它的目的。所有受到寵愛的孩子都會感到害怕：他們通過害怕可以獲得關注，所以他們就在自己的生活方式中建立了這種情緒。孩子通過這種情緒就可以成功地把母親留在身邊。一般來說，膽小的孩子都是被寵大的，而且想要繼續被溺愛。

嬌生慣養的孩子有時候會做惡夢，在夜裡突然放聲大哭。經常出現這種情況。但是如果人們仍然認爲睡眠和清醒時的狀態是相對立的，就不能理解做惡夢大哭這種情況。這個前提本身就是有誤，睡眠和清醒並不是相互對立的，而是同一事物的兩種狀態。孩子在夢中的行爲和白天的行爲存在一致性。希望改變現狀讓自己獲益的目標對他們的整個身心產生影響，他們通過練習和實踐，找到了可以達到目標的捷徑。就算在睡夢中，他們的大腦中活躍的思想、想像和記憶也都與個人目標相一致。經過幾次嘗試之後，被寵的孩子就會發現，做惡夢能讓媽媽回到自己身旁。這些被寵大的孩子就算在成人之後，還會做緊張的夢。在夢中感到緊張害怕是一個經過反複檢驗的爲自己贏得關注的好方法，所以已經固化成了習慣。

既然焦慮這麼有用，如果有哪個被寵愛的孩子在晚上一直都很乖，反而會令人感到吃驚。還有很多辦法能夠吸引注意。或者是睡衣不舒服，或者是口渴想喝水，或者是害怕盜賊和怪獸。有的孩子如果父母不陪在床邊就睡不著。有的孩子總是做夢，有的會從床上掉下來，還有的會尿床。曾經有一個我的病人，也是一個頗受寵愛的孩子，但從來沒在晚上惹過麻煩。她媽媽說她晚上睡得很好，不做夢也不常起來，什麼問題都沒有。她只在白天製造麻煩。我聽了以後很驚訝。我提到了孩子們用來獲取母親關注好把她捆在身邊的所有小手段，但這個女孩從來都沒有過這些行爲。最後，我總算想出了一個答案。

我問這位母親：「她晚上睡哪兒？」

她回答：「和我睡在一起。」

生病對於被寵壞的孩子來說也是很有用的武器。父母在他們生病時通常會對他們更寬容。這些孩子在生病以後，就會表現出一些問題兒童具有的行爲，這很常見。從表面上來看，是生病使他們產生了一些問題。但實際上，孩子在病好了之後，還記得父母在生病時對自己的順從和關愛。如果他們在病好之後得不到這樣的寵溺了，就會變成一個問題兒童來報復父母。有時候，孩子們看到父母在關心和照顧其他生病的孩子，就會希望自己也生病，甚至會去親親生病的孩子，希望他能把病傳染給自己。

有一個住了四年院的女孩，備受醫生和護士的寵愛。她剛開始回到家的時候，也得到了父母的寵愛，但幾週之後，他們就不再像之前那樣關注她了。如果總是不能隨心所欲，這個女孩就會把手指放在嘴裡說：「我可住過院。」她一直提醒別人她生過病，希望重新建立一個能滿足自己所有慾望的環境。成年人也會有類似的行爲，他們總喜歡和別人聊自己得過的病或做過的手術。還有一種情況，有些父母眼中的問題兒童生病之後反而變了個人一樣，不再給他們找麻煩了。我們已經知道，身體缺陷會對孩子造成一定負擔，但也應該明白，這些缺陷和負擔並不是造成孩子不良行爲的原因。所以，可以推測，不管身體上的問題是否得到了治癒，這種轉變的發生肯定還有其他原因。

有一個在家中排行第二的男孩，每天都會惹各種麻煩，說謊話、偷東西、不去上課，什麼壞事都做，而且態度粗魯、不聽管教。老師也不知道該怎麼管他，建議把他送到少年教管所。這時這個男孩生了一場病。他得了髖關節結核病，打著石膏躺了六個月。病好了之後，他變成了家中的乖孩子。不可能是疾病的原因導致了這種轉變，很快原因就找到了，其實是因爲他認識到了自己之前的錯誤。他之前一直以爲父母偏愛自己的兄弟，覺得自己被忽視了。但在生病的時候，他發現全家人關注的焦點都在自己身上，每個人都照顧他、關心他。他是個聰明的孩子，所以很快就不再認爲自己是被忽視的了。

家庭的成員地位一致

接下來，我們來談一談家庭合作中另一個重要的組成部分，即孩子之間的合作。只有孩子認爲自己受到的待遇是平等的，才能發展出良好的社會情感。如果男孩和女孩之間無法平等相處，那麼兩性關係問題就會很突出。很多人奇怪：「同一個家中成長的孩子爲什麼會如此不同呢？」

一些科學家試圖用遺傳基因不同來進行解釋，但我們認爲這種解釋只是迷信罷了。可以用樹苗的成長來比喻。如有幾棵樹苗一起成長，但實際上每棵樹苗擁有的環境都各不相同。有一棵樹苗由於具有較好的光照和土壤條件，所以長得很快，當它長大時，其他樹苗受到的影響也會不斷加大。長得快的樹苗會擋住其他的樹苗，搶走陽光和雨水，它的根也會延伸開來與其他的樹苗爭奪養分。這樣一來，其他的樹苗就會由於缺乏營養而無法正常生長。在家庭中也是同樣的情況，如果有某個孩子過於突出，肯定會對其他孩子的成長造成影響。

我們已經瞭解，不管是父親還是母親都不應在家中處於統治地位。一般來說，如果父親非常成功或天賦異稟，孩子們就會認爲自己永遠也沒辦法取得父親那樣的成功。他們就會變得軟弱，失去對生活的興趣。很多名人的孩子都會讓父母和其他人感到失望，原因就在這裡——孩子們認爲自己永遠無法取得像父母那樣大的成就。所以，就算父母在自己的專業領域中成就斐然，也不應該將之過多地影響到家庭裡，不然孩子的成長就會被限制住。

同樣的問題也存在於孩子之間。如果某個孩子十分優秀，肯定就會受到更多的關注和寵愛。這個孩子會感到很開心，但其他孩子則會覺得遭到了區別對待，從而感到怨恨。一個人受到輕視是不可能不感到怨恨的。如果一個孩子非常優秀，就可能使其他孩子的利益都受到損害，這種情況下，甚至可以說其他所有孩子的成長過程都是缺乏心靈滋養的。他們將不斷地追求優越感，因爲這種追求是不能停止的。但卻有可能轉到不切實際、沒有社會意義的方面。

出生順序與人格特徵

就孩子在家庭中的出生順位和它所造成的優劣影響及其相互關係，個體心理學已經打開了一片廣闊的研究天地。我們從最簡單的形式去探討這個問題，假設父母之間關係很好，也竭盡全力去養育孩子。但每個孩子在家中的地位仍能對其產生巨大影響，每個孩子的成長環境也因此而與其他孩子截然不同。我們要再強調一遍，同一個家庭中的不同孩子也不可能具有完全相同的成長環境。每個孩子的生活方式都會體現出他是希望調整自己來適應他獨有的生活環境的。

• 最大的孩子

所有最大的孩子都經歷過一段獨生子女的日子，但第二個孩子出生後，被迫要適應突然改變的全新的生活環境。長子女通常曾被很好的照顧或者寵愛過，習慣了自己是家庭的中心。但他們會突然發現自己的地位被動搖了。又有一個孩子出現了，他們失去了獨特性。這時，他們不得不和其他競爭對手共享父母的愛。這種轉變通常會讓孩子受到巨大沖擊，很多問題兒童、神經官能症患者、罪犯、酗酒者和脫離正軌的人的問題根源都在這裡。他們是家中第一個孩子，另一個孩子的出生給他們留下了很深的印象，這以後，被掠奪的感覺就在他們的整個生活方式中留下了深深的烙印。

後面出生的孩子也有可能通過同樣的經歷失去自己的地位，但是不會有如此強烈的感覺。他們已經學會和其他孩子合作了。他們一生下來就不是唯一受到關心和照顧的孩子。而長子女遭受的變化是翻天覆地的。如果他們確實由於新孩子的出現而被忽視了，那他們就不可能順利地適應新的情況。他們如果因此心生怨氣，也不應受到指責。

最重要的是，如果父母已經引導他們做好了迎接新生兒的準備，學會了和弟妹妹相處的方法，甚至學會了怎麼照顧他們，這場危機就不會發生，也不會對他們造成不良影響。但一般情況下孩子們都沒能做好準備。新出生的孩子確實分走了父母很大一部分關注，長子女所得到的愛和關心都被搶走了。他們會想辦法把母親拽回身邊，重新贏得她的注意。有時候，母親會被左右，不停地在兩個孩子之間忙來忙去，孩子之間的爭奪戰對她的影響遠遠大於其他人。

長子女通常能夠更好地發揮自己的能力，想出更多辦法。我們可以大致地猜到他們在這種情況下會做些什麼。我們如果從他們的角度思考，追求他們追求的目標，也可能做出同樣的事來。

我們也會給母親搗亂，跟她抗爭，做出一些肯定能引起她關注的事。長子女的做法正是這樣。最後，母親再也沒有耐心了。長子女們動用了他們擁有的一切資源，孤注一擲地和母親進行絕望的鬥爭。最終，母親對他們的不停惹麻煩感到了厭倦，這之後他們才真正感到什麼才是不再被愛的感覺。他們爲了贏得母親的愛而奮起反抗，但最終反而失去了它。他們感覺受到了冷落，而且是因爲他們的行爲眞的受到了冷遇。只有他們自己是對的，其他人都錯了。他們好像掉進了沼澤地一般：越是掙扎，情況越糟糕。他們只要看到自己的處境，就會更加確定自己的觀點。如果所有直覺都證明他們是對的，那爲什麼要放棄戰鬥呢？

關於此類抗爭，我們都要對抗爭主體的生活環境進行探究。要是母親反擊的話，孩子就會大發脾氣、挑剔刻薄、蠻不講理，徹底不聽話。當孩子們開始與母親對抗時，通常父親都會讓他們感到有機會重新受寵。於是，他們開始把注意力轉向父親，想要獲得他的關愛。一般情況下，長子女都更喜歡父親。如果孩子開始喜歡父親，就說明已經發展到了第二階段——在第一階段時，孩子們肯定對母親更依戀，但後來便不再那麼喜歡母親，而轉爲傾向父親，他們通過這種行爲來指責母親。如果孩子們更偏愛父親，就說明他們之前在母親那裡受過打擊，曾經覺得自己被拒絕、被忽視，而且對此耿耿於懷，甚至他們的全部生活都是在這種被拒絕的感覺上建立起來的。

這樣的抗爭通常會延續很久，甚至有可能延續一生。這些孩子使自己已經習慣了抗爭和反抗，任何時候都準備好馬上進入抗爭狀態。也許他們再也不會全心全意地關心什麼人了。他們的脾氣會越來越差，越來越保守，難以和人相處。他們培養自己習慣孤獨。這些孩子的所有行爲和表達都指向過去，他們只關心那些過去的日子。

因此，長子女往往會通過各種方式表現出對過去的懷念。他們喜歡回憶和談論過去的事。他們沉迷於過去，對將來卻持有悲觀態度。有時候，這些失去過力量和自己的小王國的孩子們會比其他人更清楚力量和權威的意義。他們成年之後就會醉心於權力，過於看重規則和法律的作用。他們認爲，所有事都必須嚴格依照規則，任何規則都不能更改；力量必須屬於那些擁有權力的人。我們可以推斷，這種童年影響有可能會使人偏向保守。這類人如果獲得了較高的地位，他們就會懷疑有人在緊緊追趕他們，想要將他們取而代之。

長子女的出生順位給家庭帶來了一個難題，不過也可以利用這個難題把缺點轉化爲優點。如果最大的孩子在弟弟妹妹出生的時候已經培養出了良好的合作能力，那他們就不會覺得受傷了。這樣的長子女通常喜歡保護和幫助他人。他們會對父母的做法進行模仿，很多情況下，他們替代了父母的角色，照顧和教導自己的弟弟妹妹，認爲自己有責任使他們幸福。所以，他們有可能培養出良好的組織能力。這些都是最佳結果。但是，對他人的呵護也有可能走向極端，轉化爲控制他人，讓他人依賴自己的慾望。

我自己在歐洲和美國的經驗說明，長子女是最容易變成問題兒童的孩子，其次就是家中的老么。極端的位置造成了最大的問題，很有意思。關於長子女的問題，我們的教育方法還沒有提出很好的解決方案。

•第二個孩子

第二個孩子的位置是十分獨特的，和最大的孩子完全不同。由於出生時間，他們最初就和最大的孩子一起分享父母的愛，所以，次子女一生下來就比長子女更擅長合作。他們周圍總是有很多人，如果哥哥姐姐沒有欺負他們的話，他們所處的環境還是很優越的。不過，他們的前面永遠有一個領先者，這就是次子女處境特殊的地方。作爲家中的第二個孩子，總有一個比他大、比他長得快的孩子，他們只能在這種激勵之下努力追趕，才能讓自己不落後。典型的次子女都有明顯的特徵：他們就像在參加比賽一樣，有人在他們前面一兩步遠的地方，他們必須奮起追趕，努力超過前面的人。次子女每時每刻都必須竭盡全力。他們永遠都在練習，希望超越並征服自己的哥哥或姐姐。

《聖經》中有很多令人感到驚訝的心理學觀點，以掃和雅各❶的故事描繪出了一個典型的次子形象。雅各想要搶走以掃的地位，通過成為第一來打擊以掃，並征服他。第二個孩子會由於落後於人而心生惱怒，他們會全力以赴超越他人。實際上，他們一般都會取得成功。通常情況下，次子女都比長子女更有才華，更容易做出成績。關於這一點，並沒有證據能夠證明遺傳對整個發展過程產生了多少影響。次子女之所以能夠快速發展，只是因為他們更加努力罷了。就算長大了離開家庭之後，他們通常也會找一個比較有優勢的領先者和自己對比，然後努力趕超他們。

人們並非只有在清醒的時候才會表現出這種性格特徵。所有個性表達中都有它們的存在，在睡夢中它們的表現會更加明顯。比如，長子女經常夢到掉落。他們本來位於最高的位置，但不能確保自己永遠保持這種地位。而次子女卻不一樣，他們經常夢到自己參加比賽，或者在追趕火車，或者騎自行車比賽。這些緊張而匆忙的夢，它的特點非常鮮明，我們一般可以猜到做夢的人是家中的次子女。

但我們必須承認一點，那就是沒有任何規律是固定不變的。說話做事像老大的人不一定就是

❶以掃和雅各（Esau and Jocob）：《聖經》中的人物，兩人都是以撒和利百加的兒子。以掃為了一碗紅豆湯把長子的地位讓給了雅各。

家裡的老大。決定這一點的並不是出生順序本身，而是個人的生活環境。有時候，大家庭中較小的孩子的處境會和長子女相同。有可能前兩個孩子年紀相差不多，很久之後第三個孩子才出生，然後又生了兩個更小的孩子。那麼這第三個孩子就會具有長子女的性格特徵。而第四個和第五個孩子則會表現得像次子女一樣。不管怎麼樣，一個家庭中如果兩個年齡相差不多的孩子一起長大，而且和其他孩子的年齡相差比較多，那這兩個孩子就會分別表現出老大和老二的特徵。

家裡的老大有時候會在兄弟姐妹的競爭中失敗，之後他們就會表現出各種各樣的問題。有的時候，他們可以反過來欺負壓倒比較小的孩子，從而維持自己的地位，這樣一來次子女就會出現問題。如果第一個孩子是男孩，第二個孩子是女孩的話，那麼長子的處境就會很艱難。他有被女孩擊敗的風險，這在現代社會中會讓他覺得顏面盡失。男女之間的競爭要比同性之間的競爭更加緊張。

女孩在這種競爭中優勢更大：她們在16歲之前，不管在生理還是心理上，都比同齡男孩長得更快。這樣的後果就是她的哥哥退出了競爭，成了一個懶散消極的人。這種情況很常見。男孩有可能會運用一些不太坦蕩的方法去獲取優勢，例如吹噓和說謊。如果出現這種情況，就可以確定女孩已經贏了。女孩輕鬆地解決自己的問題而且獲得了很大進步，而與此同時，男孩們卻犯了很多錯誤。這些問題其實可以避免，但前提是人們得認識到可能會發生這種危險，並提前預防。如果家中的所有成員都可以平等合作，才可能避免出現不好的結果，在這樣的環境中，孩子之間不需要進行競爭，也不會認爲自己受到威脅，從而不必把精力都花在互相鬥爭上。

•最小的孩子

除了最小的孩子，每個孩子都會有弟弟妹妹，他們都會有地位不保的風險。而老么的地位卻是不會被替代的。他們身後沒有人跟著，但前面有很多領先者。他們一直都是家中的寶貝，也很有可能是最被寵愛的孩子。他們會表現出所有被寵愛的孩子所具有的問題，但由於競爭對手很多，刺激也很多，反而可能會讓他們得到很好的發展，進步很快，把別的孩子遠遠落在後面。在人類的歷史中，幼子女的地位一直都沒有更改。最古老的傳說中，也有很多關於最小的孩子怎樣戰勝自己的哥哥姐姐的故事。

《聖經》中，幼子女總是會獲得最後的勝利。雖然便雅憐比約瑟小七歲，但約瑟的成長完全沒有受到他的影響，而是被當作幼子撫養長大的。約瑟具有典型的幼子生活模式。他在做夢的時候，也總是在維護自己的優越性。他必須比其他人更光彩奪目，必須讓所有人都對他低頭。兄弟們都明白他的夢是什麼意思，他們認爲這很簡單，因爲他們每天都和約瑟在一起，早就感受到了他所表現出的態度。他們都體會過約瑟在夢中表現出的感覺。他們對他有些害怕，想要離他遠一些。但是約瑟卻後來者居上，拔得頭籌。日後，他成爲支撐起整個家庭的棟梁。

幼子女成爲家庭的頂樑柱，這種情況並不是因爲偶然。很多人都認識到了這一點，有很多關於最小的孩子如何強大的故事。實際上，最小的孩子往往擁有最好的環境：父母和哥哥姐姐都會幫助他們，給他們鼓勁，激勵他們奮發向上，而且他們也不會因爲有人在追趕而分散精力。

正如上文所說，雖然這樣，但幼子女還是第二個容易出現問題兒童的群體。原因大概是他們受到了全家的驕縱。被寵壞的孩子是不可能獲得獨立的。他們沒有勇氣去獨立生活，並追求成功。幼子女通常會很有野心，但大部分有野心的孩子都會很懶。如果具有野心但缺乏勇氣的話就會表現出懶惰：野心太大了，甚至不太可能實現。有時，幼子女會否認自己擁有理想，但他們只是想要與衆不同，不想受到約束罷了。幼子女還經常受到自卑感的很大困擾。周圍所有人都比他年紀更大，更強壯，更富有經驗。

•獨生子女

獨生子女的問題比較特殊。他們也要面臨競爭，但競爭對象並不是家中的其他孩子。他們把父親看作自己的競爭對手。一般情況下，母親都很寵愛獨生子女。她很害怕失去這個孩子，總想讓孩子生活在自己的保護中。這樣一來，孩子就會逐漸產生所謂的「戀母情結」，每天都黏著母親，想把父親趕出家門。要避免這種情況的發生，父母二人就必須通力合作，讓孩子對父母都產生同樣的興趣。但是，父親對家庭上所費的心思通常都比母親要少。獨生子女有時會和長子女差不多：他們都想勝過父親，都喜歡和年紀大的人相處。

一般來說，獨生子女都不希望家中有弟弟妹妹出現。如果家人的朋友跟他們說「你要有個小弟弟或小妹妹了」，他們都會非常牴觸這種想法。獨生子女想要家人隨時隨地都關注自己，認為這是自己理所當然的特權。他們根本沒辦法想像自己的地位如果受到挑戰會怎麼樣。當他們在日後的生活中失去了焦點的位置時，就會表現出各種問題。

還有一種可能會對獨生子女產生不良影響的環境，那就是充滿緊張和焦慮的環境。如果父母由於身體原因失去了生育能力，那他們唯一能做的只有竭盡全力為他們唯一的孩子排除各種困難。但很多獨生子女的家庭原本是有可能再更多的孩子。不過由於父母的悲觀、怯懦，認為自己沒辦法養育更多的孩子。這樣的家庭往往會充滿了焦慮，這也會對孩子產生很大的影響。

如果家庭中每個孩子之間都有比較大的年齡差距，那每個孩子都會表現出部分獨生子女的性格特點。這並不是很好的現象。有很多人問我：「你認為一個家庭中的孩子們之間相差幾歲是最好的？」或者「到底應該連著生孩子，還是隔幾年再生？」憑藉經驗，我認為最好的年齡差是三歲左右。因為三歲的孩子已經具有了一定的合作能力，可以接受家裡有新孩子出現了。他們在三歲時已經可以理解，家庭中可以有很多個孩子。如果一個只有一歲半或兩歲的孩子，是沒辦法理解這個問題的，父母沒辦法和他們解釋，那肯定也沒辦法引導他們為此做好準備。

如果一個家庭中都是女孩，只有一個男孩，那這個獨生子的生活也會有些艱難。如果父親經常不在家的話，他就被女孩包圍了。他認識的只有母親、姐妹，可能還有女傭。他可能覺得自己無法融入身邊的人群，只能孤零零地成長。如果女人們聯起手來和他作對，那情況就會更糟。她們認為一定要一起教育他，或者要讓他知道自己沒什麼好自豪的。這樣就會產生大量的敵意和爭端。如果他是中間的孩子，情況就會很慘——這個位置腹背受敵。如果他是長子，就有可能和某個盛氣凌人的女孩之間產生競爭。如果他是幼子，就很容易被寵壞。

在姐妹們之間長大的獨生男孩的處境雖然不太好，但如果他能積極進入社會生活，和其他孩子相處，就可以解決這個問題。不然的話，因為他身邊都是女孩，他說話和做事的方式也可能變得女孩子氣。只有女孩的環境和男女都有的環境差異巨大。如果家裡面的裝飾佈置不是標準化的，而是由家中的主人偏好決定的，那麼全是女孩的家一定乾淨整潔，色彩搭配和其他細節都很用心。但如果家裡面還有男人或男孩的話，就不可能這麼整潔，家裡肯定會更加嘈雜、混亂，家具上可能會有很多磕碰痕跡。但如果一群女孩中只有一個男孩的話，那他就會培養出女孩的品位，看待生活時也會採用女性視角。

還有另外一種可能，他會對這種環境產生強烈的抗拒心理，反而想要突出自己的男子氣概。那麼他就會隨時注意，讓自己不受女性的控制。他認爲必須保護自己的個性和優越性，但又時常感到緊張。他的成長容易邁向兩個極端，或者異常強大，或者異常柔弱。與此相似，在一群男孩裡成長的獨生女孩也有可能變得非常女性化或像個假小子。她在生活中常常會感到無助或缺乏安全感。這種情況很値得仔細探究。這種情況並不是每天都能遇到，所以必須蒐集更多的案例才能得出一些結論。

我研究成年人的時候，都會發現一些產生於童年早期階段的印象，這些印象從當時保存到了現在。一個人的生活方式中會留有出生順位打下的鮮明烙印。成長中出現的任何問題的根源都在於家庭內部存在競爭而非合作。如果觀察一下我們的社會生活，把世界看作一個整體，就會發現其中的競爭和對立是非常突出的，想要理解這種情況，我們就必須知道，不管在什麼地方，人們都會把成爲戰勝他人的征服者當作追求目標。之所以會產生這樣的目標，原因在於人的童年早期經歷，那些在家庭中沒有受到平等對待的孩子不斷地努力抗爭，就產生了這樣的結果。只有使孩子具有良好的合作精神和合作能力，才能避免出現這種不盡如人意的後果。

第七章　學校的影響

教育的變革

家庭往外延伸就是學校。正是因爲父母無法一力承擔起教育子女的責任，無法將所有化解生活難題的能力都教給他們，所以才出現了學校。過去經常有孩子不去學校，而在自己家中接受教育。匠人因爲掌握一門好手藝，在給孩子提供生活保障的同時，也教會他們從父輩那裡傳承來的技能和在現實生活中所領悟到的經驗。可是，如今的文化對我們提出了更多樣化的要求，因此父母的重擔要由學校承擔一部分，由學校來完成他們啓蒙的未竟教育。社會的一體化給年輕一代的教育提出了很高的要求，僅僅只在家中接受教育是遠遠不夠的。

儘管美國的學校和歐洲校園相比，沒有經過各個層級的發展階段，可是，我們有時依然可以看到權威主義傳統的遺留。一開始，歐洲教育史上，可以接受正式的學校教育的只有王子和貴族們。他們是社會上僅有的一個有價值的群體，其他人只需要安守本分，不必抱有更多的幻想。後來，有價值的群體定義範圍不再那麼狹隘。教育事業被宗教機構接管，極少一部分人可以經過考核學習神學、藝術、科學或是專業技能。

由於社會的發展，時代已經不滿足於原有的教育體制。把教育廣泛推廣開去是一項堅苦卓絕又漫長的過程，在一些鄉村和城鎮裡，當地的皮匠或裁縫通常兼任教師。他們上課時一直拿著教鞭，教育結果也難以讓人稱心。只有在神學院和大學裡才能學習到藝術和科學，有時包括帝王在內，都不會看書寫字。可是，由於工業革命的到來，對工人們提出了高要求，閱讀、寫作、算術成了工人們的必備技能。由此，我們所熟悉的公立學校才開始出現。

可是，這些學校的建立，都是爲了滿足政府的需要。當時的政府想要培養服務於上層階級利益的部下，不僅有知識，而且對他們唯命是從，還可以搖身一變成爲士兵。學校的課程也是以這個爲目標而設立的。在我的印象中，奧地利曾經還可以看到這種情況。之所以教育普通百姓，就是爲了讓他們根據指令辦事，做好自己的本分。這種教育形式的不足之處慢慢顯現出來，自由的思想開始盛行，勞動階級的隊伍日益壯大，訴求也越來越多。他們的訴求得到了公立學校的接受，現在占主導的教育理念覺得，兒童應該學會站在自己的角度考慮問題，應該讓他們和文學、藝術和科學打交道，並發展成爲有能力對整個人類文化進行分享，並爲之增光添彩的人。我們已不滿足於只是對孩子們的生存方式進行培養，或是把工廠的簡單工做作好。我們想要的是向共同目標奮鬥的工作夥伴。

教師要做好什麼

不管是不是有心的，所有提倡對教育進行改革的人孜孜以求的都是對社會生活中合作的程度進行加深，比如說要求在性格方面加強教育，就是爲了實現這個目標。假如我們對這一點有所瞭解，也就很容易看到這一要求的合理性。可是從整體上來說，這種教育的目的和技巧還沒有推廣開去。我們需要的是不僅僅可以告訴學生們如何生存，也可以指導他們服務全人類的教師。他們必須牢記這一責任的重要性，並有資格完成這一任務。

‧性格教育的價值

現如今，我們還在對性格教育的功效進行實驗。我們不應該嚴格按照教條行事，對性格教育中根本就沒有的嚴肅的條理和明確的規定進行修正。可是，就算這個實驗是在校園中進行，效果依然差強人意。到學校裡的孩子們在家庭生活中已經經歷了挫敗，無論受到多少教訓和激勵，卻依然不停地犯錯誤。所以，我們只能對教師提出更高的要求，讓他們具有對學生更瞭解並推動他們前進的能力。

我本人曾經在學校裡做過不少工作，覺得從世界範圍來看，維也納有很多學校都遙遙領先。在其他地方，精神病學的專家也加入對兒童進行診療的過程中，並給出有建設性的意見。可是，如果教師無法和他們統一意見，也不知道如何落實到行動中，那麼就是毫無意義的。專家們每週過來坐診一兩次，每天一次都有可能，可是對於孩子們受到了環境、家庭內外以及學校本身的什麼影響，他們並不眞的瞭解。他們在診療結果上寫這名兒童要如何提高營養，或是應該接受甲狀腺治療；可能也會暗示教師單獨輔導某個孩子，可是教師卻不清楚，爲什麼精神病專家會開出這樣的處方，也沒有防止走錯路的經驗。除非對這個孩子的性格非常瞭解，要不然教師就只能望洋興嘆。我們需要精神病專家和教師之間精誠合作。對於心理醫生所知道的一切，教師都必須有所認知，唯有如此，在探討完孩子的情況以後，才能憑藉自身的力量對這些問題進行進一步處理。如果出現出乎意料的問題，就算心理學家不在場，教師也應該知道採取什麼樣的方式應對。我們在維也納成立的那種顧問會議（Advisory Council）現在看來是最實際有用的方式。我會在本章的最後，對這一方式進行詳細闡述。

當孩子第一天入校，他就要經歷一次社會生活的新磨煉，一次在成長過程中會把所有缺點都顯露出來的磨煉。他們現在必須在更加開放的領域內展開合作。假如在家中非常受寵，他們也許想一直待在溫室裡，不想和其他孩子們待在一起。所以，當一個被溺愛的孩子第一天進校時，我們就可以發現他的社會感限制。他們可能會哭，想回家；可能不想聽老師上課；可能會一直沉浸在自己的世界中，對老師的話充耳不聞。從他們的學習成績一直停滯不前就可以看出，孩子身上這種只迷戀自己的狀態有沒有消失。家長時常跟我們說，這些問題兒童在家裡的表現都很好，可是一到學校，問題就來了。我們覺得孩子在家中肯定待得特別舒服，不需要經歷什麼磨煉，也無法把成長中的問題表現出來。可是在學校裡，他們再也得不到別人的寵愛，於是他們會覺得自己的經歷就是失敗。

有個孩子從第一天上學就譏諷老師所說的每一句話，不管是哪門功課，他都完全不去注意學習，人們都以爲他腦子不正常。

我看到他時，跟他說：「大家都不清楚你爲什麼總是對學校抱以譏諷的態度。」

他說：「學校就是爸爸媽媽開的玩笑，他們把孩子送來，就是來上當的。」

他在家中曾經被捉弄過，覺得所有新環境都是另一個戲謔他的玩笑。我使他清楚，他過分看重保護自尊了，沒有人想要拿他開玩笑。結果他開始認眞上課，進步明顯。

•教師與學生的關係

發現學生的難題，對家長的失誤進行修正就是教師的職責所在。有些學生已經做好了接受更開放的社會生活的準備，在家中，他們就已經學會如何發現其他人的閃光點。有些孩子則不知所措，每次遇到突如其來的問題就會猶疑或往後退。進度非常慢的孩子不一定就是低能，他們只是在對適應社會生活的問題進行調整時拿不定主意。幫助他們儘快適應新環境，教師是不二人選。

可是，教師要如何給他們提供幫助呢？他們應該像母親一樣和孩子建立關係，把他們的注意力吸引過來。

兒童調整適應將來所有的生活，都必須從一開始就把他們的興趣找出來。這一調整是無法在斥責和處罰的狀態下完成的。假如進入學校的孩子發現無法正常和老師、同學交流，這時指責他們就是最惡劣的方式，這只會讓他們更不想上學。我必須得說，假如那個時常在學校被斥責的孩子就是我，我當然會想遠離老師，我會想辦法逃離學校。

對於絕大部分不喜歡上學、淘氣和不服管教的孩子來說，學校是最令他們討厭的地方。他們並不是眞的智商低下，在找理由不上學，或是在僞造家長信件時他們通常天賦異稟。他們可以在校園外找到其他逃學的高年級的學生，從那些學長那裡，他們會得到在學校裡無法體會到的欣賞。他們覺得自己也變成了圈子裡的人，問題少年組織才讓他們感受到自身存在的價值，而不是學校班級。由此我們可以發現那些沒有得到班級平等對待的兒童是如何受到刺激，並發生改變，最終走上不歸路的。

•孩子對學習的興趣

假如教師想把孩子的興趣吸引過來，就必須先知道孩子們之前有什麼興趣，並讓他們相信，既然他們可以在那些興趣上取得不錯的成績，那麼換作其他興趣也是如此。當孩子們相信自己可以學好某門課程以後，讓他們的興趣發生轉移就變得簡單多了。所以，我們起初就應該對孩子們的世界觀有所瞭解，去發現他用得最多的是哪種感官，哪種感官反應最靈敏。有些兒童對看最感興趣，有的則是聽，有的則是行動。視覺型兒童更感興趣於需要使用眼睛的項目，像地理或畫畫。假如教師只是單純講解，他們也許不聽，因爲他們對於聽覺注意力的集中還不太適應。假如這樣的孩子沒有機會通過眼睛來得到知識，他們的學習進度就讓人堪憂。也許他們會被固有思維看作能力欠缺或資質平平的兒童，覺得過錯是因爲天資不足。

假如要對教育失敗的責任進行討論，則要歸咎於孩子的興趣沒有被教師和父母科學地激發出來。我並不是說對兒童進行教育時，應該一力倡導早期特殊教育，而是應該把孩子的所有興趣都派上用場，進而激發他們，同時把其他興趣培養出來。現在有些學校的上課方式已經變成視聽結合的方式，比如說，在傳統課程中對模型和圖畫加以使用。這一趨勢有必要加以激勵並深入發展。不管哪門學科，最好的教學方式就是和現實生活密切銜接，讓孩子可以看到教育的目的，並知道所學內容在現實生活中會有什麼意義。時常會提到這樣一個問題，教孩子獲取知識，教他們學會獨立思考，到底哪個更重要？我覺得這兩種方法要緊密結合在一起，不能彼此獨立。比如說，在教數學時，要是和建房子相結合，就可以讓教學更加有趣、有利，孩子們可以把木材的需要量和人力的需要量算出來。

有些內容可以統一教授，很多教師都擅長把生活的方方面面加以綜合。比如說，教師可以和孩子們一塊兒散步，看看他們最感興趣的是什麼。同時，還可以教他們認識植物以及植物的組成、生長和功用，氣候會對植物產生什麼樣的影響，景觀的地理特點，人類的農耕史等各個方面。當然，必須具備這樣一個前提，那就是這樣的教師必須真正喜歡自己所教的孩子，要不然教育的目的也就無從實現。

孩子在課堂裡的合作和競爭

現行體系下，我們時常會發現這樣一種現象，那就是初次進入校園的孩子更習慣競爭，而不是更習慣合作，而在他們整個的學習階段，他們也將一直加強競爭意識。對於孩子來說，這是一件極其悲哀的事情，稱之爲災難都不爲過，無論是在競爭中脫穎而出，還是灰心沮喪，被人超越。不管是哪種情況，他們關心的都只是自己。他們的生活目標是給自己創造更多可能，而不是貢獻和幫助。在一個家庭中，所有成員都應該享有平等的待遇，共同組成一個整體。在班級裡也應該如此，孩子只有在這種環境下接受教育，才會共享合作，才會眞正發現別人的閃光點。

我們見識過不少極難「馴化」的兒童，在對班級同學的興趣和合作意識進行培育以後，他們的態度來了個一百八十度的大轉彎。特別要提到這樣一個孩子，他覺得家裡所有人都不喜歡他，肯定學校裡的人也是如此。他的學習成績不好，父母知道後會在家對他進行處罰。這樣的情況屢見不鮮：孩子因爲考得不好在學校遭到訓斥，回家還要再被處罰一次。經歷一次這樣的事情就已經讓人很沮喪了，再經歷一次的確太殘酷了。毫無疑問，這孩子學習成績不好，會影響到整個班級。可是，他終於遇到了一位對他的遭遇表示理解的老師，他向其他同學說明了這個小孩爲什麼會有大家都憎恨他的想法，還要求其他同學給這個小孩提供幫助，讓他相信大家都是喜歡他的。正是因爲老師的合理引導，這名男孩總體上都進步神速。

有人提出這樣的疑問，這樣的培養會不會讓兒童確實理解他人，並給他人提供幫助。我從經驗中得知，相比成年人，兒童往往更通情達理。

一位母親曾經帶著一個三歲的男孩和一個兩歲的女孩一起來見我。小女孩爬到了檯子上，她母親嚇呆了，只一個勁兒地朝女孩喊：「趕緊下來，快下來！」可是女孩置若罔聞。三歲的男孩卻說：「待在那兒別動！」女孩聽到男孩這樣說，竟然很快就爬了下來。相比母親，這名男孩對妹妹更瞭解，知道出現這種情況下，採取什麼方式應對最好。

時常有人這樣建議我們，可以採取孩子自主管理的方式來讓班級更具有凝聚力，可是在這一點上，我們不可掉以輕心。自主管理的前提應該是教師的指導，並保證孩子們已經做好了十足的準備，否則我們會發現孩子們對於自主管理不會嚴肅，反倒將之視同兒戲。最後他們在執行過程中會更加嚴格，或是在開會時爭論不休、爭權奪利、排除異己，或是讓自己高高在上。所以，在一開始實行時，教師就要注重觀察和規勸。

測驗兒童的發展

要想得到兒童智力、個性和社會行爲發展的最新標準，我們必然要採取各種測驗。有時，智力測驗這種東西也許會拯救一個孩子。比如說，一名學習成績特別不好的男孩，老師想讓他繼續留在原班級。經過智力測驗，我們卻發現對於更高年級的課程，他都可以應付自如。可是我們也要瞭解到，對於一個孩子未來的發展極限，我們是無法預知的。智商應該只能用在找到兒童的難題方面，這樣更有利於化解它。從我的經驗來講，當智商測驗的結果表明，測驗對象的智力並不是眞的低下時，只要方法合適，這些孩子通常會發生比較大的轉變。我發現，那些有幸加入智力測驗中，並一步步加深瞭解的孩子會注意到其中的規律，經驗越來越足，他們的智商分數也會隨之上升。所以，智商不應該被認爲取決於命運或遺傳天分，而抑制兒童未來的發展。

智商分數也不應該讓兒童和他們的父母知道。他們對測驗的目的並不瞭解，可能會覺得兒童的一生就這樣定下來了。兒童的極限不是教育最大的問題，他們的自我設限才是最大的問題。假如孩子們知道他們的智商分數不高，可能就會失去信心，覺得自己不會成功。在教育中，我們應該儘可能讓他們對學習更感興趣，更有信心，打破生活對他們能力的設限。

對學習成績也應該這樣。教師如果給學生打的分很低，可能他們會覺得自己是在督促他們前進。可是假如學生的家庭環境很嚴格，學生就不敢把成績單拿回去。可能他們害怕回家或者對成績單進行更改，有些孩子甚至會結束自己的生命。所以，教師應該對後果有更周全的考慮。儘管學生的家庭生活和其給學生帶來的影響不由他們負責，可是他們還是應該考慮到這一點。

假如父母想讓孩子更有出息，那麼孩子如果帶著打著低分的成績單回家，可能就要遭遇打罵。假如教師不那麼嚴格，學生可能反倒會受到鼓舞，積極上進以獲得成功。假如一個孩子的成績單一直打的都是低分，所有人都覺得他是班上成績最糟的，那麼他自己慢慢也會對此深信不疑，覺得自己確實很笨。可是，最差的學生也可以上進，我們可以在很多傑出人物的經歷中找到不少的佐證，學校裡成績糟的學生也可以擁有信心，對學習感興趣，進而獲得舉世矚目的成績。

有趣的一點是，孩子們之間往往不看成績單，就可以判斷出各自的能力，而且非常精準。誰在算術方面有特長、誰在拼寫上厲害、誰擅長繪畫、誰在體育上了不起，他們都知道得一清二楚，而且還可以根據每個人的能力高低進行排序。可是他們經常會犯的一個錯誤就是覺得自己只能做到眼下的程度，無法更好了。看著那些比自己表現好的孩子，他們會羨慕，覺得那是自己無法企及的高度。假如孩子對這一觀點深信不疑，也許一輩子都會被禁錮在這個牢籠中。等他們長大以後，他們對自己和別人的落差進行細緻地盤算，覺得自己就應該滿足於現在的生活，不可能達到別人那樣的高度。

在學校各年級階段，大多數孩子的成績水平差不多都是一樣的，優秀、中等或最後。這一事實不能被我們拿來對天分進行判斷。它把孩子給自己設的限、他們的主動性和活躍範圍都彰顯出來了。我們其實見到過很多班級排名最後的孩子突然發生巨變，成績一飛沖天的例子。兒童應該對自我設限中所犯的錯誤有所瞭解，對於「正常智力水平的兒童進步的水平關係到天賦」的迷信，教師和學生都應該對其棄如敝屣。

天分和培養

所謂「天分」會對發展形成束縛的迷信是教育所犯的所有錯誤中最惡劣的一種。教師和父母可以以此爲理由爲自己的錯誤開脫，放鬆努力。對於他們應該對兒童負的責任，他們可以輕鬆躲開。我們應該斥責那些所有不想負責任的動機。假如教育者眞的認爲遺傳因素是性格和智力發展的所有癥結所在，我是沒辦法期望他們會在職業領域取得什麼可喜的成績的。相反，假如他們意識到孩子會被自己的工作和態度所影響，他們就會履行自己的責任。

這裡我所說的並不是生理遺傳。生理不足的遺傳是毋庸置疑的。我覺得只有個體心理學才眞的認識到了遺傳問題會在心智發展上起到多麼大的作用。兒童知道自己在生理功能上有什麼不足之處，就會以此爲依據判斷自己的能力，進而給自己的發展設限。不足本身並不會影響心智，眞正影響到心智的是兒童如何看待不足和自己將來的成長道路。所以，對於生理上有不足的兒童，必須讓他們深刻意識到一點，這個不足之處並不會影響到他們的智力或性格。在前面章節，我們說過，同一種生理不足可能會鼓勵人奮發向上，也可能會制約人今後的發展。

我一開始把這個觀點提出來時，很多人都指責說這是有違科學的，是讓個人信念高於事實。可是，我的結論是從個人經驗來的，對這一觀點提供支持的證據也越來越多。如今，很多其他精神病醫生和心理學家也得出了一致的結論，認同性格中有遺傳因素的觀念可能是一種迷信。

當然，這種迷信已經存續了數千年之久，只要人們不想承擔責任，或者把人類的行爲看作是上天注定的時，就會出現性格特點源自遺傳這一學說。它最簡單的形態就是覺得人起初要麼是善良的，要麼是邪惡的。很明顯，這種說法根本行不通，只有一味想要逃避責任的人，才會一直堅持這種說法。

「善」和「惡」，還有其他和性格有關的闡述，都只有在社會語境中才能找到其意義。它們來源於社會環境下，和其他人類一起培育而成，它們包括對一個人的行爲對他人是有利還是有害的判斷。在出生前，兒童並沒有這樣的社會環境，可以有這樣的認知。等他們來到這個世界以後，他們的發展方向充滿了多種可能。他們選擇什麼樣的道路，是由自身所處的環境和身體所接收到的感覺，還有他們如何看待這些感覺來決定的。教育則會對這一選擇產生非常重要的影響。

雖然證據可能還不夠清楚，可是在智力的遺傳性狀方面也是這樣。興趣是智力發展中最大的要素，之前我們就說過，害怕和失望才會對興趣的發展形成桎梏，而不是遺傳欠缺。毋庸置疑，大腦的結構會有一部分來自遺傳，可是它只是心智的一種手段，而不是源頭，而且假如大腦受損不是特別嚴重，我們如今所掌握的知識能夠克服他，那麼就依然可以接受補償性訓練。不管哪種鶴立雞群的能力，其背後我們都可以發現長久的興趣和訓練，而不是獨特的遺傳性狀。

就算是那些培養出了不少天才人物的家族，也不用覺得這種現象都是因爲遺傳。我們寧願做這樣的假設，家族中其他成員都要以家族中一位成員的成功爲榜樣，因爲家族傳統和希望孩子們可以在自己感興趣的方向努力，並得到磨煉。

比如說，當我們知道偉大的化學家李比錫的父親是一位藥房老闆時，根本不需要把他在化學上的天賦歸因於遺傳。對其有更進一步的瞭解以後，我們發現他可以在他所處的環境中去發揮自己的興趣，在很多孩子還不知道化學爲何物時，他就已經非常瞭解自己的興趣所在了。

莫扎特的父母都愛好音樂，可是他在音樂上的才能並不是因爲遺傳。他的父母希望他愛好音樂，並儘可能激勵他。從他很小的時候開始，他的生活就被音樂填滿了。我們經常發現，出類拔萃的人才的才華通常很早就顯現出來了。他們四歲就會彈鋼琴，或者年紀尚幼時就會寫故事給家人看。他們始終堅持著自己的興趣，也非常主動地進行訓練。他們一往無前，沒有遲疑，也不會安於現狀。

假如教師覺得學生的發展空間不會特別廣闊，當然也就難以幫助學生打破他們自己給自己設的限。假如可以這樣告訴一個孩子「你沒有學數學的天賦」，工作當然要輕鬆多了，可是這樣做只會打擊到孩子，讓他們對自己失望。這樣的經歷我自己就有過。有好幾年，我在全班的數學成績都是排名靠後的，我覺得自己根本學不好數學。

值得慶幸的是，有一天，當老師也因爲一道習題爲難時，我竟然解答出來了，這太讓我吃驚了。我對數學的態度也因爲這次意外的成功而發生了一百八十度大逆轉。之前，我已經徹底放棄數學了，現在卻非常喜歡它，並利用一切可能把自己這方面的能力提高，進而變成了學校裡的數學佼佼者。我覺得，正是因爲這一經歷，我才發現了特殊才能或天賦理論有誤。

認知性格的不同分類

如果有人接受過認識兒童培訓，對不同的性格和生活方式進行區分就很容易了。從兒童的姿態、看和聽的方式、跟其他兒童相距多遠、交朋友是否很容易、注意力和專注力有多強等方面，都可以對兒童的合作程度進行判斷。假如他們把應該完成的任務忘記了，又或者把課本弄丟了，這表明他們不願意學習。爲什麼他們會對學校如此討厭？我們一定要把原因找出來，假如他們不想和其他兒童一起玩遊戲，說明他想孤僻、只把注意力放在自己身上。假如他們總是要依靠別人才能完成任務，那麼就表明他們沒有獨立性，希望其他人幫助自己。

只有當受到稱讚時，有些兒童才對學習工作有興趣。只要教師給予他們關注，很多受寵的孩子都會在學業上有突出的成績。如果這種關注消失了，麻煩也就接踵而至了。沒有觀衆在台下欣賞，他們就會脫離正常的軌道；沒有人給予他們關注，他們就會失去興趣。他們往往最怕的就是數學。如果只需要把幾條定律或幾句話牢記於心，他們都可以輕鬆完成。可是，如果要求他們自己把一道題目解答出來，他們往往不知從何下手。

聽上去，這些毛病好像沒什麼大不了，可是最可能傷害他人利益的往往就是這些一直尋求他人幫助和關注的孩子。假如他們不改變這種態度，當他們長大成人以後，他們依然會一直想要得到他人的幫助。問題一旦降臨到他們身上，他們的第一反應都是想辦法尋找他人的支持。這一生，他們都無法給他人提供任何幫助，只會變成他人的累贅。

還有一些想吸引他人關注的孩子，當周圍環境不如他意時，他就會通過頑皮的方式來得到他人的關注。他們不是擾亂整個課堂秩序，就是鼓動其他孩子不來上課，再不然就是製造事端。受到批評和處罰，他們反倒揚揚自得，起不到任何作用。他們甘願受到處罰也不想失去他人的關注，對於他們來說，爲了獲得他人的關注，受到處罰也是應該的。很多孩子覺得處罰就是對自我的一種挑戰。處罰被他們看成一種競爭或比賽，看誰堅持的時間最長。而他們往往是勝利者，因爲他們掌握著主動權。因此，那些時常和父母或老師唱反調的孩子，他們往往會笑嘻嘻地接受處罰，而不是哭哭啼啼的。

差不多所有懶惰的孩子都是極具野心卻對失敗退避三舍的孩子，除非他們把懶惰當作和父母、老師唱反調的手段。每個人都對成功有獨特的解讀，而孩子們對失敗的認識通常讓人大跌眼鏡。很多人覺得假如不能獨占鰲頭就是失敗。就算獲得了成功，可是假如有人比他們更強，他們依然覺得自己失敗了。懶孩子從來沒有體驗過眞正的失敗，因爲他們從來不敢直面挑戰。當需要和他人比賽時，他們就會把問題拋到一邊或者延遲決定。每個人都相信，假如自己努力奮鬥一點，就可以把困難打敗。他們在幸福的幻想中自我安慰：「只要我願意做，就可以取得成功。」於是，無論失敗與否，他們都可以不在乎自己的失敗，只需要跟自己說「我只是懶，並不是做不到」，就可以再次獲得自尊。

有時候，教師會告訴不肯努力的孩子：「假如你肯上進，你就會變成班上最聰明的學生。」假如不需要付出任何代價就可以得到這樣的評價，那麼他們何苦還要去努力呢？可能他們只要上進，這種深藏不露的聰明孩子的名聲就要拱手讓人了。因此在對他們進行評判時，標準應該是現實成績，而不是他們原本可以實現的目標。懶孩子還有一個好處是，只要他們稍微努點力，就可以得到稱讚。所有人都希望他們最起碼已經開始努力了，殷切地激勵他們繼續向前，可是勤奮的孩子付出的同樣的努力卻根本沒人看見。就這樣，懶孩子在他人的希望中生活。這樣的孩子是從小就被慣壞了的，從嬰兒時期開始，他們就開始習慣於坐享其成。

另外，還有一種兒童也極好辨別，就是那些同伴中的孩子王。人類確實需要領袖，可是大家需要的領袖是那種可以儘可能站在他人的角度考慮問題的人，這樣的領袖極爲少見。大部分領頭的孩子只是對可以掌控他人感興趣，只有這一要求得到了滿足，他們才願意融入集體中。這些孩子將來會遭遇不少波折，未來會非常難走。假如兩個這樣的人結婚了，或者成爲工作搭檔，或者在人際關係中相遇，不是以悲劇告終，就是以滑稽劇結尾。他們每個人都在找尋掌控他人並讓自己高高在上的機會。家庭中的長輩有時看到很受寵的孩子想要指揮自己，且又爲所欲爲的樣子很有趣，這些長輩忍不住想笑，還鼓動孩子們繼續。可是，教師馬上就可以察覺出來，這種性格發展趨勢對於有益的社會生活是沒有好處的。

孩子們千姿百態、各式各樣，我們絕對不是想要把他們塞到一個模子裡面，或者把他們變成一樣的。我們只想阻止那些以後一定會遭遇挫折的習慣的發展，而在童年時期，對這些發展趨勢進行糾正或預防是比較容易的。假如不及時糾正這些習慣，等到他們長大成人以後會給社會帶來非常嚴重的後果，甚至具有毀滅性。童年錯誤直接關係到成年失敗。在少數案件中，不會合作的孩子今後也許會變成神經質的人、嗜酒如命的人或是自盡者。

兒童時期的焦慮症擔心的是黑暗、不熟悉的人或是陌生的環境。憂鬱症患者則是那些經常哭鬧的小孩。在如今這個社會，我們不可能和所有父母打交道，幫助他們預防錯誤，更何況那些對建議最有需求的父母一般不會去主動尋求支持。我們只能寄希望於所有教師身上。通過他們，我們可以和所有孩子打交道，儘可能對那些已經出現的錯誤加以糾正，對孩子們的獨立性、膽量和合作精神進行培養。這也最大限度上保障了未來人類的福祉。

教學觀察

就算在一個大班級裡，學生人數比較多，我們也可以發現孩子們之間的不同。假如他們不是被我們視爲一個不夠明晰的大群體，我們就可以對他們的個性有更深入的瞭解，就可以對他們進行更好的掌控。可是大班這個因素必定是不利的，一些學生的問題無法被發現，讓教師很難因材施教。教師應該對每名學生有更深入的瞭解，這樣才能把他們的目光吸引過來，才能贏得他們的合作。我覺得，假如學生可以在幾年時間裡追隨相同的教師，一定會對他的將來有很大的好處。有些學校的教師更換頻率高，教師沒有足夠的時間和學生相融合，去找出他們的問題，促進他們的發展。假如教師可以連續帶同一批學生三至四年，那麼對於發現並糾正孩子們在生活方式上的錯誤是非常有好處的，對班級凝聚力的加強亦更有好處。

對於孩子來說，跳級未必就是一件好事，他們往往要承受一些難以實現的希望。假如和其他同學相比，他們的年齡要年長一些，或者進步要快一些，也許可以考慮讓他們升班。可是如果像我們所提倡的，班級成爲一個協作的整體，其中一分子的成功會有利於其他人。假如班上有一名特別優秀的學生，那麼整個班級的進步都會非常快，把可以激勵其他成員的榜樣強行拿走是有失公平的。給那些更具有天賦的學生提供其他的活動和興趣，像繪畫，用來補充正常課業。在這些活動上，他們所取得的耀眼成績也會吸引其他孩子的目光，讓大家都積極加入進來。

留級，對於兒童來說是更加悲哀的一件事。教師們都認爲，留級生往往是無論在學校也好，在家裡也好，都是一個問題，雖然並不是所有人都是這樣。極個別的學生也可以安安靜靜地再讀一年。可是大部分留級的孩子卻仍舊和以前一樣甘居人後，而且不停地製造事端。同學們都對他們沒什麼好印象，他們也不相信自己的能力。這是一道難題，即便在我們如今的教育體制下，要想讓某些孩子不留級重讀也是很難的一件事。有些教師把假期的時間利用起來，對落後的學生進行教育，幫助他們認識到自己所犯的錯誤，進而避免留級。孩子們只要對自己有清醒的認識，在接下來的學期中，他們就可以獲得進步，跟上其他同學。實際上，這也是僅有的一個可以給差生提供幫助的方法。讓他意識到自我評估時所犯的錯誤，就可以讓他們打破枷鎖，通過自己的努力取得進步。

有些地方把兒童區分成聰明學生和愚笨的學生，並在不同的班級學習，我發現一個明顯的現象。我的經驗主要從歐洲來，不清楚是否適用於美國。在慢班裡，我看到來自貧困地區的孩子和弱智兒童在一起學習，而快班裡的大部分孩子的生活條件都比較好。看上去，這一現象好像不難理解。那些壓力更大的父母培養孩子的時間很有限，可能他們自身所受的教育都很有限，就更不用說給自己的孩子提供幫助了。

可是，將那些沒有準備好入學的孩子編到慢班，這點我是不讚同的。一位接受過專業培訓的教師應該知道怎麼對他們準備上的缺失進行彌補，他們也會和那些做好了準備的孩子進行溝通，進而受益。假如他們被編進慢班，他們自己往往會發現這一現狀，而快班的學生也會明白，並鄙視他們。這種機制只會帶來失望，並錯誤地誘導他們追求個體優越地位。

原則上，應該不遺餘力地支持男女合校。這樣男孩和女孩才能加深瞭解，並懂得如何和異性合作。可是假如覺得男女合校就可以把所有問題都解決掉，那就錯得太離譜了。男女合校也會帶來自身的獨特問題，除非意識到並解決了這些問題，否則男女合校裡兩性之間的差別甚至還要大於男校和女校。

打個比方，其中一個難題就是，女孩在16歲以前的發育速度會超過男孩。假如男孩對這一點並不瞭解，其自尊就岌岌可危。他們只有看著女孩超過自己而傷心失望。長大以後，他們會懼怕和異性展開競爭，因為他們的頭腦中還保留有過去失敗的經驗。同意男女合校，並認識到其中所存在的問題的教師可以更好地展開工作。可是那些對此持反對意見，也沒有絲毫興趣的教師一定不會成功。男女合校還有一個難題，那就是假如學生沒有得到科學教育並進行監管，必然會出現性的問題。

學校裡的性教育問題錯綜複雜。在課堂上進行性教育一點都不合適，假如教師要在講台上對整個班級授課，對於他所講的內容，學生們是不是都理解了，教師並不清楚。這也許會把學生的興趣調動起來，卻不清楚孩子們是不是準備好了，也不知道他們掌握這些知識以後，會如何對自己的生活方式進行調節。當然，假如孩子們想獲取更多的知識，並私下向教師提問，教師也應該眞誠地回答他們。這樣教師才能判斷孩子們想眞正瞭解的知識是什麼，引領他們在科學的道路上尋找答案。可是在班上不停地對性進行探討並沒有什麼好處，這樣必然會讓一部分孩子誤會，覺得性這個東西根本不重要。

顧問委員會的職責

十五年前，我之所以開始對顧問委員會進行宣傳，就是想和教師打交道，創建一套完整的校園諮詢服務。在維也納和歐洲的其他多個城市，個體心理學的顧問委員會也被證實是卓有成效的。雖然高尚的理想和宏偉的目標非常關鍵，可是假如沒有找到實現它的方式，理想就變成了毫無意義的空談。十五年的實踐經驗告訴我，顧問委員會獲得了巨大的成功，它可以用來對童年問題進行解決，也可以用來把兒童培養成爲有責任心的好公民。我當然相信，源自個體心理學的顧問委員會是卓有成效的方式，可是反對它和其他心理學流派合作也是站不住腳的。事實上，我一直都在盡力宣揚，顧問委員會應該和各種心理學流派加強聯繫，對各家的結果進行對比研究，揚長避短。

在建設顧問委員會時，學校教師隊伍中要加入這麼一批人，他們是接受過良好培訓，有豐富的經驗解決教師、孩子和父母遇到的問題的心理學家，他們和教師一起對工作中出現的問題進行探討。這些心理學家去學校走訪時，先由一位或多位教師對一名學生的實際情況以及他（她）所遇到的問題進行描述，比如不上進、愛吵架、不愛上學、偷盜或成績排名靠後。之後，心理學家把他們所掌握的經驗傾囊相授，並進行探討。他們要對孩子的家庭生活的性格發育進行整理，還要對這些問題一開始是在什麼樣的環境中出現的加以梳理，然後通過教師和心理學家一起研究，這些問題也許是基於什麼原因產生的，要採取什麼樣的應對方式。因爲他們經驗豐富，通常能快速形成統一意見，迅速找到解決方式。

心理學家到學校來走訪的那天，孩子和他們的家長也不能缺席。在心理學家和教師們商量好，如何和父母交流，如何對他們產生影響，如何把孩子失敗的原因解釋給他們聽以後，就請他們進來，由心理學家和父母進行交談，而父母則作為信息的提供方。交談中，心理學家會給出如何給孩子提供幫助的意見。一般情況下，對於顧問的意見，他們都會舉雙手歡迎，對合作樂此不疲，可是如果遇到對此有排斥心理的父母，心理學家或教師可以和他們一起對相似的其他案件進行探討，從中得出可以給他們的孩子提供借鑑的結論。

之後，請孩子到諮詢室裡來，心理學家會和他們交談，可是交談的內容跟他們的錯誤無關，而是和他們的問題有關。心理學家要從孩子身上把答案找出來，他們的進步到底遇到了什麼阻礙？是覺得別人沒有瞧上自己，還是其他孩子受到了獨寵？抑或是其他的什麼原因。他們不會對孩子加以斥責，而是和他們親切地對話，以對他們的想法有更好的瞭解。即便心理學家在對話中會把孩子犯的錯誤具體提出來，也是用一個假設的案例說出來的，並詢問孩子如何想。沒和這行打過交道的人，肯定會非常驚訝於孩子們有如此之強的理解能力，轉變態度也如此之快。

曾經在我這裡被培訓過的所有教師都非常樂意加入這項工作中，不管怎樣都要堅持下去。這讓他們的工作充滿更多樂趣，他們的努力也可以獲得更突出的成績。沒有人覺得這是累贅，一般只需要半個小時，他們就可以把他們一直頭疼的問題給解決了，整個學校也更具有凝聚力了。不需要多長時間，大多數主要問題就消失了，只剩下一些需要解決的小問題。教師自己也化身成了心理學家，他們懂得了對人格的整體性和各種表現的相關性進行理解。假如課堂上有什麼狀況發生，他們憑一己之力就可以解決。實際上，這也是我們所希望的，假如所有教師都可以在心理學方面接受培訓，心理學家的存在就沒有多大必要了。

打比方來說，假如班上有個孩子不上進，教師可以和孩子就不上進這個問題進行一次探討。教師可以先問：「懶惰是如何來的？」「有些人爲什麼會犯懶？」「爲什麼懶孩子不能變好？」還有「要改的是哪些方面？」孩子會和老師一起對問題進行探討，並得出結論。懶孩子並不清楚他們所探討的對象就是自己，可是他們自己身上有問題，他們就會被吸引過去，並從交談中受益。假如教師一上來就加以指責，他就還是老樣子，可是假如這場交談是不帶任何批評的、是和藹的，他就會對這個問題進行思索，可能就會改變自己的觀點。

和孩子們共同工作、共同遊戲的教師們對他們是最瞭解的。孩子們分爲很多種，技巧豐富的教師可以和他們中的每一個都建立聯繫。兒童早期的錯誤會得到怎樣的對待，主要取決於教師。他們就像父母，對於引導將來的人類，他們會做出難以估量的貢獻。

第八章 青春期

青春期的概念

有關青春期的書籍數不勝數，而且差不多在每本書中，青春期都被視爲也許會對一個人的性格進行全面打造的重要關頭。青春期的確有不少風險，可是一個人的性格並不會因此眞的改變。正在長大的孩子因爲青春期的到來而遭遇新環境和新機遇，讓他們覺得自己走在了時代的最前列。也許在此期間，之前生活方式中沒有被覺察到的錯誤可能會顯現出來，可是經驗豐富的人總會發現。這些錯誤會因爲青春期的到來而被放大，必須得到正視。

心理特徵

差不多對所有年輕人來講，青春期首先代表著這樣一件事：對自己已經長大了進行證實。也許我們能夠儘可能讓他們知道，這件事是天經地義的。假如這樣，身陷這種泥淖中的孩子所面臨的壓力也許會大幅度減少。假如他們覺得必須要對自己的成熟進行證明時，難免會反應過度。

很多青春期行爲都來源於對表現獨立性、和成人平起平坐，還有造就男性或女性氣質的嚮往，這一行爲的趨勢由孩子們如何理解「長大」來決定。假如「長大」代表著擺脫約束，那麼孩子就會對所有約束予以反抗。這種現象在這一階段的孩子身上屢見不鮮。父母覺得很疑惑，曾經那麼乖巧的孩子爲什麼開始變得叛逆，很多青少年開始抽菸、滿嘴髒話、晚上也不回家，還有一些人會突然和父母大動干戈。但事實卻是，他們的態度其實和以前一樣。很明顯，這些乖巧的孩子一直都在心裡對父母有怨氣，只是等到現在，等到他們擁有了更強大的力量和自由時，他們才覺得可以把這種不滿發洩出來。有一個男孩，一直受到父親的威脅打罵，表面上來看，他也許是個特別聽話的孩子，可是他只是在等待時機，來發洩心中的不滿。如果有一天，他覺得自己擁有了強大的實力，他就會公開挑釁、毆打父親，然後離家出走。

青春期的孩子通常擁有更多的獨立性和不受限制性，父母覺得自己已經沒有資格24小時看著他們。假如還有父母想和以前一樣繼續監管孩子，孩子們總會想出各種辦法，儘可能逃脫父母的管控。父母想要證明他們是小孩的想法越強烈，孩子的反抗情緒就會更強烈。這樣的爭論會引發仇視情緒，於是極具代表性的「青春期叛逆」場景，就會出現在我們眼前。

生理特徵

我們很難具體劃分出青春期的開始時間和結束時間。它一般在14至20歲左右開始，可是開始於10歲或11歲的例子也不少。在這期間，身體的所有器官都處於發育狀態中，有時，孩子的協調性也會出現異常。個子變高，手腳變大，靈活性也許會發展不協調。他們需要訓練去加強協調性，可是在這個過程中，假如有人譏諷和苛求他們，他們就會覺得自己天生愚笨。譏笑孩子的動作，也許會眞的讓他們變笨。

到了青春期，內分泌腺對孩子的發育所起到的作用更加活躍。這種變化並不是全新的，因爲從嬰孩期開始，內分泌腺就已經開始起作用了，可是現在它們分泌得更多了，第二性徵也慢慢表現出來。男孩開始長鬍子，聲音變得低沉；女孩的身形愈加豐滿，女性特徵更顯著，這些現象也許都會讓青少年產生誤會。

成年衝突

如果一個孩子沒有準備好過成年生活，在遇到工作、友情、愛情和婚姻時通常會不知所措。他們非常不自信今後能否對這一切應付自如。在群體中，他們內向害羞，更願意一個人待在家裡。在工作時，他們不願意做任何事，覺得任何事情到了自己手裡都會被弄得一團糟。愛情和婚姻上，他們不敢見異性，不知道該如何和異性相處。假如有異性主動找他們搭話，他們就會不知所措，滿臉通紅。隨著時間的流逝，長此以往，他們就會陷入更深的絕望中。

在一些極端的案例中，這樣的孩子在面對生活中的任何問題時都會不知所措，他們也得不到任何人的理解。他們不想開口說話，也不想聽別人講話，也不想看到其他人出現在自己眼前。他們不學習也不工作，完全縮回到一個想像的世界中，只進行一些與生俱來的性活動。精神分裂症就是這樣的狀態，這種狀態來源於錯誤。假如一開始就把他們的錯誤指出來，激勵他們，並指導他們走一條更好的道路，原本是不會出現這樣的狀態的。要想完成這個過程其實很不容易，因爲需要對他們所有的成長經驗加以修正。必須從更合理的角度對他們的過去、現在和將來進行分析和對待，而不是著眼於他們的個人邏輯。

沒有充分準備好人生的三大任務，這是青春期所有危機的源頭。假如孩子擔心未來，對未來的看法不太樂觀，當然想要找到一種最簡單的方式去應對。可是這些捷徑完全沒有意義。我們越是指示、勸告、指責這樣的孩子，他們越會覺得如臨大敵。我們越鼓動他們前進，他們往後退的速度就越快。假如不能激勵他們，所有想要幫助他們的努力就都是錯的，而且還會加劇毀滅他們的腳步。他們是這麼害怕和悲觀，我們不能期待他們會自發地奮鬥。

青春期的問題

‧被嬌慣的孩子

很多無法安然度過青春期的孩子都有一個明顯的特點，那就是童年時期都被嬌慣了。很明顯，如果有的孩子從小就聽憑父母的擺佈，那麼他們就更難面對成年的責任。他們依然想得到寵愛，可是長大後卻發現世界並不是圍著自己轉的，於是覺得自己受騙了，生活應該對自己說一聲抱歉。他們一直成長在溫室中，突然到了外面，突然覺得天寒地凍，特別不適應。

‧想繼續留在孩童時代

在這個階段中，有一些年輕人會有一個明顯的趨勢，那就是想繼續留在孩童時代。他們甚至還效仿嬰兒那樣口齒不清地說話，和比自己年紀小的孩子在一起玩耍就特別開心，假裝自己可以一直天眞爛漫。可是大部分孩子會試著用成人的樣子行動。他們也許不是眞的勇敢，卻假裝一副動畫版成人形象：男孩對各種男子漢的行爲進行模仿，可能還會處處留情、大手大腳。

•偷盜

在嚴重一點的案例中，有的孩子在遭遇生活難題時，沒有清醒意識到自己的人生道路要如何走，而他們的個性卻異常活躍，最後卻走上了犯罪這條路。假如他們做了錯事卻無人知曉，他們就會因爲自己的聰明而沾沾自喜，下次再犯也無所謂。想要躲避人生問題，犯罪看似是一條近道，特別是在生存這方面。於是，青少年犯罪的案件在14至20歲期間發生的頻率很高。同樣，這裡我們所面對的變化並不是什麼嶄新的變化，而是當壓力更大時，童年生活方式中所存在的不足之處就開始表現出來。

•神經質的症狀

對於比較內向的孩子，神經質就是躲避的近道，很多孩子患上官能失調和神經性疾病，就是從青春期開始的。所有神經質的症狀，都是在維護住個人優越感的同時，不願意對某種人生問題進行解決的理由。在個體遇到社會問題，卻沒有做好充分的準備予以應對時，就會出現神經質症狀。困難讓人承受了巨大的壓力，青春期的生理體質又會對這些壓力的反應格外突出，也許會刺激到所有器官，並對整個神經系統產生影響。

這也給遲疑和失敗提供了另一種理由。無論是自我反省還是其他人覺得，這種狀態下的個體都可以因為患病而不用負責任，於是便出現了神經質症狀。

每個神經質患者的心願都是美好的。他們承認必須直視人生問題和社會情感。只是這些普世需求並不適合放在他們自己身上，而他們的理由正是神經質。他們的總體態度都在說：「我也想迫不及待地把自己的問題解決掉，遺憾的是，我有心無力。」和一般情況下罪惡動機非常顯著的犯罪分子相比來說，他們的社會情感沒有被人察覺。究竟哪種人更有害於人類利益，還眞不好判斷。那些心懷良善企圖的神經質患者，行為卻自私、利己、苛刻、自負，一門心思算計自己的同伴；而犯罪分子的惡意雖全都暴露在外，卻還要咬緊牙關泯滅人性。

• 衝突的期許

我們在這一時期可以看到形勢發生了明顯的變化。那些被寄託了很大的希望的孩子不管是在學習上，還是在工作上都遭遇了滑鐵盧，而那些之前並沒有顯現出多大天賦的孩子走在了他們的前列，而且其能力讓人刮目相看。這一現象也是符合我之前提到的事實的。

那些原本看上去前途一片大好的孩子可能會擔心人們對他們失去信心，進而壓力重重。只要有人鼓勵並支持他們，他們就會持續上進，可是到了要單打獨鬥的時刻，他們就一下子洩氣了，不再直面挑戰。而另一些人可能會因爲新受到的自由激勵，發現達成自己理想的康莊大道。他們一心想的都是新計劃、新規劃，創造力凸顯，開始對人類生活的方方面面感興趣，而且熱情還不小。對於這些一往無前的孩子，獨立代表著的不是要面臨失敗和艱險，而是獲得成功和奉獻出自己力量的更多可能的機會。

•尋找被人賞識

早年覺得沒有受到別人重視的孩子，現在和同伴相處融洽以後，也許希望別人最終可以欣賞自己。他們中的很多人都迫不及待想要讚揚。儘管對表揚的過分關注對男孩來說是個危險，可是女孩們身上也同樣存在著這種危險，有很多女孩，對自己不自信，她們對自己是否有價值的判斷來源於別人的誇獎和讚賞。這樣的女孩極易被善於言辭的男人所欺騙。有很多女孩因爲在家中得不到親人的賞識而輕易與別人發生了性關係，這樣的例子我見過很多。她們之所以會這麼做，除了是因爲這樣可以證明自己是個大人以外，還可以從別人身上得到虛榮心的滿足，感覺到自己是被人所欣賞的。

有個女孩就是個典型的例子，這個女孩15歲，家庭比較貧困，有個哥哥但從小就體弱多病，所以在她和哥哥之間，母親將更多的精力都放在了哥哥身上，她的父親在她小的時候也是有病在身，所以母親能給予這個女孩的關注更是少得可憐。

在這樣的環境下長大的女孩缺乏關愛，所以更渴望能得到關愛，內心很在意被關愛的感覺。後來母親又生了個妹妹，父親的病也好了，母親便可以好好照顧妹妹了。這樣一來，女孩就感覺自己是家裡唯一一個不被關愛的人。女孩在家很聽話，在學校也是優等生。因爲成績優秀，她被推薦直升入一所高中。但是她對新學校新的教學方式一開始很不適應，學校的老師也不瞭解她的情況，她的成績直線下滑，老師也因此多次批評她，導致她越來越灰心喪氣。此時的她迫切想要得到別人的認可和賞識，可是在家裡和學校她都無法得到關愛和讚賞，她還能怎麼辦？

她只能把目標放到學校和家庭以外的地方，通過幾次試探後，她和一個男人私奔了，在一起同居了兩個星期。這段時間可把她的家人急壞了，到處尋找她的下落。但很快她就後悔了，因爲她發現她依然得不到她想要的賞識。

然後女孩想到了自殺，她寫了張字條送去家裡，內容是告訴家裡人她已經服毒自殺了，她死前很幸福，請家人放心。事實上，她並沒有眞的自殺，她這麼做我們多少也能理解，她只是想得到家人的同情，因爲她知道，她的家人還是愛她的，她沒有放棄生命，是在等著母親來接她回家。事情發展成這樣的結果其實是可以避免的，如果女孩能和我們這樣，清楚明白自己眞正缺乏的只是賞識，那麼她就不會輕易私奔。如果學校的老師能夠瞭解到她過去的情況，就會知道這個過去一直成績優秀的學生，需要的不是批評而是鼓勵和關愛，那麼她也許能振作起來，趕上學習進度。

再舉個例子，這個案例中的女孩出生於一個重男輕女的家庭，父母性格軟弱，女孩的出生讓母親很是失望。在母親心中，男性的家庭地位要遠高於女性，女孩在母親的照顧成長中自然也會受到母親這種意識的影響。母親多次與父親在背後說起對她未來的擔憂時都被她偷聽到了，比如說她不漂亮，將來沒人喜歡，以後大了，嫁不出去怎麼辦等這樣的話。女孩就在這種不受待見的環境下生長了將近十年，突然有一天，她看到了一封母親朋友寫給母親的信，信中表達了對母親沒有兒子的同情，並勸慰母親，現在還年輕很有希望再添個兒子。

由此我們可以想像一下，女孩的內心會做何感想。過了幾個月，她去鄉下探望叔叔時認識了鄉下一個有智力障礙的男孩，和他發展爲情人關係。後來他們並沒有在一起，但是她卻踏上了不斷尋找情人的道路。我認識她的時候，她患上了焦慮症，前來找我諮詢。此時的她都已經不知道有過多少個情人了，但是卻沒有一個人能給她被愛、被賞識的感覺。因爲焦慮症，她不敢獨自出門，她沒法在情人那裡得到賞識，就用自己的病痛來獲得家人的關注，她動不動就哭喊著要死，沒有她的允許誰都不准做事。現在想要讓她認清現實實在是太困難了，她已經看不清自己的處境了，也沒法清醒地認知到自己的心結在於太過於看重想要被人接受、被人重視的感覺了。

青春期的性意識

青春期的孩子們普遍太過於注重和誇張性關係，主要是爲了向人證明自己已經長成大人了。例如，一個女孩覺得自己受到了母親的壓制，想要反抗，那她用來表達抗議的方式就有可能是濫交。她並非一定要讓母親知道她的抗議行爲，但是她更樂意看到母親爲此感到焦慮。現實中也有不少這樣的例子，因爲和父母長期爭論不休，所以爭吵後很容易就開始了一段性關係。那些女孩也許平時都是人們眼中有教養的好女孩，完全想不到她們會有這樣的行爲。我這裡並不是說這樣做的女孩都不是好女孩，其實她們本性並不壞，只是沒有充足的準備面對生活中的被漠視、被看不起，而這種行爲，對當時的她們來說好像是唯一能夠快速獲得強勢地位的方法。

•男性欽羡

有些女孩由於從小備受寵愛，會感到越來越適應不了自己的女性身分。由於文化的傳承，一些過去的重男輕女的思想依然存在，受此影響使得有些女孩厭惡自己的女性身分。由此體現在她們身上的一些行爲現象，就是我要說的「男性欽羡」（masculine protest）。男性欽羡在每個人身上的體現方式不同，簡單一點的只是表現爲對男性感到厭惡和刻意地迴避。有些女性並非不喜歡男性，只是羞於表達，與男性沒法正常坦然地相處及交談，有男人在場的聚會，聊到與性相關的話題，都會使她們尷尬不已。到了適婚年紀，她們雖然一邊喊著期待早日出嫁，一邊卻又拒絕與異性接觸，自相矛盾。

有些青春期的女孩對女性身分的厭惡表達得更明顯、更激烈。她們會刻意模仿男孩子的行爲，甚至表現得比他們更像男孩子，比如學男孩抽菸、喝酒、罵人、拉幫結派、縱慾等。她們對自己的行爲解釋是，這樣才會有男孩子喜歡。

對女性身分自我厭惡更嚴重一點的一些女孩，很有可能會發生性行爲偏差，甚至是賣淫。賣淫者之所以賣淫，大都是因爲從小內心就確信自己是不被人喜歡的，總是覺得自己低人一等，這輩子都不會有男人眞心待自己。這樣也很好理解，她們在這樣的環境下自我放棄，自我貶低，只將它當成生存的方式。這種對女性角色的憎惡並不只是產生於青春期的新鮮事物。很多時候，從這些女孩的幼兒時期開始，我們就可以察覺到她們對變爲女性的厭惡，只不過童年時期的她們不僅沒可能來表達她們的厭惡，也沒有這樣的必要。

並不是只有女孩才會表露出「男性欽羨」。任何過度注重男性氣概的孩子，他們心中的理想就是成爲眞正的男子漢，他們會質疑自己是不是有能力變爲頂天立地的男兒。如此一來，我們的文化加諸在男孩子身上的男性氣概壓力也不會比女孩小，而較之於那些對自己的性別身分不太確定的孩子來說，壓力會更大。很多孩子有幾年都會很糊塗，覺得自己的性別可能會在什麼時候發生變化。兩歲以後，所有的孩子都應該確切地明白自己是男生還是女生，這一點非常關鍵。

長相酷似女孩的男孩在成長的道路上一般都會度過一段特別難熬的日子。很多時候，不認識的人會把他們的性別搞錯，就連家裡的親戚朋友都會跟他們說：「你不應該是個男孩子！」那麼這些孩子也許會覺得自己的相貌不佳，對以後的婚姻及愛情有很大的影響。若那些男孩子不明白這些因素不會影響他們的性角色，那麼在青春期的時候他們就很有可能會去效仿女孩子。他們的言行舉止會偏於女性化，會像一個被寵壞了的女孩一樣自戀固執、矯揉造作。

‧我們的定型期

從四、五歲的時候開始，一個人對異性的態度就形成了。在嬰兒期的最早幾週中，性的驅動力會有很顯著的體現，不過在有適當的紓解方式前，是不需要去進行激發的。如果性驅動力沒有被激發，那麼對於它的表現當然也不必感到驚奇。如果看見幾個月大的嬰兒注意自己的身體，觸摸自己的身體，也無須擔心，不過我們還是有必要借用其他的東西來轉移他們的注意力，讓他們去觀察周圍的世界。

可是如果未能阻止他們這些自我滿足的行爲，那又是另一回事了。在這樣的狀況下，能夠肯定孩子有自己的思維能力：他們並不是受性驅動力的掌控，只是想借用它實現自己的目標。一般來講，獲得關注才是幼兒的最終目標。他們感覺到父母的恐懼和擔心，還明白怎樣利用他們的情感。所以，只要他們的方式無法再得到關注，他們就會捨棄這樣的行爲。

接觸兒童時一定要小心謹慎。父母正常的親吻和擁抱孩子是沒什麼問題的，但是不能不合適地激起孩子的生理反應。成年人在回想童年時，常常會說到那時在父母的書架上看到色情讀物以及看了色情影片以後的感想。這類的影片和書籍盡量不要讓兒童接觸，只要不在性慾上刺激孩子，在後期能夠免除很多問題。

陸陸續續地給孩子輸送不恰當、也不必要的性知識是之前我們說到過的其他形式的刺激。很多成年人對性教育好像有很強烈的興趣，他們害怕孩子們在懵懵懂懂中成長。可是依照我們自身的經歷回想一下，他們的說法過於武斷了，事實上也不會有多大的災難發生。可以等到孩子對這個問題感到迷惑、新奇，或是想明白相關的知識的時候，再對其進行性教育。就算孩子們沒有表達出來，細心的父母們也會留意到孩子們的轉變。如果孩子們與父母相處和睦，他們就會主動去問，但是父母也盡量要用淺顯易懂的方式去回應孩子，讓他們可以理解。

此時父母們要時刻注意自己的言行舉止，不要在孩子面前有過分親密的行爲，以免刺激到孩子。要是條件允許，孩子不要和父母睡在同一間臥室，更不要睡在同一張床上，女孩子也不能和兄弟同睡一個房間。對於孩子們的成長過程，父母必須高度重視，不能自我欺騙。若是父母都不瞭解自己孩子的個性和發育情況，自然也無法清楚孩子們到底受到了什麼樣的困擾。

對青春期的到來充滿期待

給人類發育的某個時期賦予重要的個人意義，並且把它當成至關重要的轉折點是很平常的現象。幾乎在所有廣爲流傳的迷信中，青春期都被披上了一層神奇的面紗，是一個既神祕又美妙的時期。但是，事實上這些時期的變化並不明顯，它們只不過是生活發展的必經過程，它所有的表現都沒有什麼關鍵性的意義。它的關鍵性意義就是個體希望在這一階段獲得什麼，以及學習怎樣去面對。

孩子們通常都會因爲青春期的到來而恐慌，他們會不知所措。若是我們可以正常地領會這種狀況，就不難看出，他們所恐懼的並不是青春期生理上的改變，而是他們爲適應社會環境而在生活方式上所進行的變化及調整。通常會產生的問題就是，他們覺得青春期是人生的結束，會毀滅他們的所有價值。他們會喪失一切付出與合作的權利，他們將會沒有用武之地，這類擔心和情感是產生所有青春期問題的源頭。

若是孩子們能夠把自己視爲社會成員中受到平等對待的一員，清楚自己應該爲社會奉獻的精神與責任，尤其是學會把異性當成平等的同伴，青春期會賜予他們盡情揮灑的機遇，他們可以依靠自己找到成年生活疑問的答案。可是若是他們的心態非常自卑，若是他們歪曲了自己的處境，那麼他們會因爲隨著青春期到來的自由而心慌意亂。一部分孩子在有人監管及督促的狀態下，對於他們應該做的事會完成得很好，一旦脫離掌控，必須獨自解決難題的時候他們就會猶豫，這樣自然會走向失敗。這類孩子不適合掌控別人，他們是被操縱的群體，自由帶給他們的將是不知所措、甚至迷失自己。

第九章 犯罪和犯罪的預防

犯罪心理

我們可以通過個體心理學對各種類型的人有所認知，從而明白，其實每個人之間並沒有太大的差異，雖然他們表現得形形色色。比如在犯罪行爲中，問題兒童、神經病、自殺者、性變態等人身上與其他犯罪者身上所表現出來的失敗模式是沒有太大差異的。他們同樣都是在生活中遭遇了失敗，而且從某一點來說，他們的失敗差不多都沒有分別，從而對社會漸漸失去興趣，對生命都變得漠然了。

然而，即使是我們知道這些，也無法在人群中明確地將這類人辨識出來。因爲沒有人在社會情感和與人相處中是一帆風順的，在同樣的失敗下犯罪分子只是和他人的失敗程度不同而已。

• 人類的追求

我們想要成功地解決困難，達成心目中的目標，獲得自豪、優越、滿足的感覺，這一點我們每個人都是一樣的，而這一點，也是我們瞭解犯罪分子最重要的一點。有人把這種心理傾向稱作自我保全，也被說成是對安全感的追求。不管如何對它進行命名，我們都會發現在我們一生當中這種心理傾向一直存在著，並主導了我們的一生——從低到高、從卑微到高貴、從失敗到成功，都是因爲這點促使著我們努力奮鬥。

從懂事時開始，直到生命的結束才終止。生命的存在，就是一直不斷地克服困難，改善生活，勇往直前。犯罪者和我們同樣生活在這個世界，所以他們有這樣的哲學觀也是很正常的。

他們在日常行爲和生活態度中，表現最明顯的就是拚命爲瞭解決困難、克服困難、成爲成功人士而努力。但是他們的努力方向錯了，他們誤入歧途，走上犯罪的道路。假如我們瞭解到，他們爲了達到自己的目標，不擇手段，不懂得社會生活的要求，漠視了他人的幸福，我們就不難解釋他們的犯罪行爲了。

• 生長環境、父母遺傳和改變

有人認爲，犯罪分子是不同於普通人的異類，在這裡我必須強調一下，我非常不認同這個觀點。在這些異類觀點中，有些科學家認爲犯罪的人都是智力低下的人，有人認爲那些罪犯的壞都是與生俱來刻在骨子裡的，刻意強調這是遺傳所致。還有人認爲，一日犯罪，終身都是罪犯。但事實卻是有很多事情可以對這些異類觀點加以反駁。更何況，如果贊同他們的觀點，那麼我們還研究如何解決犯罪問題不是白費力氣嗎？歷史上有無數犯罪危害社會的例子，或大或小，都帶來了惡劣的影響，所以我們不能因爲一句「這是天生的，後天無能爲力」就無所作爲，反而應該儘快從根源上解決犯罪行爲的發生，早日除掉這顆人類毒瘤。

生長環境與父母遺傳確實會影響我們的生長，但是這並不會起到決定性的作用。有些孩子出自於同一環境，同一家庭，但是長大後的發展卻各有不同。有些孩子出生於家世清白、有教養的家庭，但是卻成了十惡不赦的罪犯。有些孩子生於道德敗壞、四分五裂的家庭，雖然大多可能會有犯罪行爲，但也不乏一直保持著良好品德的孩子。還有些已經成爲罪犯的，經過一些事情後痛改前非，重新做人，就連犯罪心理學家都無法解釋，爲什麼有些盜竊罪犯會在三十歲後轉變成正常人，不再行竊。假如犯罪傾向這種缺陷是天生的，或者源頭是一個人的童年環境，對這一變化是解釋不通的。但是對我們來說，卻是可以理解的：也許是因爲碰到了好的機遇，所處的環境得到了改善，生活不再有壓力了，所以放棄了過去那種錯誤的生活方式，回歸到了正途；也許是已經在犯罪行為中得到了滿足，不再有犯罪的慾望了；也有可能是年紀大了，患了疾病，身手不夠敏捷，沒有那個能力再實施犯罪行為了。

•童年時期的影響和罪犯是如何生活的

研究罪犯童年時期的遭遇，分析出導致他們無法與人正常合作交流的原因，這是我們對罪犯進行改造的僅有的一個方法。在這個模糊不清的研究領域，個體心理學已經取得了一些研究成果，讓我們的認知比以前更加清晰了。兒童的心理在五歲時就已成型，他們的性格也完成了整合。環境和遺傳固然對他們的成長有所影響，但是我們對遺傳的影響無從得知，只能從其他方面著重入手調查，比如人們甚少關心他們的出生所帶來的影響、成長的遭遇和經歷、記憶方式、生活經驗的積累方式、遇到事情的應對方式等。我們只需要從這些方面來考慮他們在經歷中的應對方式和身處的處境下可能導致的結果。

如果要為他們的犯罪行為辯解的話，那麼只能說：他們不具備適應社會要求的足夠的合作能力。導致他們能力不足的主要責任在於他們的父母。父母是孩子的第一教育者，他們應該掌握如何引導孩子興趣拓展的方法，努力引導孩子對自己和整個人類社會的未來產生興趣。當然，也許有些父母並不願意這麼做。他們或許是婚姻經營不善，互相仇視，即將離異；也或許是父母某一方想單獨占有孩子的所有感情和興趣。他們過分溺愛孩子，讓孩子從小失去獨立的機會。這樣的處境明顯會使孩子在合作上的學習和進步受到阻礙。

在引導孩子對社會感興趣的同時，也要注重培養他對其他孩子的興趣。比如在大家庭中，父母格外寵孩子們中的一個，那麼這個寵兒就會被其他孩子不友好地對待，遭到他們的排擠或戲弄。如果他對這種處境產生錯誤的想法，那麼也許就爲將來的犯罪行爲埋下了隱患。再比如家裡有個格外優秀頂尖的孩子，那麼平庸的那個就有可能因爲嫉妒或自卑成爲問題兒童。如果家裡最小的孩子最可愛，最討父母喜愛的話，那麼哥哥姐姐就會感覺到被冷落。

這些被排擠，或被冷落的孩子們，很容易產生誤解，認爲自己是不被喜愛和關愛的。他們就會故意犯一些小錯誤來證實自己的猜測，越做越錯，受到的指責也就越多，這也讓他更加確信自己是被壓迫、被放棄的那個孩子。因爲失落，因爲報復，因爲想引起注意，他就開始做一些更壞的事情，比如偷竊，比如打架，然後又被懲罰，又被責罵，他心中錯誤的信念也更加堅定，始終陷入這個惡性循環中而不能自拔。

父母的一些不好的行爲可能會影響到孩子對社會興趣的培養。比如在孩子面前抱怨工作的不順，經濟的困難，或者是在背後指責鄰居、同事的不對，語言尖酸刻薄，充滿惡意。這樣的情緒很容易影響到孩子，對其他人帶有偏見，甚至最後會把這種惡意的情緒轉移到自己父母身上，這也是很有可能的。當他們失去對社會的興趣後，就會以自我爲中心，變得自私自利。他們就會有不願意服務社會的想法，這樣的想法勢必讓他們難以在社會上順利地生存下去。當生活陷入困境，他們就會對未來感到迷惘。爲了逃離困境，他們會尋求捷徑，把生活當成是一場戰爭，不惜傷害甚至犧牲他人，來滿足自己的需求。

下面我們舉個例子，來更好展現犯罪行爲的形成過程。有戶家庭有兩個兒子，兩人都是四肢健全、沒有遺傳疾病的健康孩子，但大兒子在家中很得寵，小兒子卻是個問題少年。弟弟總想要超越哥哥，所以一直都跟在哥哥的身後追趕。但是想要贏得這場賽跑，對弟弟來說實在是困難。哥哥在學校一直都是成績優秀的好學生，而弟弟卻總是名次倒數。弟弟對母親的依賴使得他對社會沒有興趣，只想一直被母親寵著，想要獨占母親所有的關愛。

他還有很強的控制慾，總是習慣性地發號施令指揮家中的老女僕幹這幹那，看著女僕聽從自己的命令，忙得團團轉，他就覺得很滿足。女僕因爲疼愛他，也就聽之任之，直到他二十歲了，還是順從地聽他指揮。母親和女僕的溺愛，讓他始終無法獨立完成任務，這使他面對任務的時候總是很焦慮，常常沒有嘗試就直接退縮逃避。長此以往，他雖常常受到責罵，但是又總是能從母親那裡拿到錢度過生活的困境。

有一天他突然結婚了，這讓他的生活變得更加困難了。但是他卻沒把婚姻當成是一種責任，而當成是一種勝利，因爲他趕在了哥哥前面結婚了，由此可見在他心目中，他自己是多麼廉價，爲了勝利如此肆無忌憚。他並沒有做好足夠的準備走進婚姻，所以婚姻關係日益緊張，母親也沒有能力從經濟上支援他的整個家庭。爲瞭解決經濟上的困難，他空手騙購了幾架鋼琴，轉手倒賣獲取暴利，最終給他帶來牢獄之災。其實我們在整個案例的發展過程中可以看到，他在幼年時期就埋下了犯罪的種子。因爲哥哥的優秀，他一直活在哥哥的陰影裡，在哥哥的映襯下，他始終覺得自己是被冷落和放棄的。

還有個例子，主人公是個12歲的女孩，她很有志氣也很受父母寵愛。但是她卻對妹妹充滿了嫉妒，凡事都要跟她比較，不管是在學校還是在家裡。妹妹得到了什麼，她就也要什麼，而且還要比妹妹得到的多才罷休。那一次，她偷其他同學的錢被發現了，受到了指責。慶幸的是，這件事發生時我也在場，瞭解到了她的情況後，我對她進行了一次心理疏導，讓她認識到其實自己並不比妹妹差。同時我也告訴了她的父母，她之所以會做錯事，只是攀比心理在作祟，只要平時注意不要讓她感覺到姐妹間的差別待遇，她就會好起來了。這件事過去了二十年，現在那小女孩已經結婚生子，成了社會上一名誠實守法的好公民，從無犯罪行爲。

•犯罪人格的形成方式

在第一章裡我們對兒童成長中關鍵的幾種處境進行了分析，我想在這裡再做一個簡要的概括。對兒童正常成長形成阻礙的主要三種困境分別是：（一）天生或後天身有殘疾；（二）被過分寵溺；（三）被冷落忽視。在我們個體心理學理論成立的基礎上，能夠引導他們回歸到社會正途中的唯一方法就是，透過他們表面的犯罪行爲看到這些困境對他們童年的影響。

爲了分析出罪犯犯罪人格的形成，我會在圖書和報紙上查看一些案例描述，也會親自和犯罪分子接觸。我發現要想深入瞭解犯罪心理，個體心理學一直是關鍵手段。

接下來，我們更深入地對一些案例進行描述：

第一個案例的主人公叫康拉德・K（Conrad K）。他犯的是殺人罪，與人合力殺死了自己的父親。他生在一個不幸的家庭，父親凶惡殘暴，對他也毫不關心，因爲他曾經在被父親打的時候還手而被父親告上了法庭，然而法官也沒有辦法爲他主持公道，僅僅是說他的父親蠻橫不講理，難以調解了事。

注意法官的判決，在這裡法官給了男孩自己動手懲罰父親的藉口。本想依靠法律的懲治讓父親安分下來，結果卻是失望的。父親後來更加過分，他把一個不檢點的女人帶回家，並趕走了兒子。無家可歸的兒子這時遇到了一個打零工的人，這個人則熱衷於從弄瞎母雞的眼睛中獲得樂趣。打零工的慫恿兒子殺掉父親，因想到自己的母親男孩子並未立馬作決定，但經過一番猶豫，男孩最終在這個人的幫助下，殺死了自己的父親。

在這個案例中，父親的冷漠和暴力使他更依賴母親，他只重視母親，他的社會興趣無法延伸至他人，甚至是自己的父親身上。當他的社會興趣徹底崩塌的時候，任何建議都能夠成爲他的救命稻草。而這時打零工的慫恿和父親暴力傾向對他的影響，導致他產生以暴制暴的想法，從而犯下了無可挽回的罪行。

第二個案例的主人公是綽號被稱爲「投毒女死神」的瑪格麗特・茨旺齊格（Margaret Zwanziger）。她出生後因爲天生的矮小和畸形被父母遺棄了。用個體心理學來分析，這樣的生長境遇會使得她迫切地想要得到他人的關注來滿足內心的需求，所以她待人總是特別地禮貌友好，甚至帶著刻意地討好。

然而，她再怎麼努力，也還是得不到想要的東西。她覺得自己已經一無所有了，再沒有其他方法能使她得到她覺得本應該屬於自己的東西，她甚至還利用假懷孕和自殺的方式，想要控制住那些男人們。在她入獄後，她在供詞裡說道：「既然都沒有人在乎我關心我的感受，我又何必在乎別人的感受呢？」這正印證了個體心理學的觀點。

通過她的供詞，我們完全能感受到她是如何一步步走向犯罪，不斷地刺激自己，爲自己的錯誤行爲找藉口的。每當我建議一些無合作興趣的人努力將興趣延伸到他人身上時，他們中的人大多會回答我：「可是他們對我沒有興趣啊！」

面對他們的反駁，我一律給出這樣的回答：「建立人與人之間的合作關係，總有一個要主動開始。我建議，不要事先揣測對方的合作意願，只管去做。」

第三個是ＮＬ的案例。他是家中長子，因爲惡劣的生長環境，他的一條腿受傷落下了終身殘疾。在家中他代替了父親的角色撫養弟弟長大。顯而易見，在這對兄弟關係中，哥哥爭奪到了家庭中的優勢地位，也許他起初確實是爲了好好照顧弟弟，但也可能是出於內心虛榮和炫耀的慾望作祟而這麼做的。後來他大罵母親是老妖婆，將母親趕出家門，出去乞討。

他連對母親都沒有愛意，這讓我們感覺到可憐。如果能夠瞭解到他的童年，我們也許就能分析出他爲何會成爲一名罪犯了。長時間的失業使他失去了經濟來源，得了性病也沒錢醫治，去找工作又一次次碰壁，走投無路的他把罪惡的手伸向了自己的弟弟，他殺死了弟弟，只是爲了奪取弟弟那點可憐的收入。我們從案例中看到了罪犯維持理智，社會合作的極限——窮困和疾病的雙重折磨。任何人在面臨著超出底線的困境的時候，都會感覺到絕望，失去生活下去的動力。

第四個案例講的是一個孤兒，幸運的是，他被人收養了，但不幸的是養母對他很是溺愛，對他未來的成長產生了影響。在養母眼中他總是最好的、最優秀的，他也很有野心，想要在生意場上成爲最受人尊敬的成功者。然而他的精明除了運用在生意上，還運用在了他的父母身上，他利用他們的信任，一次次騙取他們的錢財。他的養父母也是少有的有地位的貴族，他爲了維持自己的貴族形象，花光了他們所有的錢，還獨占了他們的家，將他們趕了出去。

過分的溺愛和錯誤的教育，讓他過於高看自己，當他無法用實力證明自己有能力時，他就開始用謊言來欺騙所有的人，征服所有人，達到自己可以爲所欲爲的人生目標。說到底他還是輕視了自己的能力和價值，如果他能堅持努力靠自己實力獲取成功，結果也就不會是這樣了。

•犯罪、瘋狂和懦弱

前面我有提到一些人的觀點，他們認爲罪犯都是不正常的瘋子。這裡我要說的是，具有精神病的罪犯，他們的犯罪性質與其他罪犯是有本質上的不同的。精神病患者不需要對他們的犯罪行爲負責任：因爲這是社會上的人們無法理解他們，並錯誤對待他們導致的結果。

同樣不需要承擔罪責的還有患有弱智的罪犯，他們並不理解自己的行爲，只是被眞正的罪犯當成了犯罪的工具。他們大多思維簡單，想法單純，容易被人挑起心中的怒火或是貪念，所以一些真正內心險惡的人，就通過利誘哄騙等手段促使他們去做出犯罪行爲，讓他們成爲替罪羊，而自己卻逍遙法外。成年人利用小孩去犯罪，也是同樣的道理，小孩子沒有明辨是非的能力，也很容易在犯罪分子的唆使下，按照犯罪分子的計劃實施犯罪。

罪犯犯下的罪行大都是常人所不敢爲的，但是事實上罪犯卻是真正的膽小鬼。他們不敢面對生活的困境，總是逃避難以解決的問題，他們的生活態度和犯案罪行就是他們內心怯懦的證據。他們總是躲藏起來，趁人不備發起攻擊，利用武器傷害手無寸鐵的被害者，讓他們沒有反擊的機會。他們自我感覺英勇無比，但是在我們眼裡，他們的行爲卻像是一場膽小鬼模仿英雄的拙劣的模仿秀。他們對生活錯誤的理解和認知，讓他們以爲不擇手段地達到目的，就是英雄了。

如果讓他們知道，他們在我們心目中就是一群膽小鬼，應該會感到吃驚吧。在他們自己看來，他們犯下了罪行卻依然逍遙法外，這是多麼值得炫耀的事情，這讓他的虛榮心不斷地膨脹，不以爲恥，反以爲榮。

在所有犯罪類型的研究中我們發現，現實中確實有一些罪犯逃脫了法律的制裁，這是件讓人覺得可惜的事情。而當他們終於被逮捕後，他們會想方設法再次出逃，因爲「這次是我不小心，下次一定不會被他們逮到了。」而一旦真的有機會，讓他們成功脫逃了，他們就會更加猖狂和自豪，覺得自己所向披靡，恨不得向所有人宣揚他的厲害，成爲所有夥伴崇拜的對象。但是我們一定要徹底滅了他們的囂張氣焰，粉碎這些犯罪分子英勇無敵的神話，那我們具體該從哪裡著手呢？其實在家裡、學校裡、拘留所裡都可以採取一些措施，行動的最佳出擊點——我會在後面的文章中進一步描述。

犯罪的類型

所有犯罪分子其實可以分爲兩大類。一類人總是感到被人排擠、被漠視，而仇視他人，雖然他們知道人類之間合作關係的存在，但是卻從不願意去嘗試，也從未體驗過這種友好關係。另一類是被過分寵愛的孩子，在他們的供詞中我們常常可以聽到類似這樣的話：「如果我母親當時能嚴厲地教訓我而不是一味縱容，我就不會犯罪了。」這裡應該詳細地解釋，但現在先暫時強調下，總的來說，犯罪分子的童年經歷了錯誤的培育，沒能培養起合作精神。

大多數的父母都想要培養好自己的孩子，但並不知道如何做才好。嚴厲的棍棒教育並不見得會成功，還有可能挫敗孩子的積極性。一味地寵愛，又會讓孩子以自我爲中心，自私自利，拒絕主動與人示好。沒有良好的社會合作關係，他們的努力就會越來越難以維持，他們總是期待外界給予他們關注和關愛，自己卻吝嗇於付出。當他們無法找到快捷的方式達成所願時，他們就會找各種理由將所有過錯都歸咎於其他人和事。

・一些歷史案例

接著我們再看一些案例，雖然這些案例來自不同的文獻，並非爲我們提供研究素材而寫，但我們也可以試試看能不能從中分析出這些犯罪因素。我要講到的第一個案例叫「百煉金剛約翰」（Hard-boiled John），這個案例取自格盧克夫婦❶的《犯罪生涯五百例》（Five Hundred Criminal Careers）。主人公在供詞中講述了他是如何走上犯罪道路的：

「我從沒想過自己有一天會成爲罪犯。在我十五、六歲之前，我都還是個明白事理、喜歡運動的普通孩子而已。在學校，參加一下體育比賽，去圖書館讀讀書，一切都很愜意、自然。直到我的父母讓我退學，我被迫參加工作，他們拿走了我所有的工資，只在每個星期給我五角錢。」

在這裡，他提出了對父母的控訴。如果當時有人能具體詢問他的家庭環境，他與父母的關

---

❶ 格盧克夫婦，謝爾登・格盧克（Sheldon Glueck，1896-1980年）和埃利諾・格盧克（Eleanor Glueck，1894-1972年），美國著名的青少年犯罪學家。

係，並去實地證實一下，那麼我們大概就能知道他的眞正經歷了。但是，現在我們只能通過供詞得出他與父母關係不和的結論。

「在我工作了大概一年之後，我結交了個喜歡玩樂的女朋友。」

這種橋段，我們在很多案例中看到過類似的：他們愛上了一個好逸惡勞的女孩。這個問題能考驗出合作深度，這點我在前面提到過。男孩一個星期只有五角錢，但是卻交了只貪圖玩樂的女孩。他對愛情的理解讓人難以置信，難道除了這個女孩就沒有其他女孩可以愛了嗎？正是他的愛情將他推離了正道。如果換成是我，我一定會想：「她只會享樂，並不適合我。」然而每個人對事物的判斷都有自己看重的地方。

「每個星期只有五角錢，根本不夠我女朋友花的，我試過問老頭子要錢，但他一分都不肯多給。我氣憤之餘，最多的想法就是如何弄到更多的錢。」

遇到缺錢的情況，正常人一般都是想辦法多找些兼職，或者是換個工資更高的工作，來正當地賺取更多的錢，然而他卻只想找捷徑。由此看來，他找這個女朋友也只是爲了自己快活而已。

「直到一天，來了一個男人，我認識了他。」

這個陌生人的出現，是他經歷的又一次考驗。一般來說一個有著正常合作能力的男孩是不會輕易走向旁門左道的，但此時的他卻已在危險的邊緣岌岌可危了，離踏上犯罪道路就差一步了。

「他是個很聰明很有本事的小偷，而且經驗豐富，有什麼都願意與我分享，我很信任他。我跟著他在鎮上犯下了許多案子，都安然無事，從此我眞正加入到了這場遊戲中。」

據我所知，他的父親在工廠上班，是一個工頭，他的工資剛好夠養活一家人，他們有自己的房子。他們家裡有三個孩子，在他誤入歧途之前，他們家一直都是良好市民，從未有過違紀之事。我非常想知道，那些對遺傳因素深信不疑的科學家們將怎樣解析這個例子。這個男孩子承認他在15歲的時候就第一次和異性產生了性關係，必定會有人說他縱慾，其實他對別人沒有感覺，不過是覺得好玩和新奇。事實上，他不過是想運用這樣的方式來博得別人的關注——他想變成性感英雄。

在16歲的時候，他和同伴在入室盜竊的時候被逮捕。他所表露出來的另外的興趣驗證了我們的研究。他想用那種成功人士的樣子來獲得女孩子們的注意，爲了得到她們的青睞而耗費大把的金錢。他頭上戴著寬簷帽，繫著紅色的領巾，皮帶上掛著一把左輪手槍，完全就是翻版的西部片中的匪寇之流。他是一個極富虛榮心的男孩，他想展示英雄的形象，卻苦於找不到別的方法，他就將所有的罪行一力承擔，而且宣稱「還有很多」，對於別人的財產權，他絲毫都不在意。

「我感覺生活沒有任何意義，對於所謂的人性，我的內心唯有極度的藐視。」

一切看上去有意識的思索事實上是無意識的，他並不瞭解其中眞正的寓意。他覺得生活就是一副重擔，卻不清楚自身如此心灰意懶是因爲什麼。

「不相信任何人是我學會的本領，因爲他們告訴我說小偷們相互之間會眞誠相待，這是騙人的。我曾有過一個同夥，我對他很眞誠，可是他卻欺騙了我。」

「若是我有足夠的財富，我也可以很誠實。也就是說，我必須富足到想做什麼就做什麼，我根本不喜歡工作，我厭倦它，也堅決不要去工作。」

上面的幾點能夠給出如下的解釋：我的犯罪歷程是逼不得已的，我的慾望被壓制了，才導致我走上了犯罪的道路。這個觀點必須再三推敲。

「我從來都不以犯罪爲樂趣，可是當你開著車來到某個地方，幹上一票便大搖大擺地離開的時候，那樣的感覺實在太爽了。」

他覺得自己特別英雄，事實上那卻是懦弱的行爲。

「以前我被抓過一次。那一次我的身上帶著珠寶，它們的價値爲一萬四千美元，而我爲了去見我心愛的女孩，拿它們去換現金的時候被逮捕了，那時的我眞是太笨了。」

這類人爲女孩子花費金錢，之後很輕易地就得到了回報。他們自以爲是的認爲這就是眞正意義上的性征服者。

「在監獄中也有學校，我準備竭盡全力地去學習——初衷並不是改變自己，而是要通過學習讓自己變得更強大，更具有毀滅社會的能力。」

這是對人類憎恨之心更爲明顯的表露方式，其實他眞的不想和誰再有關聯。他說：「若是我有個兒子，我會將他掐死。你覺得我會對把一個人帶到這個世界而懊悔嗎？」

因此，對於這樣的一個人，我們該用何種方式去改造他？我們必須向他證明，他依然可以擁有合作的能力，並且告訴他在對生命進行評估時他所犯的錯誤。只有讓他追憶往昔，尋找他在幼年階段就已形成的誤解，才能讓他信服。不清楚在這個案子中的人之後是如何處理的，不過案例在敘述中並未提到我覺得很關鍵的幾個因素。我想童年時期的他一定遇到了什麼事情，使他仇視人類。我們來猜測一下，我想他可能是長子，像其他很多的長子一樣被寄託了滿滿的希望。之後又一個孩子出生了，他會覺得自己被遺棄了，若是我們推測得沒錯，你就不難發現，就算是如此微小的事件也會對合作精神的培養帶來影響。

約翰接著說，他被送到感化學校之後，遭遇了特別粗魯的對待，最後他離開學校的時候，內心更加仇視社會。對於這一點我要申明幾句。從心理學層面來講，在監獄裡，粗魯地對待犯人很有可能會被認爲是一種尋釁，一場力量的對決。一樣的道理，若是犯人們整日聽人反覆地宣揚「我們定要打擊阻止犯罪浪潮」，久而久之，他們也會覺得這就是一種挑釁。他們非常想成爲英雄，他們希望接受各種酷刑。他們認爲社會把他們視爲對手，在向他們挑戰，因此他們堅持下去的決心會更加強烈。對於覺得整個世界都在與他們爲敵的人眼中，最讓他們感到高興的莫過於收到戰書了。

對於問題兒童的教育，道理也是一樣的，挑釁他們是最錯誤的選擇。「我們比比看，看誰更有力量，誰能獲得最後的勝利！」這些問題兒童和犯罪分子相同，他們爲自己的強大而痴迷，他們還想到，若是我足夠聰慧的話就能逃脫法律的制裁。拘留所和監獄的員工粗魯地對待犯人，這是一種極其不正確、極不利於改造的方式。

此刻，我們來研究一下一個被判處絞刑的殺人犯的例子。他殺害了兩個人，手段極其殘忍，在作案之前，他把自己的心理過程寫了下來。這爲我們帶來了分析一個人在犯罪前的各種心理活動及想法的機會。在沒有十足的把握之前，他們是不會付諸行動的。在他們的規劃裡，一般都會帶有對自身行爲的辯解。在所有類似的自白文字裡，沒有一件是單純地講述犯罪案件的，每一個犯罪分子都會百般地爲自己辯解，爲自身的罪過找理由開脫。

在這裡我們可以發現，社會情感是很重要的，就算是犯罪分子也會很在意它。在這個時候，他們需要摒棄自己的社會情感，衝破社會興趣的圍牆，犯罪才得以實施。在陀思妥耶夫斯基的《罪與罰》裡就是這樣的，主人公拉斯科利尼科夫躺在床上兩個月之久，他一直在思索要不要殺人。他藉著質問自身「我到底是拿破崙、還是一隻蝨子」來激勵自己。

犯罪分子就憑藉這樣的幻覺來自我安慰、自欺欺人。其實任何一個犯罪分子都非常清楚，他們所過的生活對社會沒什麼好處，更清楚有用的生活到底是怎樣的。可是他們因爲自身的儒弱，放棄了正確的生活方式。他們爲何會儒弱？是因爲他們缺少成爲人生贏家的能力。處理人生中的問題時必須進行合作，可是他們拒絕甚至不知怎樣合作。在之後想要推卸自己的罪過時，我們見到他們會找各種理由爲自己辯解，以博取同情和寬恕，「他是個病人」或是「他失去了工作」這些都會成爲藉口和理由。

下面的內容是這個殺人犯日記的摘錄：

「我被自己人嘲笑、背叛，我成了他們鄙夷和厭煩的對象（他生來鼻子畸形），我被自身慘不忍睹的狀況壓得無法呼吸。什麼都無法阻擋我的腳步，我已經忍無可忍了，或許我應該順應天意，可是我那空空如也的肚子不許我這樣。」

他慢慢地爲自己找理由：

「有人說我將會死於絞刑架上，可是我覺得，橫豎都是死，那麼絞死總好過被餓死吧！」

在另一個案例裡，一位母親跟他的孩子說：「我想有一天你或許會將我掐死。」當他到十七歲的時候，他果然將他的姨母掐死了，預言和挑釁的效果一樣。

他在日記中繼續寫道：「我不想管什麼結果，怎樣都是死路一條，我一無是處，誰都不想理睬我，我喜歡的女孩也討厭我、躲避我。」

他很想引起那個女孩的關注，可是他既沒有財富，也沒有時髦的服飾。他覺得女孩應該成爲自己的私有物——這就是他在遇到愛情和婚姻問題時的處理方式。

「既然都是一樣的，不能得到拯救那就只有徹徹底底地滅亡吧！」

雖然我們不能用更多的篇幅來分析，可我必須要說，這類人都將兩極化或矛盾對立表露出來，就像不諳世事的孩子。就如「絞死或餓死」「拯救或滅亡」，或者是全部，或者是空空如也，在兩種極端中只有一個選擇。

「星期四的所有東西都安排好了，下手的人選也已定好，我在等待最有利的機會。到那時，我將會幹成一件驚天動地的大事。」

他把自己幻想成偉大的英雄，「這太困難了，能做到的人寥寥無幾。」他乘虛而入拔刀將一個男人刺死了，會這麼幹的人實在不多！

「就好比牧羊人驅逐著羊群，飢餓是導致犯罪的源頭。或許我再也看不到明日的陽光，可是沒關係。飢餓才是最可怕、最讓人恐懼的。反正我已經患上了不治之症，被它折磨得體無完膚，我最終的結果就是接受審判。既然犯了罪就必然要付出代價，可是我認爲那樣死去也好過忍饑挨餓。若我是餓死的，誰都不會瞧我一眼，可是此刻來看我行刑的人數不勝數，或許他們之中還有人會為我悲傷呢。既然已經邁出了第一步，無論如何都要成功。不會有誰比今夜的我更加危險吧。」

但是他並未成為自己心中的大英雄！在法庭的最後申訴中他說：「就算我沒有準確地刺中他的心臟，可我仍然把他殺死了。我清楚自己會被處以絞刑，可是那個人穿的衣服實在是太美麗了，我想我永遠都無法擁有如此美麗的服飾。」在這個時候他改變了他因飢餓而殺人的動機，此刻一直堅稱是美麗的服飾誘惑他犯罪。他為自己開脫：「我確實不知道我在幹什麼。」辯解的方式多種多樣，可是總會有特別類似的解釋。很多時候，犯罪分子都是在醉生夢死的情況下作案的。所有事實正好表明，他們為了衝破社會秩序的牢籠該是有過怎樣艱難的思想鬥爭啊。我堅信，在對所有犯罪案例進行描述時，我們都可以在其中尋找到前面講過的各種要素。

合作的重要性

現在，我們再來講講前面的議題：犯罪分子和所有人相同，都在尋求成功，期望獲得最有利的地位。不過這些目的不盡相同，犯罪分子的目的總是更加自私，更加注重自身的優越感。他們的需求對別人來說毫無用處，他們不合作。社會需要依靠全體成員一同努力，一起為相同的利益奮鬥，才能互惠互利，合作共贏，而我們互相之間也需要合作才能雙贏。

在犯罪分子的思維中不存在對社會的好處，這當然也是所有犯罪行爲中尤爲重要的一點。接下來我們能夠看到這一點形成的過程。在這裡我必須確定，若想眞正地摸清犯罪分子的心理活動，仔細觀察他們合作未能成功之後的程度、狀態及性質是特別重要的。

犯罪分子合作的能力各有不同，有一部分人的失敗算不上什麼。有一部分人只會幹些偷雞摸狗的勾當，其他大的罪過他們絕不會幹；可有一部分人卻更傾向於大的罪惡。有的人是主犯，有的是幫兇。若要釐清犯罪的各種類型，一定要具體分析個體的生活方式及環境。

•性格、生活方式及三大使命

我們能夠從四、五歲的兒童身上尋找到一個個體的主要性格特點。據此分析，性格一旦形成要發生改變是很困難的。這是一個人獨有的特點，要想改變性格就必須找出性格形成時所發生的偏差。因此我們可以明白，爲什麼無論被責罰多少次，在被侮辱、被嫌棄、被剝奪社會所能供應的所有美好的事物以後，犯罪分子依然會故技重施，一次次地重入牢籠。

事實上，並不是經濟的窘困導致了他們的犯罪。若是時局動盪，人們又被無休無止地壓迫，的確會讓犯罪率增長。根據統計的數據來觀察，有的時候案件的增長率和麥子價格的增長同步。可是經濟形勢引起犯罪不是必然的規律，它不過是在多數人的行爲受到極度控制時的一種表現。他們的合作能力不夠強大，在到達或者超過一定的極限時，就不能再有所發揮，一旦喪失了最後留存的一點合作意識，他們就慢慢走上了犯罪的道路。別的方面也是這樣，我們看到過很多處境優越的人們，在遭遇到出乎意料的問題時也有可能會掉入犯罪的漩渦。這是他們生活的方式，也是他們處理問題的方法，這是非常重要的一點。

在個體心理學的所有研究根本上，我們終於得到了一個很淺顯的結論：對於其他人，犯罪分子根本沒有興趣。他們的合作方式在一定程度上終結，如果合作精神全部消失了，他們就必然走上犯罪的道路。如若出現一個難以解決的問題時，就會成爲擊垮自身的最後一道防線。對於和生命相關的大課題進行思考是非常有必要的，不過對於犯罪分子來說，想把這些問題成功化解掉是不可能的。總而言之，我們人生中所發生的任何問題歸根結底都是社會問題，沒有其他，並且這些問題必須以對他人有興趣爲根本，才有可能尋求到解決方法。

在第一章中我們大致說到過，我們的生命課題被個體心理學劃分爲三個部分。

和他人的關係問題是第一部分，也就是我們所說的夥伴關係。很多犯罪分子有時也會有很好的朋友，不過他們必須是同一種人。他們能夠組成黑幫，他們互相之間甚至可以眞誠相待，不過他們活動的圈子及空間必定很受限制。他們不能跟普通人或社會大眾交往，他們就像是遠離家鄉的外鄉人一樣，不懂得如何跟別人交往。

和工作有關的問題是第二部分。許多犯罪分子在被問到涉及這部分的問題時會說：「這裡的工作條件有多麼差勁，你們明白嗎？」在他們的意識中，當工作不順心的時候，一味地怨天尤人，沒有絲毫想跟困難抗爭的意識。一份穩定的職業代表了一份對別人的興趣，並為造福於他人而付出勞動，但犯罪分子的性格中剛好缺少這樣的精神。在早期，合作精神的欠缺就有所表露，所以大部分犯罪分子在工作要求面前都會表現得不知所措。一大半的犯罪分子在工作中都不夠專業、不夠熟練。若是追憶他們的過往，不難發現，在學校的階段，甚至在上學以前，就已經存在阻礙，他們將興趣的閥門關上，不想合作。必須經過學習才能理解合作精神，而這些犯罪分子必定沒有機會去學習與合作相關的課程。所以，當他們在工作中遇到任何難題，他們都沒有應變的能力，這不只是他們自己的問題。若是一定要讓他們這樣或那樣做，那就跟讓一個從沒有學習過數學的人去參加數學考試一樣，我們得到的結果不是白卷一張就是錯誤百出的答卷。

第三部分是一切與愛情有關的問題。相互之間興趣相投和真誠的合作才能結出一份美麗的愛情果實。有一半被送入拘留所或監獄的犯罪分子都坦誠他們患過性病，結果可想而知。這樣的情況或許可以表明他們只想在處理愛情的問題上找到一條捷徑。在他們的思維中，戀愛的對象就是他們的私有財產。我們還能看出，他們覺得就算是愛情也可以用金錢來衡量。對於他們來講，獲得與征服才是性的本質，他們所追求的愛情不過是占有。殊不知眞正的愛情是兩情相悅，陪伴一生。很多犯罪分子都會說：「若是無法擁有想要的一切，人生還有何意義可言？」

生命中的三個課題中，有一項是最致命的弱點，那就是合作精神的缺損。無論何時何地，我們都離不開合作精神，通過我們的看、說、聽都能看出每個人合作能力的強弱。若是我沒有看錯的話，在看、說、聽這些方面，犯罪分子的角度就和普通人不太一樣。他們的語言是另一種方式，在智力發展層面，他們也很可能有差異或者缺損。我們希望所有人都能領會我們所說的話，原本理解就是一種社會能力，對於言辭我們予以相同的解讀，我們和其他人的理解在同一層次，但是犯罪分子卻沒有這樣的理解力。他們的邏輯及思維方式都停留在他們的世界裡，這一點從他們對自己罪行的辯解中就可以看出來。事實上他們並不是傻子，心智也很成熟，但若是站在內心虛設的個人優越地位之上，他們一般都能找到非常明確的答案。

一個犯罪分子說：「我看見那個男人的衣服很漂亮，我卻買不起，因此我就要殺了他。」若是我們沿著這些犯罪分子的思維，覺得慾望高於任何東西，他們不必去奮鬥生存，他們或許有些道理，可是他們的觀點不是所有人的共識，即我們平常所說的常識。

在匈牙利有一個案例，被指控的幾個女子幹了多起投毒謀殺。她們中間一個被關到監獄時說：「我沒有工作，我的兒子又生了很嚴重的病，我沒有辦法，只能毒死他。」若是她不願合作，她還能有別的路可走嗎？她有文化，可是她看待問題的角度異乎尋常，對於人生的領會也不一樣。所以，那些迷戀某種事物，想輕而易舉獲得它的犯罪分子可以得到何種結論是很明顯的。他們勢必要從一個滿是敵意的世界、一個他們絲毫不感興趣的世界中去掠奪，去得到它。是錯誤的生命觀、過度在意自身的重要性，以及對他人重要性的錯誤理解將他們引入了這樣的歧途。

合作最初發揮的影響

在這裡我們要對那些或許會造成合作失敗的環境進行研究。

・家庭環境

很多時候父母也有推卸不了的責任。或許他們缺少經驗，不能讓孩子學會和他們合作；或許他們非常強大，認爲任何事都盡在他們的掌控之中，不需要也不屑接受其他人的幫助；或許他們生來就不懂該怎樣跟別人合作。在不幸福或不圓滿的婚姻關係中，可以很頻繁地見到合作精神無法正確形成的例子。和母親之間的聯繫是兒童建立起的首條紐帶，有可能是母親不願意激發孩子的社會興趣，讓父親、別的成人或孩子加入其中。

還有，原本孩子認爲自己是整個家庭的中心。到了三、四歲的時候，媽媽又生下了弟弟或者妹妹，那麼先出生的孩子就會覺得受到了打擊，覺得他們再也不會喜歡自己了。他們會覺得自己的地位受到了威脅，所以不願和母親或弟弟妹妹們合作。這些情況都必須放在思索的範圍之內，並且若是追尋犯罪分子的過往，很容易看到是由於他們早期的家庭經歷影響了他們，才導致後來問題的發生，並不是環境本身造成了問題。事實上是因爲他們錯誤地理解了自己在家庭中的定位，也無法從家人口中得到答案。

如果家裡有個非常聰慧或非常優秀的孩子的話，另外的孩子的生活肯定很難過。一大半人的眼光總會停留在優秀的孩子身上，那麼別的孩子會感到失落和灰心。所以別的孩子不願意合作，他們若要競爭的話，缺少自信是他們最大的弱點。其實我們時常看到一些孩子不幸的成長歷程，他們長久地活在別人的陰影之下，他們不知道也沒人教，其實他們能夠依靠自己的能力去獲得勝利。犯罪分子、神經質或自殺者中常常會有這類人存在。

合作精神有缺陷的孩子在上學之後，進入學校生活的第一天，這個缺陷就會在他們的言行舉止中表露無遺。他們不能和別的孩子做朋友，他們無法喜歡老師，上課時也會不專心，常會心不在焉。若是這樣的情況沒有被認眞地處理或者理解的話，那麼他們的自信心將會再一次受到衝擊。他們時常會被指責或批評，無法獲得勇氣或是學習到與合作相關的道理。如果他們再也不喜歡或不願意上課，那是一點也不意外的。若是他們的自信心和勇氣接連不斷地受到衝擊，當然會對學校生活失去興趣。我們會常常在犯罪分子的人生裡見到這樣的情況：因爲成績不夠優異，在十三歲左右他們被放到慢班，並長久地被責備。他們的餘生會在這樣的陰影下受到影響。他們會慢慢喪失對他人的興致，所追逐的方向就會漸漸地偏離正常的軌道，會慢慢走向對生活無益的狀態，逐漸地走向社會的反面或不好的事物那一方。

・貧困

貧困也是錯誤理解生活的一種理由。家庭困難的孩子在走上社會的時候或許會遭到社會的歧視。他們的家庭有很多不足，必然會遭遇各種困難和痛苦。爲了補貼家裡人的生活，在很小的年紀，孩子們就必須出去工作。當他們踏入社會，會見到形形色色的人。他們會碰到富有的人，那些人生活安逸，想要什麼就能得到什麼，這樣就會刺激到這些孩子。他們心想，爲什麼我付出這麼多卻回報這麼少，而別人什麼都不用做就能得到一切，他們內心的天平就會失衡。很明顯，大城市中的犯罪率更高，數量更多，那兒的貧富差距更爲顯著。對社會有益的活動在豔羡與妒忌中是無法產生的，不過陷入這種境地的孩子很容易誤會這樣的狀況，覺得只有不勞而獲才能獲得優越的地位。

• 生理缺陷

自卑感也許是因爲生理缺陷造成的。這是我仔細觀察得到的結論，不過這個觀點卻爲神經內科和精神病理學裡的遺傳理論做了鋪墊，不禁讓我有點愧疚。事實上從我一開始撰寫關於器官自卑（生理殘疾）與個體的精神補償的文章時，就預感到了將會產生這樣的危機。應該受到責備的不是生理上的殘疾，而是我們教育的方法。若是能夠運用正確的方法，就算生理殘缺的孩子也可以對他人或自己產生濃厚的興趣。除非這些孩子身邊沒有人教他們激發對別人的興趣，那麼有生理殘疾的孩子們才會只站在自己的角度考慮問題。

很多人存在內分泌的問題，不過必須肯定的一點是，我們一定不可以武斷地下結論說內分泌腺體的正常機能是什麼樣的。或許我們每個人的內分泌腺體功能都有天壤之別，可是這並不會對人格產生妨害。我們首先要摒棄這個因素，特別是在研究如何將兒童培育爲對他人懷有合作興致的社會良好公民的科學方式上更要這樣。

‧社會缺陷

孤兒在犯罪群體中占的比例很大，我認爲，我們的社會很少去重視孤兒身上合作意識的培養，這是對我們的社會的強烈譴責。一樣的道理，私生子也占了很大的比例。不會有人去在意他們的情感訴求，更沒有人教給他們如何將它轉換到其他人身上去。因爲一些偶然因素降臨到這個世界上的孩子很容易變成犯罪分子，特別是當他們覺得這個世界不需要他們時。

在犯罪分子中間時常有人的長相很難看，在證明遺傳基因的重要性時這一點經常被拿來當作論據。可是大家若是站在醜孩子的立場上來感受一下，他們深陷艱難的境地，他們或許是哪個民族的混血兒，天生就很醜陋，也許只是經歷了社會對他們的歧視。我們所珍視的充滿了幸福和快樂的童年生活對他們來說就是惡夢，因爲人們覺得他們很醜陋，所以對他們唯恐避之不及，這對他們一生來講都是陰影。但是，若是社會大衆可以平等地看待上面的孩子，是完全可以將他們培養成擁有健全的社會情感的正常人的。

不過很有趣的是，犯罪分子中也有一些長相俊俏的人。生理醜陋的犯罪分子常被視爲遺傳特徵的犧牲品，他們可能還遺傳到了真正的生理缺陷，比如說兔唇或畸形的手臂，可是犯罪分子中也有一些長相俊俏的人，我們又該怎樣理解呢？事實上，他們生活的環境並非是難以培養良好的社會情感的環境，只不過他們長期被家人捧在手心，一遇到挫折就會走向極端。

如何解決犯罪問題

那麼，此時我們需要怎樣去改變這樣的狀況呢？這是一個值得思考的問題。若是我的理論沒有問題，在各種各樣的犯罪生涯裡，我們不難看出，對社會興趣的喪失，缺少合作意識的個體對於虛設的優越地位的追逐是犯罪分子的共有特點，那麼我們可以怎樣做呢？答案就是跟對待精神病人一樣。在犯罪問題上，若是不能得到犯罪分子的合作，我們是無可奈何的。在這裡我必須再三地強調這個觀點：若是我們能夠讓犯罪分子學會關注人類的幸福、對他人產生濃厚的興趣、學會如何運用合作精神、指引他們依靠合作來應對人生中的所有難題，那麼等待他們的定會是改過自新。可若是無法做到，我們也是無可奈何的。

此刻，我們知道了要改造犯罪分子應該從哪裡入手。合作精神是第一個要教會他們的。只是單純地把他們關進監獄是不可能成功的，可是如果鬆懈對他們的管制，又會影響社會大眾的安危，在當前的條件下這種觀點是不夠成熟的。杜絕犯罪才能讓社會保持平靜和安寧，但是這不是絕對的。我們需要思索的問題還有，如果他們不能很好地融入社會生活之中，那我們要如何才能幫助他們存活於這個世界。

這個任務說起來不難，但是要想落到實處並不容易。我們無法利用優渥的物質條件來獲得他們自願的合作，可是也無法將他們置於更困難的境地，只是指出他們的錯誤，或者和他們爭辯，是無法讓他們信服的。他們的意志堅定不移，很多年來他們都是站在自己的角度來看待世界的。若想讓他們改變思維模式，我們一定要弄清他們思考方式的源頭。一定要看到他們是從哪裡開始失敗的，還有是什麼環境推動他們犯罪的。四、五歲時，他們的主要性格就已經固定下來。從那時開始，他們之所以犯錯，都是因爲錯誤地判斷了自身和世界，和我們今後在他們的犯罪生涯中所看到的一模一樣。我們正是需要對這些早期的錯誤進行瞭解和更正，我們必須找到他們會形成這樣的生活態度的源頭。

之後，他們會用各種經歷來支持自己的態度。假如這些經歷不符合自己擬定的劇本，他們還會想方設法對這些經歷進行竄改，直至更相符。假如一個人秉承「別人侮辱我，對我態度不好」的觀點來生活，他就會找到很多支持自己觀點的案例。他們會去搜尋更多的案例，以此來對自己的正確進行證實，忽視所有相反的案例。犯罪分子只把關注點放在自己身上，只感興趣於自己的觀點。他們有自己的聽和看的方式，一般都會對那些不符合他自己的人生理念的事情選擇性忽視。所以，假如不能把他們對世界的理解和自我樹立的觀點背後的因素找出來，再把這種態度一開始時所呈現的狀態找出來，我們就不能讓他們心服口服。

•體罰沒有作用

體罰是沒有作用的，它只會讓犯罪分子從中證實社會的不合作和仇視。也許犯罪分子在學校裡就有過這樣的經歷，他們的合作意識沒有被培養起來，所以成績排名靠後，或者在班級裡表現很糟糕，於是會受到批評和處罰。現在採取同樣的方式怎麼可能激勵他們去合作？這只會讓他們對處境感到更加絕望。他們覺得每個人都要和自己作對。他們當然不喜歡學校，沒有人會喜歡一個整天遭到打罵的地方。

被體罰的孩子僅有的一點自信也消失了，他們不再感興趣於學習、老師或同學，開始不去上學，躲到一個大家都不知道的地方。他在那裡遇到了一些和他經歷相同、所走的路和他們相同的孩子。他們不僅對他的經歷感同身受，不會批評他，還會表揚他，對他的野心加以鼓勵，讓他野心勃勃地想要在和社會唱反調的道路上留下濃墨重彩的一筆。他完全不喜歡生活的社會需要，自然會把大衆當作仇人，而和他們成爲朋友。那些人對他有好感，他和他們在一起覺得要快樂得多。數以萬計的孩子就是這樣加入了犯罪分子的隊伍。假如今後我們依然要對他們進行處罰，只會讓他們更加堅定我們是他們敵人的想法，進而覺得犯罪分子才是他們的朋友。

這些孩子在生活挑戰面前敗下陣來是完全沒有理由的，我們應該讓他們永保希望。假如學校可以鼓勵他們，幫助他們樹立信心，阻止這種情況的發生其實並不難。我會在後面更詳細地描述這個建議，我在這裡只是舉例來說，犯罪分子爲什麼只會覺得處罰是社會把他們當作敵人的象徵。面對身體上的懲處，他們只會在心裡這樣想：看，我說什麼來著，應驗了吧。

從其他方面來說，體罰也是沒有作用的。很多犯罪分子對自己的生命並不是太在意。無論是體罰，還是經濟處罰，他們都不爲所動。他們冥頑不靈，只想著把警方打敗，完全不會覺得難受。這也是他們對自認爲的威脅進行回應的方式。假如獄警殘忍地對待犯人，犯人就會理直氣壯地反抗。這也更讓他們產生錯覺，覺得警方還不如自己聰明。

就像我們所看到的，他們會這樣解釋所有的事情。自己和社會的聯繫被他們看作是某種形式的戰爭，他們在裡面猶如困獸一樣搏鬥，想要獲取最後的勝利。假如我們採取和他們一樣的方式，就不會和他們有什麼區別了。在這種邏輯下，就算是電椅都能被看作是威脅，犯罪分子會自欺欺人，將這視爲和恐懼做鬥爭。他們越是受到更加嚴重的處罰，他們就越會強烈地表現出自己高高在上的奸詐的慾望。顯而易見，很多犯罪分子對於自己的罪行都是秉持這種觀點的。經常到了生命的彌留之際，被判電椅死刑的犯罪分子還在思考自己一開始要如何從法網逃出去，聲稱「假如那時我有把眼鏡戴上就好了」。

• 培養合作能力

在前面我已經說過，不管什麼理由都不能讓孩子失去信心，相信自己比不上別人，在合作中沒有價值。沒有人應該倒在人生的問題面前。犯罪分子在處理問題時，選擇了一條不正確的道路，我們應該跟他們說，他們錯在哪兒了，以及犯錯的原因是什麼，還要激勵他們去喜歡他人，並和他人展開合作。假如所有地方都能意識到這一點，那麼犯罪分子就不可能滿足於最完美的自我申訴，也沒有孩子會努力把自己打造成一個壞人。無論描述準確與否，在所有犯罪案件中，童年生活方式的影響都無處不在，也少不了某種彰顯出合作能力缺乏的哲學。

要著重說明的一點是，我們必須經過學習才能掌握合作能力。我們不能懷疑它的遺傳性。這一潛能被看作是天生的，它廣泛存在於所有人身上，可是得經過培養和鍛鍊，才能使之得到發展。假如拿不出來有人接受了合作培訓卻依然走向犯罪道路的證據，對於我來說，有關犯罪的所有其他觀點都無憑無據。這樣的人我沒有遇到過，也沒有聽到過有人遇到過。合適程度的合作應該是和犯罪進行抵抗的正確防衛。無法認識到這一點，就依然會發生犯罪這樣的悲劇。

合作的價值可以跟教地理一樣在課堂上進行教授，因爲合作的價值是眞理，而我們總是可以對眞理進行教授。假如兒童或成人直接去參加地理考試，結果必然會不理想。假如他們沒有經過準備，就直接去參加一場需要具備合作知識的考試，也必然不會成功。合作知識在解決所有問題時都不可或缺。

我們對犯罪問題的研究已經快要結束了，現在必須大著膽子去面對眞相了。這麼多年過去了，人類依然沒有找到科學應對這一問題的方法。看上去，我們所試驗過的所有方式都是在做無用功，這一災難依然伴隨我們左右。我們的研究對原因進行瞭解答：我們從來沒有採用科學的方式去對犯罪分子的生活方式進行改變，去遏制住錯誤的人生態度繼續發展。簡而言之，就是沒有採取切實有用的方式。因此，我們找到了科學的方式，那就是對犯罪分子的合作精神進行培養。

我們掌握了足夠的知識，如今應對的經驗也很足。我相信，個體心理學也向我們展示出了如何對一名罪犯進行改造的過程。可是也要將一個個改造都考慮進去，糾正所有犯罪者的生活目標，讓他們悔過自新，重新做人，這將是一項極其宏大的工程。遺憾的是，在我們的文化裡，當很多人覺得困難難以承受時，他們的合作能力就消失了。我們發現，在困難時期，會出現更多的犯罪分子。因此我覺得，想通過這種方式來讓犯罪現象消失，需要治療的人過多，想要快速讓犯罪分子或潛在的犯罪分子變成社會的棟樑，看來就像紙上談兵的感覺。

・如何矯治

可是，我們依然可以做不少事。如果不能對所有罪犯都進行改造，我們可以做些力所能及的事情，給那些壓力重重的人提供一些幫助，讓他們的壓力變小一點。比如說，對於沒有工作崗位或職業培訓和技能缺乏的問題，我們應該儘可能讓所有想就業的人就業。這也是我們的社會僅有的一條對生活需求進行滿足、確保大部分人還擁有最後的合作能力的渠道。假如把這一點做到了，犯罪人數肯定會下降。我不清楚在如今的經濟條件下，是否適合進行這樣的改良，可是我們不能放棄努力。

我們還應該對孩子將來的職業準備進行培養，讓他們將來在面對生活時更加有準備，而且在選擇工作時有更大的餘地。在監獄裡也可以開展這樣的培訓。在這個方向上，我們已經進行過努力，剩下的就是接著努力。雖然我覺得對每個犯人都進行矯正不太現實，可是對他們進行集體培訓也會有很大的好處。現階段，我覺得和犯人們共同打造一些對社會問題進行探討的組織比較好。假如他們就在那個現場，讓他們自己給出答案。我們應該啓發他們，讓他們不要再做夢了，讓他們從自己對世界的理解中、對自身潛力的蔑視所帶來的有害影響中跳脫出來。我們應該引導他們放開自己，讓他們不要再擔心自身處境和一定要面對的社會問題。我相信，通過這樣的治療，一定可以取得比較好的成績。

我們還應該把社會中存在的所有有可能給犯罪分子和貧困人群帶來誘惑的事物清除掉。假如貧富差距特別明顯，那麼低收入群體就會抱怨、嫉妒。所以，我們應該捨棄奢靡，不應大張旗鼓地炫耀自己的財富。

在治療殘疾兒童和不良少年時，我們認識到，去挑釁他們的能力毫無意義。他們會覺得自己在和周圍的環境抗爭，進而繼續秉承悲觀的態度。對於犯罪分子來說也是如此，世界各地的警察、法官，甚至法律都在和犯罪分子作對，結果卻讓他們沉醉在自己的英雄情懷中。犯罪分子不應該受到挑釁，假如我們的行動更加保密，可能不向社會公開罪犯的姓名比較好。我們不應該這樣對待犯罪，無論是嚴厲地處罰他們，還是籠絡他們，他們都不會改變絲毫。只有對自己眼下的處境更加清楚地知道，他們才會改變。當然，我們應該堅持人道主義精神，不要痴心妄想嚴厲的處罰也許會嚇退犯罪分子。我們看到，嚴厲的刑法有時只會讓這場競爭愈演愈烈，就算是被判處了死刑，犯罪分子也只會後悔他們被抓捕的致命漏洞。

假如把我們的破案紀錄進行進一步提高，也許會發揮很大的作用。據我所知，沒有落入法網的犯罪分子最起碼在總數中占到四成，也許還遠不止這個數字。毫無疑問，這一事實會讓犯罪分子更加囂張。差不多所有犯罪分子都有作案後成功潛逃的經歷。從這一點來說，我們已經取得了一定的成績，前進的方向也沒錯。一樣關鍵的是，不管是在監牢裡，還是已經被釋放了，都不要對他們進行侮辱或挑釁。假如人選合適，讓感化人員的數量增長會取得很好的成效。感化人員本身也應該接受社會問題和合作之道方面的教育。

•如何預防

如果這些意見被落到實處，產生的成果將是難以估量的。可是我們依然沒辦法最大幅度減少犯罪數字。值得慶幸的是，我們還可以採取其他一些方式，它們非常具有實用價值，也卓有成效。假如我們培養孩子具有一定的合作意識，假如我們可以讓他們的社會興趣延展開去，那麼犯罪數字就會大幅度下降，而且時間不會太漫長。在鼓動或誘惑下，這些孩子也不會走錯路。不管遇到什麼困難，他們都會始終對他人感興趣。相比我們這一代人，他們會更加具有合作能力和圓滿解決人生問題的能力。

大部分犯罪分子的犯罪生活都開始得比較早，一般可以追溯到青春期，一般會在15到28歲這個年齡期間作案。所以，我們的成功不必要等太久。而且我能篤定地說，假如孩子所受的教育是科學的，那麼也會影響到整個家庭生活。獨立、上進、積極並茁壯成長的孩子會給予他們父母安慰。合作精神將在全世界範圍內播撒開去，人類的社會發展也會上升到一個新時期。我們在對兒童進行影響的同時，一樣也應該對父母和教師的影響加以關注。

目前存在的僅有的一個問題就是，如何選擇最好的出擊點，還有採取什麼樣的方式對兒童進行教育，有助於他們今後解決人生中的問題。可能我們可以讓所有父母接受我們的培訓。不，這一建議實行起來有很大難度。父母不容易接觸到，而且對培訓有最迫切需求的父母剛好又是那些沉默的父母，因此我們必須另尋良策。也許可以將所有孩子都集中關押在一起，室內裝上無線監控系統，對他們進行嚴格監管。這個提議也一樣差勁。

可是有一種卓有成效並可操作的辦法。我們可以把社會進步的希望寄託在教師身上。對我們的教師進行培訓，從而對學生在家裡形成的錯誤進行矯正，進一步延伸孩子們對他人的社會興趣。因爲孩子一生中的所有任務的教育不可能都在家庭中完成，於是人類建立了學校，進而對家庭教育進行補充。學校爲什麼不被用來讓人的社會性更強、合作意識更強，秉承造福人類的志向呢？

我們的行動必須以下列認識爲基礎：簡而言之，我們享受的現代文明的所有好處都是以取得成就的人的奮鬥爲基礎。假如個體沒有合作意識，不喜歡他人，不爲集體貢獻出自己的力量，他們的生命就虛度了，他們離開這個地球以後，也不會有人記得他們。只有那些做出了成績的人的作品才會一直保存在這個世上，他們的精神不滅，並千古流芳。假如兒童教育以此爲基礎，他們成長過程中就會眞誠地接受合作工作。當遇到困難時，他們會勇往直前，即便是最艱難的問題，他們也會用強大的力量去面對，並用一種雙贏的方式去把它解決掉。

第十章 工作

平衡生活的三大任務

對人類加以約束的三大制約是通過人生的三大問題表現出來的。不管什麼問題都不能分開來獨立解決，都必須和另兩個問題結合在一起解決。第一大制約是工作問題。我們在這個星球上生活，星球上所有的資源、礦藏和氣候、空氣、土壤都和我們一起存在。人類始終在尋找這些條件在我們眼前表現出來的問題的解決之道，可是迄今爲止我們似乎都沒有找到理想答案。在每個歷史階段，人類都或多或少順暢地把這些問題解決了，可是我們還有很大的空間去提升。

對解決第一個問題，也就是工作問題的絕佳方式來自解決第二個問題，也就是社會問題。約束我們的第二大制約就是我們共同屬於人類族群，需要一起生活這一事實。假如地球上僅有我們自己一個人類，態度和行爲都會有很大的不同。可是現在我們必須考慮到其他人，對自己進行調節以和他人相適應，並讓他們喜歡自己。友誼、社會情感和合作是對這一問題進行解決的最好方式。第二個問題的解決方案出來了，在解決第一個問題時，我們就往前跨了一大步。

只有把合作學會了，我們才會發現勞動分工，它首當其衝地確保了人類幸福。假如所有個體都不依靠合作，不依靠過去因爲合作所帶來的財富，只是通過獨自奮鬥來生存是難以實現的。藉助勞動分工，我們可以把多種訓練帶來的成果派上用場，並把多方面的才能都發揮出來，共同服務於人類的共同福利，以及得到保障和安全感，並給所有其他社會成員創造機遇。

當然，我們不能說我們已經做得非常好了，也不能說勞動分工無法再繼續發展了。不管怎樣，我們在嘗試解決工作問題時，都應該把自己放在人類的勞動分工的結構下面，而且通過工作一起給共同利益做貢獻。

有些人想離工作問題遠遠的，要麼完全不工作，要麼整天無所事事。可是我們總可以發現，他們在逃避這一問題的同時，也一樣需要得到夥伴們的鼓勵。無論如何，他們在別人的勞動成果上生活，沒有奉獻出自己的力量。從小被嬌生慣養的孩子的生活方式就是這樣的：只要有問題需要解決，他們就要求別人給他們提供幫助。而對人類的合作設置障礙，並讓那些積極解決生活問題的人扛下不公平的重荷的基本上都是那些從小被嬌慣了的孩子。

第三大制約在男女之間。一個人不是男性，就是女性。我們在人類繁殖上扮演什麼角色，由我們如何和異性相接觸，以及如何實現我們的性角色來決定。兩性關係和人生的其他問題一樣，也是一個問題，不可能獨立解決。一個人要想把愛情和婚姻問題完美解決掉，不僅需要一個可以服務於共同福利的職位，也需要和其他人融洽相處。我們已經看到，在如今的社會中，一夫一妻制是對這一問題進行解決的最爲大衆所認可的方式，它可以儘可能對社會和勞動分工的要求進行滿足。同時，在解決這一問題時，可以最清楚地把每個人的合作程度和能力表現出來。

這三個問題一直密不可分，相互制約影響，對其中一個問題進行解決，對於解決其他問題也是有幫助的。可以實事求是地說，同一環境和同一問題的不同側面就是它們——都是爲了讓人類生存下去，並更長久地在自己的處境中活下去的需求。

有時，職業會是躲避社會和愛情問題的理由。社會生活中，時常有人對工作的投入程度大肆渲染，以躲避愛情和婚姻問題。有位工作狂合夥人覺得：「我根本沒空去關心婚姻，因此我們不幸的責任不在我身上。」在神經症患者身上，躲避社會和愛情問題的企圖更加明顯。他們不和異性打交道，也不喜歡其他人，只是不分白天黑夜地工作，之後睡覺了還讓這些工作縈繞在腦海中。他們讓自己一直處於焦灼的狀態下，在這種狀態下，他們開始出現神經質症狀、腸胃不舒服等各種毛病，而腸胃不舒服又被他們當成躲避愛情和社會問題的理由。在其他案例中，還有一種人跳槽的概率特別高。他們總覺得一定有更好的工作在等著自己，可是實際上，他們根本沒辦法長久待在一個職位上，不停地打一槍，換一個地方。

早期職業訓練

・家庭和學校扮演的角色

在孩子職業興趣的發展過程中，對其產生影響的第一個人就是母親。孩子成年以後的主要活動範圍主要取決於四、五歲前的努力和磨煉。在對他人的職業進行指導時，我總要打聽一下每個人的幼年生活，還有他們早期最感興趣的是什麼。他們在這一時期做了什麼，可以把他們最常進行的訓練更精確地揭露出來。他們會把自己的理想，和自己有多麼看重這些理想表現出來。我會在下文中回過頭來對最初記憶的重要性進行講解。

在學校裡會進行下一步訓練，我相信，我們的學校現在已經更加關注學生未來的職業發展了，開始對他們的雙手、雙眼和雙耳的作用和功能進行訓練。這些訓練的重要性可以和教授各種一般學科相媲美。可是也要記得一般學科會對兒童職業發展帶來多麼重要的影響。我們時常聽人說他們把學校裡學的拉丁語或法語給忘光了，可是不管怎樣，仍然有必要開設這些課程。從過去的經驗中，我們得知，學習各學科知識是對心智各種功能進行整體訓練的最好方式。有些新式學校也非常關注技術和手工課，通過這些方式可以對兒童的體驗進行擴展，並鼓勵他們更有信心。

・對隱性錯誤加以糾正

有人可以對職業進行自由選擇，卻依然不滿足。他們並不是缺乏職業，而是可以對其優越性進行保證的快捷方式。他們躲避人生問題，因爲他們覺得不管要面臨什麼問題，都是受到了老天的不公平對待。這些都是從小嬌生慣養，一直都仰仗於別人的孩子。

也有一些人不想當排頭兵，找到一位敬仰的領導、找到一位可以跟隨的孩子或成人就是他們的主要興趣。這種發展方式並不值得頌揚，最好能把這種被動傾向打消。假如童年時期沒有及時制止，那麼以後，這樣的孩子就很難挑起大樑，總是甘居人下。因爲在這樣的位置上，他們完全可以按照規章制度辦事。

躲避工作、心不在焉或懶惰等錯誤傾向都是從早期開始的。遇到這些今後一定會遭受磨難的孩子，我們應該採取科學的方式把錯誤形成的原因找出來，並用正確的方式加以修正。假如我們在一個可以坐享其成的無所不有的星球上生活，懶惰也許是一種美德，勤奮反倒是爲人所不齒的。可是從現階段我們和地球的關係來看，和邏輯相符，並根據常識，我們可以得出這樣的結論：我們應該工作、合作並貢獻出自己的力量。人類依靠直覺發現這一點，如今我們從科學的角度對它的必然性進行了驗證。

•天才和早期興趣

天才的訓練都是從幼年時期開始的。我覺得，和天才有關的問題會對整個課題的認知有幫助。只有那些在人類的共同利益方面奉獻出了自己的光和熱的個體才被叫作天才。有哪位沒有給人類奉獻出自己的光和熱的人被稱作天才，我還眞想不到。個體合作成熟的產物就是藝術，我們整個文化的層次因爲人類中的傑出天才而得到了提高。荷馬的詩作中只提及了三種顏色，或濃或淡，或淺或深，所有微不足道的區別都只能採用這三種顏色加以描繪。我們是如何懂得對身邊的絢爛多姿進行欣賞的呢？這要感謝藝術家和畫家。

我們的聽覺因爲作曲家的功勞而提高到了非比尋常的水平。我們現在唱歌不像祖先那樣粗啞，非常動聽，這都要歸功於音樂家。我們的精神世界更加充盈，我們懂得了如何對自己的耳朵和聲音進行訓練，這都要感謝音樂家。我們的感受又是因為誰得到了加深，我們又是如何學會了更清楚地表達，更完全地瞭解？這都要感謝詩人。他們對我們的語言進行了豐富，讓它更加巧妙，可以加以改變，從而在生活的各個方面加以運用。

毋庸置疑，在人類中，最擅長合作的一類人就是天才。從個體行為和某些態度的角度來說，他們的合作能力可能還沒有得到更徹底地展現，可是從他們的總體生命歷程來看，這一點是最清晰的。對於他們而言，合作要比他人難得多，因為他們選擇的這條道路非常艱險，要克服不少的困難。他們中時常會有一些生理上嚴重不足的人。在很多偉大人物身上，我們都可以看到某些生理上的不足之處。雖然他們早年遭遇了嚴酷的挑戰，可是他們展開鬥爭，並把這些困難都打敗了。最顯而易見的是，他們的早期興趣是怎麼開始的，他們在童年時期是如何努力打磨自己的，我們都可以看到。他們的感官被打磨得更加靈活，才能在各種各樣的問題上形成聯繫，並對它們予以理解。我們可以從他們早期的訓練中得出結論，他們的藝術和天賦都來源於自身，而不是來源於遺傳或天授。他們拼盡全力，而我們從中得到好處。

•才能的培養

今後要想取得成功，就要打好早期愛好這一基礎。如果我們有一個三、四歲的孤女，她著手給自己的娃娃製作帽子。看到她工作時，如果我們說這帽子好漂亮，並告訴她如何把帽子製作得更加漂亮。受到鼓勵的小女孩就會更加努力並提升自己的技能。可是，假如我們告訴女孩：「不要碰針，那很危險，你會傷到自己的！你根本不需要製作什麼帽子，出去買一頂要好得多。」她就不會再努力了。對兩名女孩今後的發展情況進行比較，我們就會發現，第一位女孩不僅把藝術修養培養起來了，而且也開始愛上工作；而第二位女孩則不清楚自己應該做什麼，而且覺得買的肯定要比自己做得好。

兒童興趣的確定

・童年宣言

假如兒童很早就知道自己長大以後想幹什麼，那他們的發展就沒有什麼難度了。假如我們問他們長大以後有什麼志向，大多數兒童都會給出清晰的答案。可是，他們的答案往往是脫口而出，並沒有經過審慎的思考。當他們說他們想開飛機或當汽車司機時，事實上他們根本不瞭解他們所選擇的工作。我們的責任是把他們的答案下面所隱藏的動機找出來，對他們努力的方向進行掌控，找出是什麼因素在驅動他們前進，還有他們的目標是什麼，以及他們採取什麼方式實現這個目標。他們所選擇的將來的職業只是一種他們覺得高高在上的職業，可是從這個選擇上，我們可以找到其他的發展機會，並促進他們來完成這一目標。

對於自己想做什麼工作，12至14歲的兒童的認識要明晰多了。每當聽到這個年齡的兒童對自己今後的職業一無所知時，我總是很悲傷。看起來，這些孩子並沒有什麼遠大的志向，可是這並不代表著他們對任何事都不感興趣。他們也許雄心勃勃，卻羞於表達出來。遇到這種情況，我們就必須儘力去把他們的主要興趣和技能找出來。有些孩子16歲高中畢業以後依然不知道自己未來要做什麼。他們都是睿智的學生，卻不清楚要如何走自己的人生之路。可以肯定的是，這些孩子也有遠大的志向，卻不會眞的和其他人合作。在勞動分工中，自己處於什麼位置，他們還是迷茫的，他們也沒有第一時間找到如何才能實現自己野心的道路。

在孩子還小的時候就問他們將來想從事什麼職業，對孩子們是有很大益處的。我在班級裡也時常會拋出這個問題，孩子們就必須對這一問題進行認眞思考，還可以預防他們忘記問題或隱瞞自己的答案。我還問他們選擇這一職業是出於什麼原因，他們的答案往往可以對問題進行很好的說明。他們會把自己奮鬥的目標和生活中最關鍵的因素都向我們袒露出來。我們應該讓他們選擇自己覺得最有意義的職業，因爲我們自己沒辦法對這些職業價值的高低進行判斷。假如他們可以腳踏實地地工作，爲他人謀福利，每個人都是有價值的，而且非常重要。他們僅有的一個責任就是對自己進行訓練，學會獨立，並在勞動分工的結構以內去尋求自己的愛好。

對於很多人來說，他們今後的興趣方向也許和生命一開始的四、五年裡的興趣方向一致。早年的興趣讓人記憶猶新，可是後來因爲經濟因素或來自父母的壓力，他們不得已幹了一份自己並不喜歡的工作。這也從另外一個角度對童年訓練的影響力和重要性進行了說明。

‧早期記憶

在對職業進行指導時，對於一開始的記憶應該是謹慎的、小心的。假如在兒童一開始的記憶中就找到了視覺上的愛好，那麼就可以據此推斷出，他們今後所從事的職業要會注重於眼睛的使用方面。假如孩子提到印象中有人在和他們交談，提到風的聲音或清脆的鈴聲，可以確定他們是聽覺系孩子，也許更適合從事音樂相關的職業。在一些回憶錄中，還能發現對動作的記憶。還有一些需要在行動上更加活躍的人，可能他們會喜歡需要人力或旅行方面的工作。

•角色扮演

在對兒童進行觀察時，我們經常可以發現他們在給自己成年以後要從事的工作打基礎。很多兒童非常喜歡機械和技術，假如他們可以完成自己的偉大目標，這將是一項非常具有成效的工作。從孩子們的遊戲中，我們可以看到他們的興趣所在。比如說，我們可以看到，將來想做教師這一職業的孩子會把年幼的孩子聚集在一起，一起玩教師和學生的遊戲。

想要做母親的女孩就對娃娃很熱衷，並培養自己更喜歡嬰兒。我們應該激勵對母親這一角色的愛好，也不需要擔心小女孩玩娃娃會如何不好。有人覺得把娃娃給她們玩，她們就會離現實生活越來越遠，可事實上卻是，她們在培養自己認可母親這一角色，並履行這一職責。更關鍵的是，她們的這一興趣應該開始於早年，要不然會固定下來，不容易發生改變。

我們想在這裡再次說明一下，不管怎麼評價女性作爲母親爲人類生活所做出的貢獻，都不會過分。假如她對自己孩子的生活給予關心，爲了把他們培養成可造之才而嘔心瀝血；假如她可以延展孩子的興趣，對他們的合作意識進行培養，她的工作將擁有難以估計的價值。我們的文化一直都低估了母親的工作價值，經常把它看作是一種零碎的、沒有意義的職業。它無法直接用薪水來衡量，從經濟角度來看，把這個當作主要工作的女性都處於從屬地位。可是，母親的工作對家庭來說也至關重要，絲毫不遜色於父親的工作。女性不管是在家裡工作，還是在外面工作，她的這份工作的重要性都可以和她伴侶的工作相媲美。

哪些因素會影響職業選擇

突然遇到生病或死亡問題的兒童始終對這些事很感興趣。他們想成爲醫生、護士或藥劑師。我想我們應該激勵他們的努力，因爲我時常看到那些愛好這方面，而且後來也確實走上了這條路的人有很多一早就對這方面開始訓練了，他們很喜歡自己的職業。和死亡打過照面的經驗有時會通過另一種形式得到彌補，有些孩子會用藝術或文學創作的方式來超脫死亡，或者變成忠誠的宗教信徒。

在兒童中出現頻率最高的一種追求是想要比其他家庭成員更厲害，特別是比父親或母親更厲害。這種追求也許也特別寶貴，我們很願意看到後代比當代要強。假如孩子希望在相同的工作上取得的成就高於父親，那麼父母的經驗從某種意義上來說，就是他們起步時的寶藏。孩子的父親是警察的話，孩子將來想從事的職業大多是律師或法官。醫護人員的孩子時常想成爲醫生或外科醫生。而教師的孩子大部分想做大學教授。

假如家裡過於注重錢財，那麼孩子極有可能在對工作價值進行判斷時，只從錢多錢少這一個角度出發。這是一個巨大的錯誤，這樣的孩子並不渴求自己能為人類社會奉獻多大的力量。當然，每個人都應該為了生存去掙錢，對這一點視而不見的人會變成別人的包袱。可是假如孩子們只愛好掙錢，便極易和合作路線離得越來越遠，腦子裡只有自己的利益。假如一個人的目標只有「掙錢」這一項，沒有其他社會興趣的話，去搶、去騙不是來得更快嗎？即便不會那麼極端，即便金錢至上的同時還有一點點社會興趣的殘存，他們的行為也不會給人類做出太大的貢獻。

在我們這個錯綜複雜的時代，完全可以遵循此道走向小康，旁門左道也可以讓人發家致富。儘管我們不能百分百保證，秉承科學態度過一生的人就必然會成功，可是至少可以確保他們一定會永葆自尊和膽量。

有哪些解決方案

我們對問題兒童採取的第一步就是把他們的主要興趣找出來，這樣就可以最大限度地給孩子提供幫助和鼓舞。對那些難以在一項職業中長久下去的年輕人，或者遭遇職業瓶頸的中年人，也應該去把他們真正的興趣找出來。

在進行職業指導時，把同理心當作根基，並儘可能去幫助他們找到適合自己的崗位。這件事其實並不容易。如今的失業率高得讓人瞠目結舌，時代環境對於人們儘力提升合作的深度和廣度都是不利的。所以，我覺得所有意識到合作的重要性的人都應該儘可能讓失業率下降，讓所有想走上工作崗位的人都有一份工作。

讓職業學校和技術學校更多一點，對成人教育進行推廣，是可以對這一情況進行改善的。很多失業者都沒有接受過培訓或在技術方面還有待練習。他們中的有些人也許並不愛好社會生活。沒有接受過培養訓練的人和漠視人類的共同利益的人一樣，都是社會的極大包袱。這些人覺得自己有不足之處，沒有價值，這就很好理解所占比例很大的會是犯罪分子、神經質患者和自殺者中訓練不夠、技術不熟練的人。因爲他們訓練不夠，因此一直落在別人後面。所有家長和教師，還有所有對將來發展和人類進步比較關心的人，都應該儘可能讓所有兒童都得到更好的培養，爲他們在勞動分工中找準自己的位置奠定根基。

第十一章 個體和社會

人類要團結起來

尋求同伴、與人結伴就是人類最原始的追求。人類的成長和進步離不開對同伴的興趣。家庭這個組織的核心是他人利益，在人類文明的早期，人類就已經傾向於組建家庭。原始部落的成員因爲通用的符號會聚到一塊兒，每個人都因此擁有一個共享身分，而且符號是爲了達到讓人們團結協作的目的。

‧宗教扮演的角色

圖騰崇拜是最純樸的原始宗教。一個群體也許會對一隻蜥蜴頂禮膜拜，另一個則會對公牛或蛇敬仰不已。對同一圖騰敬仰有加的人在一起生活，並共同合作，群體中所有成員互相都以兄弟姐妹相稱。這些原始圖騰是人類得到並保持合作的一個重要手段。比如說，在和原始宗教有關的節慶中，所有對蜥蜴頂禮膜拜的人會相約在一起說說收穫，探討一下有什麼方法可以和野獸、天災做鬥爭，以維護自身的利益。節慶的意義就在於此。

婚姻被看作是關係到整個群體利益的事務。考慮到社會禁忌，每名男性在尋找配偶時，都必須跳出自己的群體或圖騰部落。愛情和婚姻並不屬於個人的事務，而是所有人類在靈魂層面都要履行的共同責任。即便在如今社會，對這一點的認知依然很重要。結婚就意味著要履行相關的責任，因爲它是被整個社會讚許的一步。社會希望他們秉承合作精神，生育健康的孩子並撫養他們長大。所以，在婚姻中，所有人都應該團結合作。以我們如今的眼光來看，原始社會爲了掌控婚姻而實行的制度體系、圖騰和條例無比荒誕，可是在當時來說，卻有著不可估量的重要性，掌控婚姻就是爲了達到加強人類合作的目的。

宗教要求信衆要履行的一項最重要的義務就是「愛你的鄰居」，而且自始至終都沒有變過。也就是說，它和我們的努力方向並沒有偏差，都是爲了讓我們對人類夥伴更感興趣。有趣的是，我們現在可以從科學層面來對這種努力的意義進行驗證。曾經有從小嬌生慣養的孩子向我們發出這樣的疑問：「我爲什麼要愛自己的鄰居？我的鄰居會像我愛他們一樣愛我嗎？」他們提出這樣的問題就表明他們在合作上的訓練是不夠的，只關注自身。這些不愛自己同胞的人會在生活中經歷磨難，並嚴重傷害他人。這樣的人就是人類的失敗者。很多宗教和政治行動都在採取各自的方式推動合作。對於所有以合作爲最終目標的所有努力，我都是贊同的。犯不著爭吵、指責和相互貶損。絕對眞理不會掌握在哪個人手上，通向合作的終極目標的道路也千千萬萬。

•政治和社會行動

我們清楚，就算是最好的方式也可能在政治上被濫用。可是假如把合作撇到一邊，只通過政治是不可能取得任何成績的。所有政治家的最終目標都必須是人類進步，這也代表著要進行更深層次的合作。我們時常不知道怎麼辦才好，在對哪位政治家，哪個政黨可以眞正帶來改良進行判斷時，個人的判斷只能著眼於自己的生活方式。可是假如一個政黨可以帶動它身邊的人融洽合作，我們就應該支持它的行動。對社會行動也是這樣。假如這些行動參與者是以把兒童打造成社會中流砥柱、促進他們的社會情感爲目標，即便這些行動遵循他們自己的傳統，宣揚他們的文化，並企圖根據他們的心願來對法律進行影響和修訂，我們也應該秉承公正的態度。

因此，對所有政治和社會行動的價値進行判斷的基礎，只應該關注一點，那就是他們的能力是否對促進人類同胞的興趣有幫助。我們也會找到各種推動合作的方式，也許還會有更好的方式，可是假如把合作當作目標，就不需要因爲也許不是最好的方式而對其他方式發動攻擊。

社會興趣的缺失和關係建立的失敗

‧個人利益

我們必須對利己主義者的態度進行討論。不管是對個體，還是對集體的進步，這種態度都會是嚴重的阻礙。人類提高各方面的能力都有賴於對同類的興趣。說話、閱讀和寫作都是與他人交流的前提。語言原本就是所有人類的共同工具，也是源於社會興趣的。理解這種功能是用於分享的，而不是私藏的。理解就代表著用所有人都一起採用的方式來詮釋，通過某種大家共有的媒介讓我們相互關聯，並把全人類的普遍經驗都吸收過來。有些人以個人利益爲目標，找尋個人高人一等的感覺。他們讓生活擁有私人意義，他們覺得人活著就是爲了自己。可是這並不是共同理念，這是一種得不到世上其他人讚同的觀點。我們發現，這樣的人不可能和自己的人類夥伴建立關係。我們時常碰到一些唯我獨尊的兒童，他們臉上的表情總是迷茫或卑劣。在犯罪分子或精神病患者臉上，我們也可以看到相似的表情。他們不會用眼神和他人溝通，世界觀也和常人不相同。有時這些兒童或成人甚至都不想多看一眼自己的同類，只會把目光放在別處。

•心理障礙

很多神經質症狀也可以表現出沒有成功和他人建立關係，特別是強迫性臉紅、口吃、性無能或早洩等。這些症狀的出現，都說明他們難以和他人建立關係，究其原因則是對他人沒有興趣。精神病是程度最重的自我孤立的表現。雖然假如可以把患者對他人的興趣激發出來，精神疾病也是可以治療的，可是相比其他症狀，它最嚴重的表現就是遠離社會其他人群，也許只有自殺可以比擬。要想把這些病人治好，需要特別厲害的技術。我們必須讓病人配合我們，只有耐心地、親切地對待他們，再採取最和藹的治療手段才能做到。

曾經有人拜託我對一名患精神分裂症的女孩進行救助。從八歲開始，她就患上了這種病，最近兩年一直在精神病院裡待著。她像狗一樣吠叫、吐口水、把自己的衣服撕壞，還想把自己的手帕吞下去，這些症狀都彰顯出她已經遠離了其他人的興趣。她想裝成一條狗，這很好理解：她覺得母親對待她像對一條狗。也許她是在告訴我們：「越是看到更多人，我越想當一條狗。」我連續跟她談了八天，卻始終沒有得到任何回應。我沒有就此打退堂鼓，而是繼續努力，終於，30天以後，她開始恍恍惚惚地說著什麼。那時，我們已經是朋友了，她覺得自己受到了激勵。

這類病人哪怕受到了激勵，也不清楚如何把自己的勇氣發揮出來。他們非常強烈地抗拒同類。從某種意義上來說，他們把勇氣找回來以後所表現出來的行為，我們提前是可以知道的，事實上還是對合作很排斥。他們就如同問題兒童，拚命地製造事端，一會兒把放在手上的每樣東西都打碎，一會兒又對護士進行毆打。

我後來再和女孩對話時，她毆打了我。我得想想接下來我應該採取什麼辦法，而那女孩怎麼也不會想到的是，我沒有進行任何反抗。年輕女孩沒多大力氣，我讓她打我，卻還是溫柔地注視著她。她根本沒想到會這樣，她覺得我的反應和挑戰根本不沾邊。

她依然不清楚自己被找回的勇氣要如何安放。她把我的窗戶砸碎，手被玻璃劃傷了。我沒有批評她，只是幫她處理好傷口。如果患者出現這樣的暴力反應，通常是將她關在自己的房間裡，不允許出去。可是對於她來說，這種方式是不正確的。假如想讓像這女孩這樣的人相信你，我們的表現就必須不一樣。希望一位精神不正常的人可以像正常人一樣做事，這根本就是不對的。差不多所有人都會討厭這些病人，因為精神病患者的反應都不像正常人，他們會絕食，會把自己的衣服扯爛等，那就隨他們去。我們並沒有其他的辦法可以給他們提供幫助。

在這以後，女孩被治好了，她過了一年健康的生活。某天我到她曾經住過的那所精神病院去拜訪時，在路上和她偶遇了。她問我：「你在做什麼？」

我回答道：「隨我來，我要到妳曾經住過兩年的那個醫院去。」我們一起到了醫院，還找到了那位曾經治療過她的醫生。我提議我去看望其他病人，讓那位醫生和她好好溝通一下。等我回去時，那位醫生很是憤怒。他說：「她現在非常健康。可是讓我憤怒的是，她對我沒有好感。」

我依然密切關注著這名女孩，接下來，她又過了十年健康的生活。她通過自己的雙手養活自己，和其他人的關係都非常好，見過她的人沒有一個人相信她曾經是精神病患者。

相比其他人，妄想症和憂鬱症這兩種病症的精神病患者的誤會表現得更加突出。妄想症患者是對所有人橫加指責，他們覺得所有人都在聯合起來反對自己。而憂鬱症患者則是對自己不滿，他們會說「整個家庭都是我毀了」或是「我手裡沒錢了，我的孩子只能餓死」。儘管他們是在批評自己，可是卻是別人在看著他們表演，事實上他們是在批評他人。

比如說，一位有權有勢的女性在遭遇一次意外以後，沒辦法再持續她的社交生活。她的三個女兒都已經各自成立了家庭，並搬到外面去住了，她覺得很孤單。大概差不多時候，她的丈夫也死了。之前她一直得到他人的照顧，現在想儘力彌補自己的失落，於是她到國外去旅行。可是，她覺得自己不像以前那麼重要了，最終在國外期間得了憂鬱症。她的新朋友也丟下她走了。

憂鬱症會冷酷地考驗患者。她給女兒們發電報，讓她們回來看她，可是她們卻都有自己的理由，結果一個都沒來。等她回到家中，她時常會說這樣一句話：「我的女兒們眞是太好了。」之前，女兒們扔下了她，只請了位護士來照顧她。現在她回家了，她們也只是隔三岔五地回來看看她。這句話就是一種申訴，所有對事情比較瞭解的人都知道。憂鬱症就如同是對他人無窮無盡地指責，就是想讓他人關心、憐憫和支持自己。雖然從表面上來看，患者只是哀嘆於自己的錯誤。憂鬱症患者一開始的記憶經歷中，我們不難發現這樣的敘述：「印象中，我想在沙發上躺著，可是哥哥已經捷足先登了。我不停地哭，他就只好讓給我了。」

憂鬱症患者經常想要自殺，以對他人實施報復，而醫生要注意的第一點就是不給他提供自殺的理由。在治療中，我總是嚴格履行治療規則的第一條，建議他們「如果是自己不喜歡的事，就千萬不要去做」，以此來讓他們放鬆一點。這看起來好像沒什麼，可是我相信這已經觸及了問題的本質。假如憂鬱症患者可以肆無忌憚，還可以批評誰？他們還要對什麼加以報復？我跟她說：「假如你想到劇院去，或者想去旅遊，那就去。假如走到一半發現又不想去了，那就回來。」

這是所有人都可以做到的最好方案，可以讓患者對優越感的需求得到滿足。他們可以和上帝一樣，一切全憑自己的心意。可是另一方面，這和他們的生活方式截然不同。他們想要掌控他人，並對他人進行批評，假如別人順從他們，也就難以掌控了。這一辦法通常非常有用，我的病人裡沒有一個自盡的。當然，最好有人在旁邊看著這些病人，可是有些病人並沒有受到細緻的監護，和我的要求相差甚遠。可是只要有監護人在身邊，危險就可以免除了。

病人一般會這樣回答我的提議：「可我沒什麼想做的。」

我已經聽過太多次這樣的回答，所以我早就有所準備：「如果你不喜歡，就不要去做。」

可是有時候，他們會告訴我：「我想整天都在床上躺著。」

我知道，假如我同意他們這樣做，他們肯定又會變換一種想法。我還清楚，如果我對他們橫加阻止，那麼一場戰爭就在所難免了。因此我總是按照他們的心意來，這是一種方案。還有一種會更加直接攻擊他們的生活方式。我跟他們說：「每天都好好想想，如何才能讓別人高興。假如你聽從醫囑，你的病兩週內就會康復。」試想一下，這對他們來說代表著什麼，因爲他們腦海裡原有的觀點就是「如何才能讓別人憂心」。

病人的回答非常有意思。有些人說：「這太容易了。我這輩子都在取悅別人。」可事實上，他們根本沒有做到。我讓他們再好好想想，他們卻不願去想。我說：「假如難以入睡，就利用所有時間去思考如何才能取悅一個人，你就會很快康復的。」第二天見到他們時，我問他們：「你們按照我的要求去做了嗎？」他們回答：「昨天晚上我一躺到床上就進入了夢鄉。」

也有人會這樣回答：「我做不到，我太擔心了。」

我跟他們說，「那就接著擔心吧，可是你還是可以抽空想一下別人。」我之所以這樣做，就是想讓他們對他人感興趣。

很多人會發出這樣的疑問：「我們爲什麼要去取悅別人？他們從來不取悅我。」

我回答：「你只要考慮自己的健康就行，別人以後也會生病的。」只有很少一部分病人說：「我對你的建議進行過認眞思考。」我的所有努力都是爲了讓病人對社會更感興趣。我知道，他們之所以會有這樣的毛病，都是因爲合作意識不足，希望他們也可以意識到這一點。如果他們可以和人類夥伴平等合作，他們的身體就可以康復了。

・過失犯罪

所謂「過失犯罪」是社會興趣不足的另一個特別典型的例子。有人不小心讓燃燒的火把墜落，由此釀成了火災；或是工人下班回家忘記收好電纜，就這樣在馬路上放著，結果一輛車軋在上面，車裡的人因此殞命。這兩起案件中的肇事者都不是故意的，從引發的災難來說，他們並沒有道德上的責任。可是他們沒有接受過訓練，沒有考慮到他人，不會主動採取預防措施進而阻止悲劇的發生。這是一種更進一步的合作意識的缺失，和那些髒兮兮的孩子、那些踩到別人腳、打破碗碟，或是把壁爐台上的裝飾品砸到地上的人都是一樣的。

社會興趣和社會平等

通過在家庭和學校中培養，兒童開始對人類同伴有興趣，我們已經看到了對兒童發展帶來影響的各種桎梏。社會情感可能不是來自遺傳的直覺，可是它的潛能卻是天生的。通過培養父母的技巧和孩子的興趣，這種潛力開始生根發芽，並通過兒童判斷自身環境而得到發展。假如他們覺得他人仇視他們，或者遭到敵人的審視、被逼到牆角，自然難以交到朋友，和他人變成好朋友了。假如他們覺得自己應該奴役別人，那麼他們就是想掌控他人，而不是給他人提供幫助。假如他們沉醉在自己的感受中，只對身體上的不舒服加以關心，也許就會讓自己遠離人群。

我們已經探討過，如何才能讓孩子自己在家庭中享有平等的地位，擁有相同的價值，並愛上家中所有其他成員。我們也看到，父母之間應該保持良好的關係，並親切地對待家庭以外的人。這樣他們的孩子就會覺得自己是被信賴的人，不管是在家庭中，還是在家庭以外的範圍內。我們還看到，在學校時，兒童會覺得自己是班級的一員，是其他孩子的朋友，可以被相信的朋友。

家庭和校園生活都是爲了讓他們將來到更大的世界中去生活做準備的。家庭和學校都是爲了把兒童培養成社會人，變成人類群體中受到公平對待的一員。只有這些條件得到了滿足，他們才能積攢勇氣，在遇到人生問題時更加自信，找到可以給他人謀福利的答案。

假如他們可以和所有人做朋友，並藉助有價值的工作和圓滿的婚姻給社會做貢獻，就不會覺得自己屈居人下或者是被打敗。他們會覺得，自己在這個世界上生活得很順利，所處的環境也特別友好，遇到喜歡的人，可以站在一個平等的位置上，和他們共同面對問題。

他們會覺得：「這是我的世界，我一定要展開行動，並團結起來，不能坐以待斃和幻想。」並且百分百相信，在人類歷史的發展進程中，當前的時代只是其中一個階段，而他們不管是過去、現在和未來都處在整個人類歷史的發展進程中。同時，他們也清楚，這個時代將由他們去創造，而且他們要爲人類進步貢獻自己的力量。當然，世界上也一定會存在邪惡、困境、成見和災難，可是這是我們的世界，優勢也好，劣勢也罷，都是用來組成這個世界的。這個世界將由我們去工作，去推動，假如一個人可以用科學的方式去面對自己的義務，他就會爲社會進步貢獻出自己的力量，完成自己的義務。

把自己的責任扛在肩上，就代表著負擔起用合作方式把人生中的三大問題解決掉的責任。一位好同事、一位好同伴和一位愛情和婚姻中的眞正伴侶就是我們對人類的所有要求，還可以對他們進行最高讚賞。總而言之，他要把自己證明給人類看。

第十二章　愛情和婚姻

愛、合作和社會興趣有多重要

在德國的一些地方，有一種很悠久的風俗習慣，可以對訂婚的男女在婚姻中是否相配進行測試。婚禮前，訂婚的男女會被人帶到一塊空地上，那裡有一棵大樹被人砍倒了。他們的任務是用一把雙手鋸把樹幹鋸成兩截。這個測試可以把他們互相合作得有多深顯示出來。這項任務需要兩個人共同完成，假如互相之間缺乏信任，就會把互相的工作抵消，最後什麼事都幹不好。假如其中有一個想當首領，任何事都要自己親自去做，而另一個則徹底放棄，也需要付出雙倍的時間才能把任務完成。他們必須都努力向上，工作也必須齊心合力，這些德國村民們已經意識到，婚姻的主要條件就是合作。

假如有人問我愛情和婚姻代表著什麼，我會這樣回答他，可能這個概念還有待完善：愛情，還有它在婚姻中的完滿，是給伴侶做出的最親密的貢獻、通過生理上的相互吸引、相扶相攜的陪伴，還有生育子女的共同願望表現出來。愛情和婚姻是人類合作的精粹，這種合作不單單是爲了達到彼此幸福的目的，也是爲了實現人類幸福。

愛情和婚姻這種合作形式是爲了實現人類幸福，這一觀點可以對這一主題下的所有問題進行解答。就算是所有人類衝動中至關重要的一種——生理上的吸引，人類的發展也不能少了它。就像我自始至終掛在嘴邊的，人類身上有很多弱點，在地球上生活，他們的體魄也過於嬌弱，通過連續刺激我們的生育力和生理吸引力，進而來繁殖後代，是人類生命可以持續下去的僅有的一個方式。我們發現，如今的愛情和婚姻問題中有不少問題存在。對於這類問題，已婚夫婦、父母以及整個社會都深受困擾。所以，要想正確解答這一問題，我們必須採取客觀而公正的方法。我們應該把那些已知信息給忘掉，儘可能進行詳細調查，不要讓完整而沒有受到約束的討論被其他擔心所影響。我並不是說，愛情和婚姻可以被當作一個徹底獨立的問題找到解決方案。人類在這方面不可能獲得完全的自由；以私人理念爲基礎的思考要想找到問題的答案是根本不可能的。事實上，所有人類都因爲幾根紐帶被固定在一處，他們只在限定的範圍內發展，而他們的決定也必須和這個框架相適應。就像我們研究過的，這三根主要紐帶產生的主要原因，就是我們在這個宇宙中所處的特殊位置。首先，我們的發展要在所處的環境所帶來的約束和可能性下；其次，我們在自己的同類中生活，必須懂得調節適應；最後，世界上有兩種性別，我們種群的將來要以更好的兩性關係爲依靠。

很明顯，假如一個人把自己的同類和人類幸福放在心上，他無論做什麼都會考慮到他人的利益。在解決愛情和婚姻問題時，也會把他人的利益放在心上。他們這樣做未必就是有意識的。假如有人問，他們可能根本回答不出自己爲什麼要這樣做。可是他們會主動地以人類的幸福和進步爲追求，而且這一興趣會在他們的所有行動中表現出來。也有一些人並不怎麼關心人類幸福。在他們的人生理念中，不會產生諸如「我可以給自己的人類夥伴做點什麼有意義的事情？」「我要如何才能變成集體中的一員」這樣的問題，而時常會這樣發問：「這對我有什麼益處？我確實受到了別人的關注嗎？我獲得了理應得到的感謝嗎？」這樣對待生活的人，在對愛情和婚姻問題進行解決的時候也會採取相同的辦法。他們一直在問：「我可以從中收穫什麼？」

一些心理學家宣稱愛情就是一種完全天生的機能，其實根本不是那麼回事。性是原始衝動或本能，可是愛情和婚姻並不只是爲了對這一衝動進行滿足。不管從哪個層面來看，我們都可以發現，人類的衝動和本能已經接受了訓練和發展。我們把一些慾望和傾向壓制住，比如說考慮到同類的利益，我們懂得了怎麼防止互相侵犯。我們還懂得了讓自己乾淨整潔，就算再餓也不會純自然地想要塡飽肚子，我們會遵守吃的禮節，格調也更高了。我們的原始衝動經過調整，以和社會共同文化相適應。這些方面都可以把我們曾經致力於人類幸福和社會生活的行爲表現出來。

假如從這個層面來審視愛情和婚姻問題，我們就會有新發現，集體的利益和人類的利益必須包含在其中。這是最根本的興趣。要想對這一問題進行解決，只有用開放的角度看待人類幸福這個整體。要不然對愛情和婚姻問題的各個層面進行探討，無論是彌補、改變，還是發佈新的規章制度都是沒有意義的。可能我們應該改善，可能我們可以找到更讓人稱心如意的答案，可是如果這個答案事實上比以前更加優秀，也只是由於它把在這個星球上生活的人類是由兩性組成的、只有合作才能維持生存這一事實更周全地考慮到了。只要我們的答案可以把這些條件都考慮在內，其中包含的眞理就不會倒。

彼此平等的夥伴關係

採用這種方法進行研究時，我們會發現的第一個愛情問題就是，這項任務是需要兩個個體合作完成的。很多人都覺得這項任務是嶄新的。從早年的訓練中，我們學到了如何自食其力，如何在集體中工作，可是卻非常不熟悉成對的工作。這一新形勢引發了新問題，可是假如兩個人都愛自己的同伴，要想解決這個問題並不難，因爲他們對彼此產生興趣更容易。

我們甚至可以說，兩個人之間要完全實現合作，每個人都必須更加關心對方。愛情和婚姻要想成功，這是僅有的一個基礎。瞭解到了這一點，就會揭示出很多有關婚姻和改善婚姻的誤會。假如合作中每個個體都對對方更感興趣，就一定可以實現平等。假如可以做到這麼親密而互相的付出，每個人都會覺得自己是自由的，沒有受到他人的壓迫。可是只有當雙方都堅持這樣的態度時，才有可能實現平等。所有人都應該儘可能讓對方更輕鬆地生活。唯有如此，婚姻中的雙方才會獲得滿滿的安全感，才不會覺得自己是廢物，是有存在性的。在這裡，我們把婚姻的根本保障和婚姻關係中幸福的基本概念都找到了。它會讓你覺得自己有意義，而且獨一無二，你的伴侶想要你待在他身邊，而你也做得很好。你不僅是對方的好伴侶，也是他（她）的眞朋友。

合作任務中，沒有哪一方會認可附屬位置。假如一方想占據主導權，並要求另一方服從，兩個人就沒辦法融洽地在一塊兒生活。如今很多男人，甚至很多女人都覺得男性就應該擁有主導權，扮演領導的角色，變成家庭中的主人。這就是爲什麼如今有這麼多婚姻結局並不好的原因所在。不會有人可以平和地忍受低人一等的地位。合作者之間應該保持平等，唯有這樣，才能找到方法，把困難克服掉。比如說，他們會在生育子女這個問題上和諧統一。他們明白，不生育子女就是不想爲人類繁育後代。他們在教育方面也可以形成一致意見，在婚姻亮紅燈時會儘力去解決，因爲他們明白孩子成長在這樣的環境中是不利的。

結婚之前需要做什麼

現如今這個社會中，極少有人可以把合作的準備工做作好。我們的教育總是把目光更多地放在了個人成功上面，思考最多的是怎麼從生活中得到，而不是奉獻。顯而易見，當兩個人在婚姻所要求的親密關係下一起生活時，合作上的任何一項失誤，還有給予對方關心的失誤，所產生的後果都是極其嚴重的。很多人是第一次感受這種親密的關係，他們還沒有習慣去對另一個人的利益、理想、希望、慾望和野心進行思考。他們還沒有準備好共同面對問題。這就可以對我們身邊的很多錯誤進行解釋，如今我們更應該對事實進行反思，學習將來怎樣才能避免犯錯誤。

•生活方式、父母和如何對待婚姻

當成年生活每次出現問題，我們都是採用以往的經驗加以解決，我們的反應也一直遵循著自己的生活方式。一夜之間，我們不可能準備好進入婚姻。從兒童的行為特點和他們的態度、思維和行動中，我們可以發現他們是如何通過自我訓練，進而和成年狀態相適應的。事實上早在五六歲時，人們在愛情問題上所採取的態度就已經固定下來了。

在兒童發展的最早階段，我們就可以發現，他們對待愛情和婚姻的看法，其實就已經形成了。我們不應該用成人的感覺，用性衝動來解釋他們的感受。他們是在判斷普通社會生活中的一面，他們覺得自己也屬於這個社會。他們身邊原本就存在愛情、婚姻，他們開始根據這個來對和自己未來有關的定義進行創建。他們已經比較瞭解這些因素了，而且有了自己的觀點。

兒童在早期開始感興趣於異性和擇偶時，我們一定不能用錯誤或性早熟來加以指責，也不應該譏諷或開玩笑，而是應該視其爲他們開始給愛情和婚姻做準備。我們不僅應該抱之以一笑，還應該對他們的觀點表示認同，把愛情視爲一次神奇的挑戰，一次必須充分準備好，並擔負所有人類的未來的挑戰。這樣，我們就可以在兒童的心裡種下一粒種子，讓他們在今後的人生中，可以和親密朋友中的朋友和配偶順暢地交流。即便實際生活中父母的婚姻也許有什麼問題，可是兒童總是主動而熱情地對一夫一妻制表示贊同，這一觀察讓人受到很大的啓迪。

假如父母婚姻很和諧，我們的準備也會更好。兒童對於婚姻的早期記憶都是從父母來的。所以，大部分生活失敗者都來源於結局並不圓滿的家庭中長大的孩子也就不奇怪了。假如父母自己都難以形成合作，當然也不能去對孩子的合作意識進行培養。要對一個人有更深入的瞭解，可以去看看他是否成長於良好的家庭氛圍中，並觀察他是如何對待自己的父母和兄弟姐妹的。

最爲關鍵的一點是，孩子到底是從哪裡瞭解愛情和婚姻的。在這一點上必須給予足夠的關注。我們清楚，對一個人進行決定的並不是他所在的環境，而在於他是如何理解他所處的環境的。他們的理解也許有積極向上的作用。可能他們和父母在一起的生活並不是太快樂，可是這只會鼓勵他們以後要經營好自己的家庭生活，他們可能急於準備好自己的婚姻。我們不會僅憑著過去家庭生活的不順來對一個人是不是適合婚姻進行判斷。

・友誼和工作有多重要

通過友誼，我們的社會興趣可以得到發展。在友誼中，我們懂得了用其他人的五官去感知這個世界，用自己的心去感受。假如兒童時代常被打擊，假如他們一直生活在被保護的範圍內，假如他們成長於孤獨中，身邊沒有同伴，就難以對他們這種認可他人的能力進行培養。他們會一直覺得世界上最重要的那個人就是自己，並急切地想要把自己的幸福保護住。準備好進入婚姻也包括友誼訓練在內。如果訓練是以合作爲目的的，那麼遊戲可能還可以起到點作用，可是兒童的遊戲中包含了太多的比賽和逞強。最好的方式是讓兩個孩子一起工作、研究和學習。此外，我覺得跳舞的作用也不可小覷。舞蹈這一娛樂形式是由兩個人共同完成的行動，我認爲，讓兒童在跳舞中接受訓練不失爲一個良策。當然，我所說的是一種適合兒童跳的容易學的舞蹈，而不是那種更注重表演，不關注共同行動的舞蹈。相比之下，前者對他們的成長更有幫助。

・性教育

父母太早給孩子解釋不在他們求知慾望範圍內的性生理知識我是絕不贊成的。很明顯，兒童對婚姻的態度非常關鍵。假如他們沒有正確處理這一問題，他們會覺得這些問題都很危險，或是某種不能接觸的東西。從我的經驗來看，那些在四、五歲或六歲就對成人關係的眞相有所觸及的兒童，還有那些早熟的兒童，他們以後會更加害怕愛情。他們覺得生理吸引力一樣代表著危險。假如年長一點才首次瞭解這些，就不會這麼害怕。在兩性關係中，這樣的孩子也較少會犯錯。

最重要的一點是，不要跟孩子說謊話，不要對他們的問題視而不見，他們爲什麼會這樣提問，我們要去瞭解，只把他們想瞭解的東西，而且確定可以理解的知識講給他們聽。過度熱心、自作主張地灌輸更多的消息給他們也許會帶來極大的毀滅性。這一問題就像人生中的所有其他問題，最好讓其獨立解決。他們自由詢問他們想瞭解的內容，只要他們和父母之間是相互信任的，就不會產生什麼害處。人們普遍誤會了一點，同齡夥伴的解釋會誤導兒童。玩伴間的悄悄話並不會危害到接受過優秀合作和獨立訓練的兒童，其他方面都健康的孩子遭遇這樣的傷害，我也從來沒有遇到過。對於同學所說的一切，兒童並不會相信。他們中的大部分還是具備辨識力的。假如不知道聽來的信息是否眞實，他們就會去向自己的父母或哥哥姐姐打聽。我們不得不說，相比他們的長輩，兒童在這方面要小心得多、敏銳得多。

・影響伴侶選擇的幾個因素

就算是成年人，一開始的性吸引也是從童年時的知識而來。生理吸引的源頭可以是兒童時留下的對關心和吸引的記憶，也可以是他們身邊的異性給他們留下的印象。男孩子從自己的母親、姐妹或身邊的異性朋友身上得到的這些印象，今後會影響到他選擇有生理吸引力的對象，他所選擇的對象會是那些類似於曾經在他早年生活中出現過的異性形象。有時，他還會被藝術作品所影響：每個人都會對自己心目中的美貌痴迷不已。所以，一個人在後來的人生中就會放棄更廣泛範圍內的自由選擇，他的選擇一定會被成長經歷所影響。

這種對美的嚮往並不是一點價值都沒有。我們的審美觀一般都以人類對健康和進步的渴求爲基礎。我們的所有機能、技術，都讓我們朝這一目標奔過去。我們沒辦法躲開，我們覺得美的事物的存在都是永久性的，都屬於人類的幸福和將來，而這也正是我們所希望的孩子未來的發展方向。美會對我們一直產生吸引力。

假如一名男孩和母親的關係並不太好，或者一名女孩和父親的關係劍拔弩張（如果婚姻中的合作情況不太好，這樣的情況發生的頻率很高），日後他們也許會找一個截然不同於母親或父親的人。假如男孩的母親絮絮叨叨，而且時常責罰他，而他性格柔弱，又很恐懼被指使，他可能只有在那些看起來比較平和的人身上，才會感受到性吸引力。這樣極容易出現偏差，也許他只找願意順從的異性，可是婚姻如果不平等是不會幸福的。他也可以找一個看上去特別厲害的伴侶，不是因爲他願意把力量表現出來，就是因爲他覺得和對方進行比賽可以對自己的力量進行證實。假如他和母親之間有很深的罅隙，他在準備愛情和婚姻時可能就會受阻，甚至會對他感知異性的吸引力造成妨礙。這種阻礙程度並不一致，假如發展嚴重了，就會讓他對異性持徹底排斥的態度。

婚姻的承諾和責任

只注重個人利益是最惡劣的婚前準備。假如一個人成長於這種培養中，就會一直思索著可以從生活中收穫什麼。他們從來沒有想過如何才能讓伴侶生活得更舒適，而只是以自由和放任爲追求。如此對待婚姻是毀滅性的。就好像是從馬尾給馬套上轡繩，他們完全採取了錯誤的方式。

所以，要正確對待愛情，就必須停止尋找理由逃避責任。假如有所遲疑，愛情便難以健康生長。合作要求一輩子的許諾，假如一樁婚姻沒有堅定不移的承諾，這樁婚姻就不是真正的婚姻。這一承諾中包括生養後代並對他們加以教育，竭盡所能把他們打造成棟樑之材的決定。我們培育後代的最佳方法就是圓滿的婚姻，同時它也應該一直是婚姻的一項目標。其實，婚姻是一項工作，有它自己的原則。我們不可能只對其中的一面加以關注，卻對其他方面視而不見，要不然就會對永久的合作之道造成損害。

假如給自己的責任限定一個時間範圍，或者把婚姻看作一次考驗，也難以在愛情中實現完全的忠誠。假如一個男人或女人一直給自己留有退路，也難以完全忠誠於責任。在其他嚴肅而重大的人生課題上，我們是不會給自己設置這樣的「脫身」條款的。我們沒辦法給愛情設定一個時間範圍。那些想給婚姻尋找其他取代形式的人，也許他們的出發點是好的，內心也是善良的，卻誤入了歧途。他們所建議的取代形式會對馬上進入婚姻的伴侶的努力造成妨害，會讓他們可以輕輕鬆鬆從這樁婚姻中退出來，並逃脫他們原本要承擔的責任。

我知道，我們的社會上有不少對正確解決愛情和婚姻問題造成阻礙的困難，有時讓人心有餘而力不足。可是，我覺得應該把社會問題摒除，而不是把愛情和婚姻摒除。我們深知戀愛關係中那些必須的品質——忠誠、誠信、值得信任、無所保留、大公無私等。

•生活中常見的幾種逃避方式

假如有人相信背叛就是在一夜之間發生的，那麼很明顯，他還沒有準備好進入婚姻。假如雙方同意各自擁有「自由」，就難以形成眞正意義上的伴侶關係。這不是合作關係。合作關係中，我們不能在方向上進行肆無忌憚地改變，我們承諾一心一意地合作。這種對婚姻成功和人類幸福都沒有好處的私人協議，對雙方都是不利的。

打個比方，一位離過婚的男人和一位離過婚的女人在一起了，他們都是有素養而且知識淵博的人，且彼此都渴望他們的此次結合可以比前面的婚姻更圓滿。可是他們的第一次婚姻爲什麼會失敗，他們並不清楚。他們想要找尋到一段更好的婚姻關係，卻沒有認識到自身缺乏社會興趣。他們坦承自己是自由主義者，想建立一種現代的婚姻，讓雙方都一直對對方有興趣。所以他們提出來，兩人無論在哪個方面都應該擁有徹底的自由。他們可以爲所欲爲，可是卻要互相信任，跟對方說明發生的所有事情。

從這個方面來說，看上去，丈夫要比妻子活躍得多。每次回到家，他都跟妻子訴說自己五彩紛呈的經歷，而妻子好像也非常願意當個傾聽者，並自豪於丈夫的成功。她自己一直想開始一段外遇或曖昧，可是才把第一步邁出去，就得了廣場恐懼症。她沒辦法再一個人出門，神經官能症使得她必須待在家裡，只要她一出門，就會馬上恐懼得回家。廣場恐懼症是她用來保護自己做出的決定的一種方式，可是到這兒還遠遠沒有結束。最後，因爲她實在沒辦法一個人出門了，她的丈夫也只能留在她身邊。從這裡可以看到，婚姻的邏輯是如何毀壞了他們的協議的。丈夫沒辦法再做一個自由主義者，因爲他必須在妻子身邊陪著。而妻子所謂的自由也一點意義都沒有，因爲她不敢一個人出門。假如要把這位女性醫治好，就需要讓她更清醒地理解婚姻，而丈夫也必須把婚姻視爲一種合作的伴侶關係。

還有一些錯誤也是從婚姻的起步階段就開始了。從小在家中得寵的孩子經常會覺得自己在婚姻中沒有受到重視。他們沒有接受過適應社會需要的相關練習。從小嬌生慣養的孩子在婚姻中也許會變成暴君，而另一方面則覺得自己淪爲了犧牲品，開始對對方加以反抗。當兩個都被嬌生慣養的孩子結婚，局面肯定會非常有趣。雙方都要求對方關注自己，愛自己，可是誰都不能實現自己的願望。緊接著，他們就會想辦法從這場婚姻中抽身，一方開始在外面尋找傾心的對象，希望獲得更多的重視。

有人沒辦法只愛一個人，他們必須同時愛兩個人才行。只有這樣，他們才會覺得自由，他們可以在不同的人之間跳來跳去，根本不需要承擔完整的愛情責任。與其說會愛兩個的人，其實是一個也沒有愛過。還有人自己設想出一段唯美、理想，卻又難以實現的愛情，進而陶醉在自己的感情中無法自拔，不去尋找現實中的伴侶。唯美的夢中情人可以把所有候選人都排除掉，因爲哪個眞實的情人都無法與之相媲美。

很多男人和女人在成長過程中開始討厭和排斥自己的性角色。他們會把自己的本能壓制住，假如不經過合理的治療，他們就沒辦法締造成功的婚姻，即便在生理上也是如此。前文中我所說的「男性欽羨」，它起源於現如今的文化中對男性地位的過度拔高。假如兒童懷疑自己的性角色，一定會覺得有危險。無論是男孩還是女孩，只要男子漢角色依然占據著主導地位，他們都會認爲男性令人羨慕。他們會擔心自己沒有能力把這一角色扮演好，對男子氣概過於看重，還會儘可能躲避考驗男子漢氣概的可能。

我們的文化中，時常會遇到無法認可自己性角色的人。所有女性性冷淡或男性心身陽痿的源頭可能就是這個。這些病例都通過生理上的排斥，來把病人對愛情和婚姻的排斥顯露出來。假如無法相信男女平等，這些問題就會一直存在。只要在總數中占到二分之一的人口依然不滿於自己的地位，這種不滿就會嚴重阻礙美滿婚姻的締造。我們可以對平等意識進行訓練進而塡補這個空缺，同時，也一定不能讓孩子懷疑自己將來的性角色。

我覺得，假如婚前性關係不存在，愛情和婚姻的熱度將更高，也更加融洽。我發現大部分男人私底下都希望自己的愛人在結婚時保持處女之身，有時還覺得不是處女代表著生性放蕩，表現得非常驚訝。而且在我們的文化中，婚前性關係會給女性帶來更大的情感壓力。因爲害怕而不是勇氣所結合的婚姻一樣是巨大的錯誤。我們可以這樣理解，勇氣代表著合作的一個方面，假如男人和女人和對方結婚是因爲害怕，也就代表著他們的合作並不是眞心實意的。和酗酒如命的人結婚，或者和跟自己在社會地位或教育上有很大懸殊的人結婚也是一樣的道理。他們恐懼愛情和婚姻，只想打造一種可以讓伴侶仰望自己的關係。

戀愛

從一個人和異性接觸的方式中，我們就可以看出他有多大的勇氣，有多麼高的合作能力。每個人接觸異性的方式都是不一樣的，戀愛中的個性行爲和氣質也不一樣，可是這些和他們的生活方式一直息息相關。從戀愛時的言行舉止中，我們可以發現，他們是否會肯定人類的持續，是否自信而且願意和他人合作，是否堅持自我，是否會害怕，是否一直用「對方眼裡的我是什麼樣的?他們會如何評價我?」這些問題摧殘自己。男人或者小心謹愼地接近女人，或者衝動而意外地接觸女人，無論是哪種情況，他的戀愛行爲都歸咎於他的目標和生活方式，也是它們另一種顯露自我的方式。我們對一個男人是不是適合婚姻進行判斷時，不能只以一個男人戀愛期的行爲爲依據，因爲這時他有非常明確的目標，可是在其他事情上也許會遲疑不定。不管怎樣，通過戀愛行爲，可以窺見這個人的個性是怎樣的。

我們自身的文化中（也只有在這個情況下），往往都希望男性主動。因此，還是値得對男孩子們用男子漢的態度採取積極、果斷的訓練。可是只有當他們覺得自己屬於整個社會，並對這個社會的所有優勢和劣勢表示認可時，才可能接受訓練，培育出積極的態度。當然，女孩和成年女性也可以積極行動起來，因爲她們也是戀愛的一方，可是在文化氛圍下，她們可能只會更加矜持，只是通過她的相貌、服飾、行動和言行舉止來把自己的興趣展現出來。所以，也許可以說男性的表現方式更加表面、簡單，可是女性的表現方式更加本質、複雜。

如何擁有美滿婚姻

•婚姻的生理層面

對配偶的性吸引力不可或缺，可是應該一直把它限制在以造福於人類爲目標的方向上。眞正愛對方的伴侶不可能缺少性吸引力。只要出現這一問題，就代表著失去了興趣，表明一個人覺得自己的伴侶無法再和對方平等、友善、相互扶持。有時，人們可能會覺得，互相還在關心對方，只是生理上的吸引不再那麼火熱了。這不是事實。嘴會說假話，心裡也許也會糊塗，可是身體的機能卻會把眞相顯露出來。假如性功能不再那麼強，只有一個原因，那就是兩人間還沒有實現眞正的融合。他們不再愛對方，最起碼其中一個已經想逃離愛情和婚姻的職責，想要另尋他途。

不同於其他動物的性驅動力，人類的性驅動力可以一直延續下去。這也是對人類幸福和繁衍進行保證的另一種方式，人類通過這一方式讓種群人數越來越多，以此來確保自身的幸福並衍生下去。大自然可以通過其他方式來對其他動物的繁衍加以保證。比如說我們發現，很多動物都是通過雌性產卵，而且數量不少，儘管其中的很多都會夭折，或者被毀，可是如此多的數量依然確保了其中的一些繼續繁衍。

生育後代也是人類對自己加以保全的一種方式。所以，當遇到愛情和婚姻問題時，我們看到，那些從內心深處對人類的幸福加以關心的人要孩子的可能性更大，而那些不感興趣於自己的同類的人則不想生育後代。總是對他人抱以希望，只想得到，吝嗇於付出的人也不會想要孩子。他們的焦點只在自己身上，把孩子看作包袱，看作某種會霸占他們的時間和精力的事物，而這些原本只歸他們自己支配。可以說，圓滿解決愛情和婚姻的方案中，生育後代是不可或缺的。據我們瞭解，培養人類後代的最好方式就是一椿幸福的婚姻，它一直都應該是婚姻的一個組成部分。

•一夫一妻制、用心打造和現實主義

在我們的現實生活中，一夫一妻制是對愛情和婚姻問題進行解決的舉措。不論是誰，想要開啓一段以親密貢獻和互相關心爲要求的關係，都不可能動搖這一關係的基礎去尋找解脫。我們知道，婚姻也許會維持不下去。遺憾的是，我們沒辦法對它的發生進行完全的預防，可是假如我們將婚姻和愛情看作我們要面臨的社會功能，視爲一項不可推脫的責任的話，也許我們可以在更大程度上不讓這種不幸發生。

婚姻的維持不下去一般是因爲伴侶間沒有全力協作，沒有共同努力讓婚姻維持下去。假如只是坐享其成，用這樣的態度面臨問題，不可避免會走向失敗。同時，把愛情和婚姻當作完美狀態，或是一個故事的完美結局可能也是不對的。兩個人結婚時，將開啓這段關係中的各種可能。他們將在婚姻關係中應對生活的各種狀況，還要爲了社會的安定而尋找到眞正意義上的機遇。

還有另一種更爲顯著的觀點體現在我們的文化中，那就是把婚姻當成終結，視爲最後的目的。例如，有數以萬計的小說的結局都是以新婚男女終成眷屬來寫的，事實上那隻是他們結合在一起開始生活的起點。在這樣的設定下，在小說的情節之中，婚姻成爲瞭解決所有難題的神奇藥物，就像童話故事中的結局一樣，王子和公主從此過上了幸福快樂的日子。我們必須意識到一個重要的事實，愛情本身對於處理問題是沒有任何實質的作用的。愛情的方式多種多樣，那麼要想正確處理婚姻中的難題就必須依靠彼此精誠合作、互相努力、互相扶持。

在婚姻關係中沒有奇蹟。就如我們所看到的一樣，任何人對待婚姻的態度都只是展現了他們的生活方式。所以，清楚一個人的態度必須以對這個人的瞭解爲前提。譬如，我們常常看到有很多人都想擺脫婚姻的枷鎖。至於哪一類人會抱有此種逃避的心態，我可以給予很準確的定位，那就是一直成長在家人溺愛中的孩子們。這類人會給社會帶來危害，被過度溺愛的成年的「孩子」，他們生活的方式或許還保持在四五歲的階段。

不論在什麼樣的情況下，他們都會想：「我想要的全部都能擁有嗎？」若是無法獲得，他們覺得生活一片茫然。他們說：「若是無法得到我想要的一切，那麼活著還有何意義可言？」他們的內心會變得絕望，會產生一種「死亡情結」。他們會慢慢地變得神經質，會陷於死亡的漩渦而無法自拔，並從自己不正確、不健康的生活方式中建立起一整套社會理論。他們會覺得不正確的觀點至關重要，覺得無人能及；認爲自身的原始情感和驅動力被壓制，就必須將他們心中的憎惡表露出來，這是他們在成長中學到的理論。在他們的成長生涯裡，曾經那麼的不可一世，只要是想要的，沒有得不到的。在他們中間也許還有一些人會覺得，若是自己哭叫的聲音足夠大，抗議得更猛，堅決不去合作，那麼想要的一切自然會再一次唾手可得。在他們眼中，生活和社會不是一個共同體，他們在意的只有自身的利益。

他們不願有任何的付出，還時刻希望有人自動給他們送來一切。對於他們來說，婚姻也同樣可以作爲一種「交易」。他們需要的婚姻關係，就像工作夥伴的關係，需要的時候留在身邊，不需要的時候隨時可以散夥，還要有實驗性或便利的離婚程序：從婚姻開始的那個時刻起，他們就希望擁有自由和隨時背叛婚姻的權利。可是，如果一個人眞正在意對方，他就會把這種在意的所有特點都表現出來：他們一定要坦誠相待、永遠忠誠，而且是一位眞正意義上的朋友。一個人在婚姻關係中如果無法做到這些要求，就代表著他在人生的第三個重要問題上是個失敗者。

此外，還必須重視在婚姻中的孩子的感受，若一樁婚姻是在上述的人生觀的基礎上建立的，那麼培養孩子一定會遇到無數的瓶頸。若父母老是吵架，對於婚姻沒有絲毫的珍視。若他們對於婚姻的態度不夠樂觀，認爲難題無法克服，婚姻難以維繫，那麼對於孩子來說，很不利於對他們社會性的培養。

・婚姻問題怎樣化解

也有很多人由於各種原因無法生活在一起，也有一些人認爲分開居住對彼此更適合。誰又能武斷地去評價呢？那些自己都無法領會婚姻的責任的人，還是那些只在意自己的生活的人可以來評論這些問題呢？他們覺得離婚和結婚就是一回事兒，只會去想若我不需要這段婚姻的時候「該如何才能抽身呢」？

很明顯，他們是沒有權利來評論的。你會看到，那些頻頻離婚又結婚的人，他們常常會犯相同的錯誤，可是我們應該把評判的權力交給誰呢？也許我們可以假設一下，若是婚姻亮起了紅燈，讓心理醫生去對他們進行分析是否應該離婚？這肯定也不合適。不過不知在美國是不是這樣的，可是以歐洲爲例，一大半的心理醫生都認爲個人利益是最重要的。在這個時候若是向他們尋求解決問題的方案，他們一般都會向病人提議去找情人，他們認爲這樣的處理方式也許可以把問題解決掉。我確信他們最終會改變他們的思維方式，不會再提出如此荒謬的提議。會提出這種方案的人必定無法把婚姻和愛情問題當成一個整體，不清楚事實上它和我們的生活中其他的問題息息相關，我非常盼望大家可以把它放在大的層面來綜合性地研究一下。

那類把婚姻視爲處理個人問題的法寶的人，一樣也犯了致命的錯誤。我或許不太清楚美國的狀況，可是我聽說在歐洲，若是一個男孩或女孩患有神經官能症，心理醫生一般也會提議讓他們去找情人，或者是發展性關係。對於成人遇到這樣的狀況也是如此。事實上這種做法把婚姻和愛情視爲了一種特效藥，而那些「服藥」的人一定是不會痊癒的。當愛情和婚姻遭遇瓶頸時，必須使用正確的處理方法，必須最大限度地展現健全的人格魅力，之中可以領會到的幸福及能夠體現的有意義的人生角色是很美妙的。我們必須正視它，不能錯誤地認爲愛情和婚姻可以治癒犯罪分子、酒鬼或神經症病人。神經官能症患者必須通過適當的治療才可以談戀愛、結婚，如果他們還未科學地理解就衝動地戀愛、結婚，那麼等待他們的將會是新的危機和困境。婚姻是一種非常偉大的理想，我們必須付出強大的心力和富有創造力的行爲來尋求它的處理方法，只有這樣才能承擔起這樣的額外的責任。

還有一些人是爲了其他不正當的目的而選擇走入婚姻的聖殿的。一些人爲了同情而結婚，一些人爲了財富而結婚，還有些人爲了找個免費的僕人而結婚。這些目的和婚姻沒有關係。我還聽說有些地方還有人結婚的目的是爲了磨煉自己。可能是有個當學習或是未來職業上遭遇瓶頸的青年人，感覺自己不會成功，就給自己找了一個理由，可是結果是他選擇婚姻作爲自己害怕失敗的理由。我們認爲愛情問題也是個應該重視、有待解決的問題，我們不能輕視或忽略它。

婚姻和男女平等

在許多婚姻破裂的家庭中，最後承受其傷害的總是女性。毋庸置疑，因爲一些文化因素的原因，男性在社會中生活要比女性容易得多，這個結果是婚姻在社會中被錯誤地對待所造成的。但是僅僅是一個人的反抗是解決不了這個問題的，而且很有可能因此影響夫妻間的關係，傷害到另一方。要解決這個問題，只能從文化輿論著手，努力改變文化中的主流態度。

底特律的拉塞教授，是我的學生，她有一項調查結果，在她的調查對象中有42％的女性想要成爲男性，這說明她們認爲男性要比女性好過。當有將近一半的人對生活感到失望和不滿時，那男女間的愛情問題和婚姻問題如何能解決呢？當女性得不到重視，總是被視作男性的性對象，或者覺得隨時可能面臨男性的背叛和拋棄，那麼男女之間還能有愛情、有穩定的婚姻嗎？

通過這些討論，我們可以從中得出一個簡單而又有用的結論。首先，人們的天性並非一定是一夫多妻制或者一夫一妻制。其次，我們生活在同一個星球上，看似人人平等，但是依然會有性別的分別。最後，我們所有人都面臨著人生給出的三個需要解決的問題。綜上所述，人們要想擁有最完美最高層次的愛情和婚姻，一夫一妻制的婚姻是最好的解決辦法。

《自卑與超越》關鍵詞彙表

• **個體心理學**（individual psychology）正常健康狀態下，一個完整的社會成員及人類關係的參與者，作爲一個緊密相連的、統一的、有自我目標導向的個體的研究。

• **自卑情結**（inferiority complex）因內心的自卑感或殘缺感導致的應激狀態、心理躲避和爭取虛無的優越感的補償行動的動力。

• **生活方式**（life style）由個體心理、信仰、對個體生活的個性處理方式、人們性格的統一特徵共同構成，是個體心理學的重要概念。它把個人早期經驗的創造性反饋表現出來了，而早期經驗又反過來對他們的世界觀、情緒、動機、行爲產生影響。

• **男性欽羨**（masculine protest）一種男女身上都會出現的，關於社會上男性氣概和女性氣質的偏見反應。在女性身上可能體現爲對藐視女性和限制女性的反抗。在男性身上可能表現爲對過分迷信男性優勢的反抗。

• **誤導行為**（misguided behavior）一種以錯誤的「私人邏輯」爲基礎的、間接性補償缺陷或危機感的行爲。

•器官自卑（organ inferiority）因生理上的缺陷或不足，時常會導致的代償行爲。

•異性（other sex）「相反的性別」，阿德勒對此強調說，兩性之間不是對立而是互補的。

•溺愛（pampering）過分寵愛孩子，過於保護孩子的行爲，使得孩子無法獨立完成事物，喪失獨立自主、勇敢、與人合作的能力，沒有責任心。

•精神（phyche）由無意識和意識共同構成的人格，也稱神智。它是個體驅動力、知覺、感覺的指導者，也是它使人產生需求和目標。

•社會情感（social feeling，或稱社會興趣social interest）共同精神，人類的風雨同舟感，代表著一種人類的積極社會關係。阿德勒認爲，這些關係要健康且具有建設性，必須含有平等、互利和合作。這種社會情感始於人類間的共鳴，在合作和人人平等的基礎上發展爲對理想社會的追求。阿德勒關於個人作爲社會生物的觀點與此概念是相同的。

•人生任務（tasks of life）社會上的所有人都要面對的三大人生經歷：選擇職業，從事對社會發展有利的工作；建立自己的人際關係；擁有完整的家庭生活，結婚，生育小孩，贍養父母。

阿德勒生平介紹

阿爾弗雷德•阿德勒（Alfred Adler，一八七〇年2月7日～一九三七年5月28日），奧地利醫生、心理分析、精神病學專家。人本主義心理學先驅、個體心理學的創始人、現代自我心理之父，曾追隨弗洛伊德探討神經症問題，但也是精神分析學派內部第一個不贊成弗洛伊德的心理學體系的心理學家。

著有《自卑與超越》、《人性的研究》、《個體心理學的理論與實踐》、《自卑與生活》等，他在進一步接受了叔本華的生活意志論和尼采的權力意志論之後，對弗洛伊德學說進行了改造，將精神分析由生物學定向的「本我」（完全淺意識，不受主觀意識控制）轉向社會文化定向的自我心理學，對後來西方心理學的發展具有重要意義。

阿爾弗雷德•阿德勒出生於奧地利維也納郊區的小鎮，家庭富裕，在維也納長大。他的父親是一名做穀物生意的富猶太商人。在六個孩子中他排行老三，他的哥哥Sigmund是個典型的模範兒童。

三歲時，睡在身旁的弟弟去世，又他幼年有兩次被車撞的經驗，使他十分畏懼死亡。五歲時，因得了肺炎，痊癒後決定當醫生。求學時成績平平，數學成績極差，在父親支持鼓勵下，他終於成爲班上數學最好的學生。

• 一八九五年，阿德勒進入維也納大學取得醫學博士學位，初爲一名眼科醫師，他特別注意身體器官的自卑，認爲它是驅使個人採取行動的眞正動力。後轉向精神病學，追隨弗洛伊德探討神經症問題。

• 一八九七年到一八九八年，他又回到維也納大學深造。其間，他和來自俄國的留學生羅莎結婚。他們生有四個孩子，三女一男，其中亞歷山大和庫爾特後來成爲阿德勒學派的心理學家。

• 一八九六年的4月到9月，他應徵服役，在奧地利軍隊的一所醫院工作。

• 一八九九至一九〇〇年，他與弗洛伊德在同一個城市裡行醫，結識後者並成爲好友。不久，他又和威廉•斯特克爾一起《心理分析彙編》的編輯工作。

• 一九〇二年，他參加弗洛伊德周三討論會，是當時精神分析學派的核心成員之一。

• 一九〇八年，在奧地利的薩爾茨堡召開的第一次國際心理分析會議期間，阿德勒發表了關於「好鬥的衝動」的報告。

- 一九一〇年，任維也納精神分析學會主席。
- 一九一一年，因突出強調社會因素的作用，公開反對弗洛伊德的泛性論而兩人關係破裂，阿德勒創立個體心理學（individual psychology），另建自由精神分析研究會。
- 一九一二年，改稱「個體心理學會」，成爲一個頗有影響的學派。
- 一九一四年，他創辦《國際個體心理學雜誌》。
- 一九二〇年，後任教於維也納教育學院，並在學校系統中組織兒童指導臨床活動，成立兒童指導中心。
- 一九二二年至一九三〇年期間，他主持召開了五次國際個體心理學會議。
- 一九二六年，任美國哥倫比亞大學的客座教授。
- 一九三二年，他到長島醫學院任美國醫學心理學的第一個講座。
- 一九三四年，定居紐約。
- 一九三七年，赴蘇格蘭亞伯丁做講演旅行時病逝。

阿德勒的學說以「自卑感」與「創造性自我」爲中心，並強調「社會意識」。主要概念是創造性自我、生活風格、假想的目的論、追求優越、自卑感、補償和社會興趣。他繼承和發揚了弗洛伊德的精神分析理念，但其基本觀點與之大相逕庭。

首先，個體心理學認爲人的行爲是由社會力量決定的。人天生就是一種社會存在物，在社會生活中，人們進行交往，相互依賴，相互合作；而弗洛伊德則強調人的生物學本能，人的成長過程人道是本能的自然展開，其行爲是先天決定的。

其次，個體心理學視人格爲統一的整體，強調其不可分割。阿德勒認爲每個人的人格都是內各種動機、特質、興趣、價值所構成的統一整體；弗洛伊德把人格分爲本我、自我、超我這些不同的部分，各部分各司其職。

第三，個體心理學認爲意識是人格的中心。阿德勒認爲，人是一個有意識的存在物。通常，人能意識到行爲的動機意識與無意識並非絕對對立。對某些道理內容，如果我們意會到了，那麼就是意識的；如果失於意會，那麼就是無意識的。意識的行爲是人類主要的行爲。弗洛伊德的經典精神分析則認爲無意識是人格的中心。

第四，阿德勒強調未來對人的行爲的影響。他認爲，人既然是有意識的、就能意識到未來的種種條件，制定某種計畫，用以指導自己的行爲。阿德勒也承認過去的經驗（特別是原始的經驗）對人的行爲有影響，但他認爲不是決定性的，這同弗格伊德顯然是對立的。

第五，個體心理學認爲性只是人類行爲的動力因素之一。阿德勒並不完全否認性的作用，但他認爲性的作用在決定人的行爲方面只扮演一個極不重要的角色。他認爲，眞正對人的行爲起作用的還是人的社會需要。

他主張人類應該——「追求卓越」。

他特別強調意志的實現對人的意義。認爲人類的一切行爲都受「向上意志」支配，一個人生來就有一種內驅力，將人格各方面匯合成一個總目標：要求高人一等的優越感，即出人頭地。這種爲優越而進行的奮鬥是內在的，不僅在個體的水平上，而且在一切文化的歷史上同樣進行著這樣的奮鬥，它引導著人和種族永遠不斷進步。

追求優越是是阿德勒個體心理學的核心，也是支配個體行爲的總目標。他認爲人人都有一種，向權力意志這種天生的內驅力，將人格匯成一個總目標，力圖做一個沒有缺陷的、完善的人。因此羡慕別人，勝過別人，征服別人等等，都是這種追求優越的人格體現。

但是，阿德勒認爲追求優越的結果卻有兩重性。它既可以激勵人追求更大的成就，使人的心理得到積極的成長，也會由於追求個人優越而忽視社會和他人的需要，從而產生「自尊情結」，使人變得缺乏社會興趣，妄自尊大起來。

「自卑與補償」是阿德勒個體心理學的重要組成部分，也是個人追求優越的基本動力。阿德勒堅持自卑感是人的行爲的原始的決定力量或向上意志的基本動力。在他看來人生本來並不是完整無缺的，有缺陷（包括身體缺陷）就會產生自卑，而自卑能摧毀一個人，使人自暴自棄或發生精神疾病；另一方面它能夠使人發憤圖強，振作精神迎頭趕上，如此解決原始缺陷和追求優越之間的矛盾。

阿德勒認爲，人對某些缺陷的補償是自卑的重要內容和表現。他說一個器官有缺陷的人會產生自卑情結令他盡最大的努力去補償以取得優越。他認爲如果兒童順應或很少反抗，這種自卑感就帶有女性品質或使他成爲生活的弱者，反之，兒童若奮起反抗，這種自卑感便帶有男性的品質。「任何形式的不受禁令約束的攻擊，敏捷，能力以及勇敢，自由，侵犯和殘暴的特質都是男性所具有的品質。」

「生活風格」是阿德勒個體心理學中的一個重要內容。阿德勒認爲人追求化越的目標總要通過各種行爲方式來實現。所謂生活風格，就是指一個人在早期社會生活道路上已定型化的行爲模式。他強調人的生活風格約在四、五歲時已往家庭環境中形成以後幾乎一生不變。他非常重視家庭排行的次序、出生的順序、和家庭氣氛對兒童性格類型形成的影響。儘管阿德勒強調家庭環境在人格發展中的重要性，但是他堅持起決定作用的仍然是天生的潛力和欲望。

阿德勒還提出「創造性自我」的概念。在他看來生活風格對人格的影響是潛意識的或被動的，而創造性自我則是按照自己的創造性構建起來的獨特的生活風格，是主動有意識的行爲。即人格直接參與自己的命運並決定自己和外界的關係。

阿德勒認爲自我可以按照自己獨特的生活風格決定自己的行爲方式。人是有意識的個體，可以選擇自己的生活道路，參與決定自己的命運。阿德勒反對弗洛伊德的宿命論觀點，他認爲人從遺傳與早期經驗守獲得的只是一些「磚塊」。

影響人的成長有三個要素，即遺傳、環境和創造能力。其中創造能力起重要作用，它與其他兩個要素結合起來，才可克服人生障礙。它追求經驗，甚至創造經驗以幫助個人完成他獨特的生活作風。創造性自我使人格有一貫性、穩定性和個性。它是人類生活中活的因素。

「社會興趣」是阿德勒個體心理學中基本概念之一，指人具有一種爲他人、爲社會的先天思想準備和自然傾向。他認爲人是社會性生物，在人的本性廣天生具有社會興趣的潛能。社會興趣不僅是一種涉及與別人交往時的情感，它也是一種對生活的評價態度和認同能力。阿德勒還認爲有無社會興趣是衡量個體是否健康的主要要標準，社會興趣的水平，決定一個人生活意義的大小和對社會貢獻的程度。阿德勒認爲人的社會興趣最初是由兒童同其父母間的早期相互作用而產生的。因此父母的重要任務之一乃是喚起和培養兒童的社會興趣，對兒童的溺愛和漠視則是影響兒童社會興趣發展的兩個重要原因。

阿德勒也是推動精神分析「社會文化派」的形成，他的個人主義心理學改變了精神分析重視潛意識本能、忽視社會文化影響的傾向。他是第一個對弗洛伊德的本能論挑戰的人，他把人認同社會目標的克服自卑和追求優越的情結作爲人最大的動機。強調家庭環境、社會文化對人格發展的影響，促進了後來的精神分析社會文化學派的形成。

弗洛伊德的精神分析一直認爲人是受非理性的本能衝動驅使的，在正常人和精神病人之間只有量的差異，而沒有質的區別。所以，弗洛伊德要通過正常人的夢境，尋找精神病的致病因素。阿德勒改變了這一趨勢。他把研究的重點放在正常人身上，探討生活環境對人格的形成和發展的作用。他的許多概念，如創造性自我、追求優越，探討的都是正常人的心理，對人本主義心理學產生積極的影響。

「個體心理學」視人格爲統一的整體，強調人格的不可分割性。阿德勒認爲，每個人都是由各種動機、特質、興趣、價值所構成的不同部分的整體。而弗洛伊德則把人格區分爲「自我、本我、超我」這樣一些不同的部分。各部分有不同的作用，執行不同的功能。阿德勒則把人視爲主觀與客觀、意識與潛意識、個體性與社會性統一的整體，並以整體論的原則分析了自卑與超越、生活目標與生活風格、社會興趣與創造性自我等人格特性，開創了精神分析的整體論先河。

美國心理學家舒爾茨評價阿德勒經常被認爲是精神分析個最早帶有社會心理學烙印的人物，因爲他在一九一一年就和弗洛伊德決裂了。他後來發展一種理論，而這種理論在「社會興趣」的概念中起了十分重要的作用。

但是，還有人批評阿德勒並不是一個前後很一致的有系統的心理學家，因爲在他的看法中有許多不能答覆的問題。更確切地說，個人用以指導他的行爲的這個創造力究竟是什麼？爲什麼人們不同他們的自卑在這種遺傳和環境中去取得更美好的人權發展？

心理學教授葉浩生認爲縱觀阿德勒拋棄了弗格伊德的性本能和潛意識，把目光轉向社會文化環境和外在因素，他注重於兒童的社會責任感，通過社會興趣的研究來強調每個人那是社會的一員，對於社會的興衰和人類的進化都有自己應盡的責任，且認爲人們都有一種追求向上的意志和願望。我們不再看到弗洛伊德那種對社會悲觀失望，乃至喪失信心，而是讓人們感到耳目一新，看到未來生活的美好，從而對未來和自己充滿信心。

阿德勒治療理論

一、由來

阿德勒治療法或稱阿德勒學派治療法，是以阿德勒所建構的個體心理學爲基礎所發展成的治療理論模式。阿德勒的個體心理學與希臘的斯多葛主義（Stoicism）理性邏輯及康德信念系統及尼采追求權力的意志等哲學有密切關聯，所以也稱爲「個體諮商學派」。

二、內容

人是統一體，不可分割，具有獨特性與一致性。個體是受到慾望的驅力、社會責任與尋求成就的力量所影響。人格是環境與遺傳交互作用的結果，但個人可以決定自己的行爲。

「人格理論」五大重點：

（一）**生活目標**：人有一個「虛構的目標」，是個人信念所構成，由遺傳與環境作用的結果。個體本身對虛構的目標具有自由創造的權力，並會成爲潛意識的動力，影響個體一生的行為，又稱之「虛構的終極主義」。

（二）**自卑與超越**：這是阿德勒首創的人格概念。人的行為受自卑感所促動，但卻尋求超越的力量所牽引，試圖成為完美的人。

（三）**社會興趣**：個人關心、關懷他人福祉的一種心理狀態。社會興趣發展最關鍵的人是母親，社會興趣也是個人尋求超越的核心。

（四）**生活型態**：個人獨特的人生選擇與生活方式，就形成了不同的生活型態。

（五）**家族星座**：1. 長子女，受到父母無限關照，較會保護與關懷別人，但也悲觀、保守。2. 次子女，較進取、粗心、創意。3. 中間子女，受到擠壓，較有野心、較高社會興趣、較佳生活適應，但也較叛逆、善嫉妒。4. 么子女，較多寵愛（問題人物），較多楷模，較多競爭機會，較多外在刺激，較多自卑或。5. 獨生子女：較多愛與注意，較富想像力，以為其擁有的東西與權力地位是理所當然的。

三、歷程

阿德勒學派的諮商與治療目標就是成人再教育。阿德勒式諮商四個主要歷程：

（一）**瞭解當事人**：強調以整體性方法對當事人全盤瞭解。

（二）**評估與分析**：評估當事人的家族星座、早年記憶、生活型態、鑑定當事人的「基本錯誤」，並分析相關的人格要項對其現實人生影響。

（三）**洞察與解析**：對自己錯誤的人生目標、自我失敗的行爲的瞭解，而洞察自己。對當事人的夢、溝通方式、幻想、行爲、症狀、人際互動與治療者的關係等作解析，治療者是一面鏡子讓當事人清晰看到自己的人生。

（四）**重新導向**：說服當事人改變他們的人生目標、生活方式與興趣，重新導向的重點爲：1. 鼓勵 2. 承諾與意願 3. 行動導向。

四、應用

〔基本技巧〕

• 傾聽與反應技巧：注意聽當事人所陳述的一切，包括語言與非語言訊息，並使其有安全、信任氣氛。反應技術：複述（重複當事人主要內容）、反映（當事人隱含的情感）、猜測與假設（試探當事人虛構的目標或行爲問題中的思想與情感）。

• 解析：深入瞭解當事人行爲（夢的解析）的原因。

• 立即性：處理諮商當時所發生的一切。指出兩人互動關係的特性或此時此刻的互動特性。

•非語言行爲分析法：注意當事人在諮商與治療中的非語言行爲表現，如緊張、流汗、吐舌頭等行爲，都被認爲是個體內在心理狀況的反映。

〔矛盾意向法〕

利用矛盾的策略，引導當事人意識與誇大自己不當的思想與行爲。又稱之，「反暗示法」與「症狀處方法」；由法蘭克（Frakl）所創。

〔面質法〕

指出當事人說與做之間的不一致。面質四個要項：面質主觀看法（點出當事人的主觀看法）、面質當事人錯誤的信念與態度、面質個人目標（個人隱私的目標可能是行爲症狀的根源）、面質破壞性的行爲。面質技術屬於諮商的後半階段。

〔檢核優先次序法〕

個人生活型態的優先次序有四大類：

•超越型（有能力，但過度投入）

•控制型（控制自己與別人，但喪失自發性與創造力）

•舒適型（不等待他人取悅只獲得其所要的，但喪失生產性）

•任意型（不尊重他人與自己，阻礙個人的成長，與人疏離與受人報復）

檢核優先次序法的目的是在增進當事人自我覺察的能力，以便利用替代的健康方法，去追求人生的目標，使自己有價值成與顯出意義。

〔特殊技巧〕

- 創造想像法：利用視覺想像法，幫助當事人澄清與具體地發現自己行爲中的荒謬所在。
- 掌握自我：使當事人能停下來瞭解自己所追求虛購的目標、生活型態與自我破壞的行爲。
- 角色扮演：要求當事人做角色扮演，引導當事人使用「假如我能夠的話」的字句，去演出他所希望的角色，以改變情境，使當事人能有所改變。
- 按鈕技術：協助當事人控制自我情緒的方法，引導當事人想像愉快與不愉快的經驗，並要求當事人選擇按鈕。
- 麥達思技術：此技衛由舒爾門（Shulman, 1973）所倡導，以誇大當事人的神經症需求，以使當事人自我挖苦，而有改變神經症需求的意願。
- 行爲代價法：協助當事人揚棄不良的功能，使某種趨避衝突而加以放棄。

「個體心理學」是一個重視主觀、目的論與統整性的諮商方法，重視個人的家庭與社會，以及個人獨特生活經驗的影響力。缺點是相關實效性的驗證效果仍然不足。阿德勒諮商基本上屬於教育性，但諮商技術與策略有太多批判意味，只適宜成年的當事人。

阿德勒人生哲理名言

●努力讓自己看起來很強，看起來比一般人優秀的人，其實是有著強烈自卑感。

——自卑的人，誇張也會產生幸福。

●人只有徹底瞭解自己，才有能力面對困境，培養自信。唯有自信，才能克服自卑。

——不斷培養自信，有了自信，人生才會產生強大的力量。

●忌妒其實是深層的自卑，一個心懷忌妒的人，永遠不會成爲有用的人。

——「忌妒」是綠眼惡魔的眼睛。

●沒有必要爲眼前的錯誤懷疑自己，而應該直面錯誤，並在以後避免類似的錯誤。

——逃避錯誤的人，往往會產生更大的錯誤。

- 經歷的痛苦愈多，體會到的喜悅就愈多。

——巴爾札克說：「世界上的事情永遠沒有絕對的，苦難對於天才是塊墊腳石，對苦幹的人是一筆財富。

- 不是「若能克服缺點，一切就好了」，而是「就算有缺點，也要有勇氣做好」。

——做事抱持全力以赴的決心，往往都能得到致良好的效果。

- 一個人的意義是沒有用的，眞正的意義是從與人交往中體現出來的。

——你自己的想法不重要，重要的是別人對你怎麼看！

- 我們不能期待別人隨時體察我們的情緒，沉默換不來別人的幫助，如果我們需要幫助，就要用語言表達出來。

——人與人之間，明確表達自己的意見，才能贏得友誼。

- 存在不同意見、價值觀，是理所當然的事，也是意義所在。

——意見如果與他人相左，就代表很有和對方溝通的價值。

- 人生有三大任務：工作、交友和愛——

這些任務也都是人際關係的任務，往往越拖延，就越難以解決。

——人際關係像車輪，只要運轉不順暢了，就必須馬上加入潤滑劑，這樣才能保持運行的順利，人與人之間也是如此，只要有了磨擦就要馬上消除。

- 只要有心改變自己，就非常有可能改變。哪怕明天就要死了，現在改變也不晚。

——永遠成功的祕密，就是每天淘汰自己，去改變吧！

- 一個人的性格在十歲左右，就會靠自己的思想、行爲而定型，而且會這樣使用一輩子。

——所以說，家庭是父親的王國，母親的世界，兒童的樂園；給孩子一個美好的環境，就是啓動了他良好的人格發展。

- 我們不應該受情感支配，而要善用情感。絕大多數的情況，情感的出現其實是——爲了操控對方，讓對方按照我們的期望和願望行動。

——能主宰自己靈魂的人，就是一個征服者。

- 所有「我做不到」的說辭，其實只是不想做罷了。

——只要有勇氣，整片藍天都是你的！

• 宿命論是一種虛假的精神指引，相信宿命是怯懦，是逃避。

——什麼時候離光明最近，那就是你覺得黑暗最黑的時候，宿命論是人生最大的騙局。

• 我們只是利用情緒，而不是被情緒推動、受它支配。

——做好情緒的主人；別做壞情緒的僕人。

• 只要從不同角度看待否定自己和他人的話語，世界就會驟然改變。

——置身事外，觀察自己，你就會發現你可以做得比現在好。

• 以自卑爲藉口逃避人生的膽小鬼不計其數，但也有不少以自卑爲動機而功成名就的人。

——村上春樹說：「少年時我始終有些自卑，覺得自己在這世上可謂是特殊存在，別人理直氣壯所擁有的東西，而我自己卻沒有！」

• 自卑感不是「我爲什麼不如他」的人——特有的東西，即使看起來非常優秀的人，心裡也會感到自卑。只要還有目標要實現，就會有自卑感。

——「自卑」其實是最好激勵自己的武器。

• 如果沒有目標作爲支撐，只是虛幻地想像著提升自己，那麼我們就像是在演戲一樣，會覺得自己不是自己。

——人只有瞭解自己，才能面對自己，唯有自信、自強才能面對自卑。

• 優越情結是自卑情結的產物。

——這世上存在不同的意見、認知，是理所當然的事，也是我們人類存在的意義。

• 我們賦予生活的意義正確與否，帶來的結果將有天壤之別。正確的意義是生活的守衛者，錯誤的意義則如撒旦般可怕。

——一個人對目標的選擇，會為自己帶來不同的人生。

• 當我們開始去做自己力所能及的事時，世界或許不會因此而一定發生改變；可如果我們什麼都不去做，事情只會朝更加糟糕的方向發展。

——所有「我做不到」這種說詞最可惡，因為他只是不想做罷了！

• 決定自己的不是環境等外在因素，而是自己。既然生而爲人，就永遠有其他的生存方式。

——與其等待各種有利的時機，不如自己來創造時機。

• 如果一切都已被決定，我們連做什麼的餘地都沒有，那我們也失去了活著的目的——人在所有情境中都有選擇的可能性。

——如果不懂得選擇，人怎能改變自己的未來？

• 夢境所反映的畫面、幻想等，都是做夢者心中所嚮往的。

——只要心中還有夢，你就會擁有實現它的力量。

• 任何人都能有任何成就。

——人真正的價值並不在人生的舞台上，而在於我們扮演的角色中。

• 所謂的優越情結，不過是一個落在你人生無用空虛面向上的目標，導致人們用虛假的成就感而沾沾自喜。

——會說謊的人，就常會用這種手法，戴著「假面具」在「真實的生活」！

• 成長不必背負他人的問題。

——美國有句諺語說，「笑到最後的人，才是笑得最好的人。」好好活吧！

•若一個人無法甘於平凡，就會試圖讓自己變得特別。不是變得特別好，就是變得特別差。一切取決於你自己。

——凡事量力而為，平衡也是一種美。

•我們不需要強迫自己改變，只要學會從不同角度發現自己的亮點就好。盡力做好自己能做的事，事情就會在你想不到的時候發生改變。

——只要能每天改變一點點，回過頭時，你已渙然一新了。

•人生沒有那麼難，是你自己讓人生變得複雜了。其實，人生單純到令人難以置信。

——人生跟本不必「自找麻煩」，可有很多聰明人卻喜歡這種調調，並且樂此不疲。

•人如果不受矚目，使盡手段也要讓他人注意到自己，哪怕刻意暴露自己的無能。

——孔雀開屏時，卻暴露了自己的屁股。

•不要逞強讓自己「看起來很強」，而是努力讓自己眞正變得很強。

——能夠自我掌握自己的人，才是真正的強者。

- 人在努力之後，一旦無法得到「正面關注」，就會試圖去做不對的事，以求受到「負面關注」。人只能經由失敗來學習，並且憑藉失敗的經驗來使自己變得更好。

——愛迪生說：「失敗也是我所需要的，它和成功一樣有價值。」

- 我們不是因爲一時氣昏了頭而口出惡言，而是爲了操縱、支配對方，想讓對方遵從自己的意願和期望，創造與利用了名爲「憤怒」的情感。

——在成功的路上，最大的敵人並不是缺少機會，而是學不會「掌控情緒」。

- 冷靜的判斷往往無法付諸行動，情感就是行動的觸發器。可以促使人付諸行動，也可以讓人停止行動，全看自己的決定。

——美國總統傑弗遜曾說：「寧可沒有主意，也不要有虛妄的主意。」

- 我們不應該受情感支配，而要善用情感。

——情感並沒有欺騙人，欺騙人的是判斷力。

- 我們不是因某種情感而有了某種行動，而是由於該行動捏造了這種情感作爲藉口。

——沒有激情，愛就不會燃燒；沒有心情，事就不會完成。

•孩子喜歡用喜怒哀樂支配大人，這是他們慣用且奏效的把戲。長大以後，如果還想用這種情緒支配別人，那就幼稚了。

——只有使自己自卑的心靈自信起來，彎曲的身體才能挺直。

•以嫉妒心支配別人，對方早晚會離你而去。理性的溝通才是正確雙贏的做法。

——不去點燃智慧的火花，聰明的頭腦也會變笨！

•性格不是天生的、永恆不變的，而是可以由自己的意志決定。只要你願意，性格隨時隨地可以改變。

——一個人的失敗，在於性格本身的缺陷，而不是環境。

•性格火爆的人只是常常使用「憤怒」這種情緒的人，事實上我們不必徹底改變自己的性格，只要改變自己使用情感的方式就好了。

——性格是一種修養，不是一種藉口。

•人生態度對性格的形成有決定性作用，只有意識到性格上的錯誤，人才會試圖去改變。

——性格決定命運。

- 如果總是在意別人對自己的看法，自己的人生就會失去方向，也會給人無法信任的感覺。

——只在意別人的眼光的人，一輩子都活在虛假的世界。

- 生命中若沒有敵人，就意味著我們時刻都必須配合別人，當然就會活得非常疲累。

——敵人才是人生最有效的助燃器，它能讓你順利升空。

- 從眼前的現實出發，尋求解決之道，才是樂觀主義態度。它與只想著「沒關係，船到橋頭自然直」卻什麼都不做的樂天主義是不一樣的。我們要抱持樂觀主義而不是樂天主義。

——懶漢總是喜歡在樹下「守株待兔」

- 人生所有煩惱，都是人際關係的煩惱。

——這也是二十世紀成功學大師卡耐基的至理名言。

- 只要自己做了對的事，感受到了「貢獻感」，就不必期待他人的感謝與讚美。

——理性的人，會懂得自我肯定，而不企盼他人關愛的眼神。

- 溝通是一門技術，有良好溝通的地方才有愛，愛也是良好關係帶來的效果。

——懂得溝通的人，一輩子都不會有敵人。

國家圖書館出版品預行編目資料

自卑與超越／阿爾弗雷德・阿德勒著　愛羅譯 --
初版-- 新北市：新潮社文化事業有限公司，2022.09
面；　公分
ISBN 978-986-316-840-9（平裝）
1. CST：阿德勒（Adler, Alfred, 1870-1937）
2. CST：學術思想 3. CST：精神分析學
175.7　111009699

自卑與超越

作　　者　阿爾弗雷德・阿德勒
譯　　者　愛羅

主　　編　林郁
企　　劃　天蠍座文創製作
出　　版　新潮社文化事業有限公司
電話 02-8666-5711
傳真 02-8666-5833
E-mail：service@xcsbook.com.tw

印前作業　菩薩蠻、東豪印刷事業有限公司
印刷作業　福霖印刷有限公司

總 經 銷　創智文化有限公司
新北市土城區忠承路 89 號 6F（永寧科技園區）
電話 02-2268-3489
傳真 02-2269-6560

初　　版　2022 年 09 月